KB150828

비정규 교수의

삶과 노동

비정규 교수의 삶과 노동

한국비정규직교수노동조합
대구경북지부 학술편집위원회 | 엮음

인간사랑

발간사

1988년 '전국대학강사협의회'로 출발했던 비정규직 대학교육노동운동이 어언 20년 세월을 훌쩍 넘어섰다. 점차로 상승해야 할 조직률과 투쟁역량이 90년대 중반을 기점으로 바닥을 치고, 그후 어려웠던 시절을 넘기며 노동조합을 재건하기 위해 노력했던 다양한 활동들이 이제야 구체적인 희망의 싹들을 틔우고 있다.

기존의 영남대분회와 함께 2003년을 기점으로 경북대학교와 대구대학교에서도 분회가 설립됨으로써 대구경북지역에서 '한국비정규교수노동조합대경지부'를 출범시켰고, 조선대학교, 전남대학교, 최근 고려대학교와 부산대학교까지 분회를 건설함으로써 명실상부한 전국적인 노동조합 조직을 재건하기에 이르렀다. 조직건설의 성과뿐만 아니라, 교원지위를 쟁취하려는 투쟁 역시 다각도로 전개되었다. 1년 이상 국회와 청와대 앞에서 1인 시위를 벌였고, 교육부와 국회, 청와대를 겨냥하여 수차례 대정부 집회를 배치했으며, 관련 워크숍도 여러 차례 가졌다.

그러나 그동안 본 노동조합 조합원들이 학술-연구 노동자들임에도 불구하고 정작 우리 노동조합의 특수성을 드러내는 학술활동 사업은 절대적으로 미진했다. 1996년까지 본 노동조합 활동 보고서가 발간되었으며, 조합원들의 애환을 담은 수필집 수준의 책 한 권을 내는 정도였다. 매년 새로이 활동계획을 수립할 때마다 학술에 관련된 사업을 배치했지만 매번 노동조합으로서의 일반적 틀을 잡기 위한 활동, 즉 단체교섭에 매몰되어 그 성과를 내지 못했다.

다른 이유로는 자본주의 사회의 적지 않은 유형의 노동성격이 그렇지만 지식노동만큼 철저히 개인적이고 이기적인 경우도 흔치 않다. 지식노동은 노력을 들인 만큼 철저히 자신의 소유물로 남으며, 이를 도둑질당할 염려도 상대적으로 낮다. 그래서 정규직 교수에 비교했을 때, 형편은 하늘과 땅 사이의 차별을 받는 처지에 놓여 있지만 연구성과라든가 강의평가 점수는 절대로 뒤지지 않는다. 이런 이유로 열심히 강의하고 연구하려는 조합원들은 넘쳐나지만, 대학교육 개혁과 제대로 된 학문연구 조건을 개선할 수 있는 실천사업에 참여하는 조합원은 절대적으로 부족했다.

이런 맥락에서 살펴볼 때, 이번에 발간된 대경지부 학술지는 노동조합 활동가들이 절대적으로 부족한 상황에도 불구하고 고민하고 계획했으나 집행되지 못했던 사업을 해냈다는 점에서 그 의의가 결코 가볍지 않다. 물론 적잖은 한계가 없지 않겠지만 첫술에 배부를 수는 없지 않겠는가.

이번 학술지는 전체 2장으로 구성되어 있으며, 제1장은 비정규 교수들의 현재적 조건과 전망을 다각도로 분석한 글들을 실었고, 제2장은 비정규 교수의 연구역량을 얼핏 엿볼 수 있는 다양한 주제의 글들을 실었다. 특히 제1장은 비정규 교수들의 대학 내에서의 역할, 사회경제적 · 문화적 형편, 그리고 이에 대한 해결방안까지 체계적으로 펼쳐보이고 있다. 동일한 대학교육자로서의 노동자격을 가지고 있고 동일한 대학교육 노동가치를 생산하고 있는데도 불구하고 우리가 처한 형편은 비참한 상태에 있다는 점을 제시하고 있는 것이다. 그간 산발적으로 흩어져 있던 비정규 교수들의 처지와 조건, 교육자로서의 역할 및 이의 해결방안에 관한 논의들을 한 세트로 정리함으로써 비정규 교수 노동조합운동의 과제를 체계화했다는 점에서도 일고의 가치는 있으리라 생각한다.

마지막으로 한국비정규교수노동조합 대경지부 학술지가 태어날 수 있도록 자신의 학술능력을 실천적으로 헌신해 주신 학술지 기고자 동지들께 감사의 말씀을 드리며 발간사에 대신한다.

한국비정규직교수노동조합
대구경북지부장
윤병태

목차

Contents

비정규 교수 사회의 구조와 정체성

1_

비정규 교수의 삶의 조건과 자기 인식

한국비정규교수노동조합 경북대분회원 설문조사를 중심으로

진명석

1. 들어가며

〈한국비정규교수노동조합 경북대분회〉에서 2006년 10월에 분회원들을 대상으로 설문조사를 실시했다. 이 설문조사는 분회원들의 실태와 전망을 구체적으로 파악하기 위해 기획되었다. 분회원 총원 168명 중에 83명이 설문에 응답을 하였다.

이 글은 이 설문조사를 바탕으로 비정규 교수의 삶의 조건과 자기 인식에 대해 살펴본다. 이 설문결과에 대한 기본 통계표는 별첨하고, 필요할 경우 본문에서 자료 분석을 구체적으로 하기로 한다. 이 글에서는 다양한 형태의 비정규 교수 유형 중에서 주로 '전업 비정규 교수'를 대상으로 한다. 이 설문조사가 경북대분회원들만을 대상으로 실시했기 때문에 이 결과가 비정규 교수의 일반적 상황과 일치하지 않은 측면이 있을지 모른다. 그래서 비정규 교수에 대한 가장 최근의 실태를 분석한 이주호 의원의 2006년도 국정감사 정책자료집인 『전국 4년제 대학 시간강사 실태분석』(이하 '실태분석'으로 약칭)을 참고해서 비정규 교수의 일반적 상황과 비교해서 경북대분회원 설문조사(이하 '설문조사'로 약칭)의 부분적 한계를 극복하고자 한다.

이 글의 가장 근본적인 질문은 '비정규 교수는 과연 누구인가' 혹은 '비정규 교수는 스스로를 무엇이라고 생각하는가'를 묻는 것이다. 이런 질문을 통해 이 글이 겨냥하는 것은 비정규 교수들의 삶의 조건과 자기 인식을 분석해서 그들의 삶의 조건을 뛰어넘을 수 있는 잠재적 가능성을 그들 내부에 가지고 있는지, 가지고 있다면 어떤 식으로 가능할지를 드러내는 것이다.

2. 비정규 교수의 삶의 조건

'실태분석'에 의하면, 2006년 현재 전국에 4만 명 이상의 비정규 교수가 고등교육 부문에 종사한다. 비정규 교수가 강의를 담당하는 비율은 국공립대의 경우 전체 강의의 37.1%이고 사립대는 34.6%이다. 전체 비정규 교수 중에 국공립대 전업 비정규 교수는 65.4%, 사립대 전업 비정규 교수는 54.5%이다. 연령별로는 30대와 40대가 전체의 85%를 차지하고, 결혼 여부로 볼 경우 대략 75%가 결혼한 상태이고 약 45-50%가 40대 이상임을 감안하면 이들이 학교에 다니는 자녀를 둔 학부모일 가능성이 크다. 박사학위 소지자는 35-40% 정도였다. 이를 통해 볼 때, 결혼을 하고 학교에 다니는 자녀를 둔 30-40대 박사학위 소지자 전업 비정규 교수의 경우 삶이 상당히 열악할 것으로 판단된다.

'설문조사'에 의하면, 30-40대의 연령층이 81.9%이고 결혼한 경우는 70.7%, 박사학위 소지자는 45.8%였다. [표 1-1]은 비정규 교수의 2005년 기준, 강의소득 및 강의 이외 주소득원을 나타낸다.

[표 1-1] 강의소득 및 강의 이외 주소득원 : 2005년 기준

강의소득	빈도(명)	비중(%)	강의 이외 주소득원	빈도(명)	비중(%)
500만 원 미만	21	25.3	없음	35	42.7
1,000만 원 미만	26	31.3	번역, 저술, 기고 등	1	1.2
1,500만 원 미만	17	20.5	연구 프로젝트	16	19.5
2,000만 원 미만	10	12.0	과외 및 학원 강의	15	18.3
2,500만 원 미만	6	7.2	금융/임대소득, 사업	3	3.6
3,000만 원 미만	2	2.4	기타	12	14.6
3,000만 원 이상	1	1.2	무응답	1	-
합계	83	100.0	합계	83	100.0

민주노총이 산정한 2006년 기준 2인 가구 표준생계비는 연봉 27,944,124원이다. 비정규 교수의 고유한 노동인 강의를 통해 얻는 수입이 2인 가구 표준생계비에도 미치지 못하는 2,500만 원 미만이 96.3%에 달한다. 이 통계는 거의 대부분의 비정규 교수가 강의수입만으로는 생계를 유지하기 힘든 상황임을 보여준다. 그리고 강의 이외 주소득원이 없는 42.7%의 경우에는 그야말로 입에 풀칠하기도 힘들 정도의 열악한 삶을 영위하고 있다는 점을 보여준다. [표 1-2]는 본인 총소득과 배우자 총소득, 가구 총소득을 보여준다.

[표 1-2] 본인 총소득, 배우자 총소득, 가구 총소득 : 2005년 기준

	본인 총소득		배우자 총소득		가구 총소득	
	빈도(명)	비중(%)	빈도(명)	비중(%)	빈도(명)	비중(%)
500만 원 미만	6	7.2	9	15.5	1	1.4
1,000만 원 미만	19	22.9	6	10.3	6	8.1
1,500만 원 미만	19	22.9	6	10.3	8	10.8
2,000만 원 미만	18	21.7	7	12.1	9	12.2
2,500만 원 미만	11	13.3	3	5.2	11	14.9
3,000만 원 미만	6	7.2	4	6.9	3	4.1
3,500만 원 미만	1	1.2	4	6.9	7	9.5
4,000만 원 미만	2	2.4	8	13.8	6	8.1
4,000만 원 이상	1	1.2	11	19.0	23	31.1
무응답(해당 없음)	0	–	25	–	9	–
합계	83	100.0	83	100.0	83	100.0

2,500만 원에도 미치지 못하는 경우, 강의 이외에 본인 총소득의 비중은 88%였고, 배우자의 총소득을 합친 가구 총소득의 비중은 47.4%이다. 이를 통해 볼 때, 가구 총소득을 기준으로 했을 때 대략 50% 정도가 2인 표준생계비에도 미치지 못하는 소득으로 생활하고, 12% 정도만 본인의 힘으로 생계를 꾸릴 수 있는 정도이며, 나머지 대략 40% 정도는 배우자에 의존해서 기본적인 삶을 유지하는 것으로 나타났다. 결과적으로 비정규 교수들은 대략 10% 가량만 강의와 그 이외의 소득으로 기본적인 생활을 영유하고, 나머지는 대부분 배우자에 의존해서 삶을 영위하거나 2인 가구 표준생계비에도 미치지 못하는 열악한 삶을 영위한다고 할 수 있다.

이렇게 배우자나 다른 사람에 의존하지 않고서는 삶을 유지하기 힘든 비정규 교수들은 그들의 현재 상황에 대한 만족도는 어느 정도 될까? 다음은 '설문조사'에 나타난 비정규 교수들의 현 상황에 대한 만족도와 불만족 이유이다.

[표 1-3] 전업 시간강사의 현재 상황에 대한 만족도 및 불만족 이유

만족도	빈도 (%)	비중 (%)	"불만족"응답자들의 불만족 이유	1순위		2순위	
				빈도 (명)	비중 (%)	빈도 (명)	비중 (%)
매우 만족	0	0.0	신분 불안정	40	63.5	11	17.7
대체로 만족	6	8.6	소득 불안정	20	31.7	32	51.6
대체로 불만족	36	51.4	사회보험 및 부가급여 지원 미비	1	1.6	7	11.3
매우 불만족	28	40.0	연구환경 미비	2	3.2	12	19.4
무응답	13	–	무응답	1	–	2	–
합계	83	100.0	합계	64	100.0	64	100.0

[표 1-3]에서 보듯이 만족하지 못하는 경우가 91.4%에 달한다. 현 상황에 대해 만족하지 못하는 이유 중에 '신분 불안정'과 '소득 불안정'이 95.2%이다. 비정규 교수들은 학기별로 계약을 하기 때문에 고용의 안정성이 떨어지고 항상 다음 학기를 걱정해야 할 처지에 놓여 있기 때문에 신분의 불안정이 비정규 교수들이 현재의 상황에 만족하지 못하는 가장 주요한 원인이 되고 있다. 또한 고용되어 있는 학기 동안에도 앞에서 살펴보았듯이 기본적인 삶을 영위하기 불가능한 임금을 받기 때문에 소득의 불안정이 현재의 삶에 대해 만족하지 못하는 주요 원인이 되는 것이다.

'실태분석'에 의하면, 국공립대의 시간당 평균 강의료는 39,960원이고 사립대는 30,605원이다. '설문조사'에 따르면, 2006년 기준 1학기에 평균 강의대학의 수가 2개교이고, 2학기가 평균 1.8개교이다. 2002년 한국직업능력개발원의 조사에 따르면 비정규 교수는 평균 1.96개교에 출강하여 주당 10.8시간의 강의를 담당한다. 이를 기준으로 해서 계산해 보면 국립대에 출강한다고 가정할 때 월평균 1,726,272원이다. 그러나 비정규 교수들은 방학중 급여가 없는 점을 감안해서 계산하면 이들의 수입은 월평균 1,150,848원이다. 이는 2006년 기준 최저생계비(월평균 700, 849원)를 약간 웃도는 수준으로, 앞에서 보았듯이 비정규 교수의 3/4 이상이 결혼을 했고 30대 이상이 절대다수를 차지함을 감안해 보면 상당히 부족하다는 것을 보여준다. 이를 연봉으로 계산하면 13,810,176원인데, 이 정도의 연봉은 2인 표준생계비(민주노총 기준 27,944,124원)에는 턱없이 모자란다. 이뿐만 아니라 이들은 매 학기마다 해촉의 불안을 안고 살면서 신분의 불안정에 시달리고 있다. 이런 신분의 불안정은 제도적으로 보장되는 어떤 복지혜택도 받지 못함으로써 더욱 가중된다. '실태분석'에 의하면, 4대 보험 중에 직장국민연금과 직장건강보험은 대부분의 대학에서 적용되지 않고 있고, 고용보험과 산재보험의 경우 국공립대는 대부분 적용되지만 사립대는 113개 대학 중에 60개 대학이 적용되지 않았다. 따라서 비정규 교수들은 노후 대비뿐만 아니라 건강 유지를 위한 어떤 지원도 없이 삶을 '학기' 단위로 겨우 연명하고 있다고 할 수 있다.

이처럼 사회적 안전망에서 제외되고 신분의 불안정에 시달리며 입에 풀칠하기도 힘든 삶을 영위하는 비정규 교수들은 그들의 삶의 터전인 대학에서 구성원으로서의 자기 정체성을 지니고 있을까? 다음은 대

[표 1-4] 대학구성원으로서 소속감 여부 및 소속감이 없는 이유

소속감 여부	빈도(명)	비중(%)	"소속감 못 느낌" 응답자들이 소속감을 못 느끼는 이유	빈도(명)	비중(%)
소속감 느낌	13	16.0	정규직 교수가 아니기 때문	21	32.3
			정규직 교수와 차별이 심하기 때문	34	52.3
소속감 못 느낌	68	84.0	비정규직 교수를 계속할 생각이 없기 때문	1	1.5
			기타*	9	13.8
무응답	2	–	무응답	3	–
합계	83	100.0	합계	68	100.0

* 주 : 강의 · 연구 전용 공간이 없기 때문(1), 강의가 없을 수도 있기 때문(1), 대학구성원으로서 의사 · 결정권이 없기 때문(4), 강의 없는 학기에 대출조차 불가능함(1), 신분을 보장하는 제도적 장치 부족함(1) 등

학구성원으로서의 소속감 여부 및 소속감을 느끼지 못하는 경우 그 이유에 대한 '설문조사' 의 결과이다.

[표 1-4]에 나타나 있듯이 84%가 현재의 삶의 터전에 만족하지 못했다. 소속감을 느끼지 못하는 이유는 '정규직 교수가 아니기 때문' 과 '정규직 교수와 차별이 심하기 때문' 이 84.6%였다. 비정규 교수들은 정규직 교수와의 관계에 의해 자신들의 정체성을 파악하고 있음을 알 수 있다. '설문조사' 에서 정규직 교수 임금 대비 적정 임금수준을 묻는 질문에 70% 이상을 받아야 한다고 답한 경우가 78.6%였다. 이 수치는 이들이 정규직 교수와 동일한 강의 노동에 종사하고 있다는 자기 인식을 나타내는 것일 뿐만 아니라, 정규직 교수에 비해 30–40% 정도의 강의료밖에 받지 못하는 현실에 대한 박탈감을 드러내는 것이다.

정규직 교수 중에 전임강사와 비정규 교수의 임금을 비교해 보면

비정규 교수들의 박탈감을 여실히 알 수 있다. 전임강사는 비록 학생지도와 학사업무 등을 수행하지만 강의와 연구를 주 업무로 하고 비정규 교수보다 연령이나 강의경력이 크게 높거나 길지 않기 때문에 비정규 교수와 비교가능 집단이 될 수 있다. '실태분석'에 의하면, 국공립대 전임강사와 사립대 전임강사의 평균 연봉은 각각 약 4천562만 원과 약 4천20만 원이다. 평균 강의시간을 10시간으로 비교했을 때, 국공립대의 월평균 강의료는 전임강사가 대략 380만 원이고 비정규 교수는 100만 원가량이다. 국공립대 비정규 교수의 월평균 강의료 100만 원은 3인 가구 최저생계비(월평균 939,849원)를 겨우 넘기는 것으로 단신가구 표준생계비(민주노총 월평균 1,462,944원, 한국노총 1,504,168원)의 2/3 수준에 불과하다. 국공립대 중에 시간당 강의료를 가장 많이 받는 경북대의 경우 전임강사와 비정규 교수 간의 격차는 3.55배이다. 이는 전임강사에 비해 연령이나 강의경력에서 크게 차이 나지 않고 동일 노동에 종사함에도 불구하고 3배 이상 임금이 차이가 나고, 단신가구 최저생계비에도 미치지 못하는 생활을 하는 비정규 교수의 삶은 상대적 박탈감을 넘어선 절대적 박탈감과 생존의 위협에 그대로 노출되어 있다고 할 수 있다.

3. 비정규 교수의 자기 인식과 자기 전망

단신 표준생계비에도 미치지 못하는 임금을 받고, 자신이 강의하는 대학에 아무런 소속감도 느끼지 못하며, 동일노동에 종사함에도 3배 이상의 임금차별을 감내하는 이들 비정규 교수들은 자신들을 무엇이라고 생각하며 어떤 전망을 가지고 살아갈까? 이들은 자신의 삶의 터전에 어떤 소속감도 느끼지 못하면서 자신의 정체성을 어떻게 구성할까?

'설문조사'에서 대학의 구성원으로서 소속감을 느끼지 못한다면 대학 내에서 자신을 어떤 존재라고 생각하는지를 질문했다. 이 질문은 비정규 교수들이 자유롭게 적을 수 있도록 했다. 이 설문항목에 대해 비정규 교수들은 다양하게 자신의 존재를 설명했다.[1] 비정규 교수는 자신의 존재를 유령, 아웃사이더, 제3의 존재, 값싼 노동력, 시간강사 등으로 표현했다. 값싼 노동력을 제공하는 노동자 혹은 시간당 임금을 받는 시간강사로 자신을 규정하는 비정규 교수는 소속감은 없지만 노동을 대가로 시간당 임금을 받는 존재로 자신을 '구체적으로' 인식한다. 언제든지 대체될 수 있고, 노동에 대한 정당한 대가를 받는 것은 아니지만 자신을 노동

1) 조금 분량이 많기는 하지만 비정규 교수들이 응답한 내용을 모두 다 기술하면 다음과 같다. 갈 곳 없는 유령, 값싼 대체 노동력, 강의를 통해 일정 보수를 받는 계약관계에 있는 자, 관심 밖의 소외된 존재, 교수를 대체하여 강의하는 단순 강사, 교육을 담당하고 있지만 언제든지 대체될 수 있는 처지, 국외자, 그냥 필요에 따라 쓰이고 없으면 없어지는 존재, 기능직 강사, 나무도 아닌 것이 풀도 아닌 것이, 노가다/샌드위치/주변부 노동자, 노예/유령, 대접받지 못하는 손님, 대학원생도 아니고 정규직 교수도 아닌 어정쩡한 존재, 대학이 필요는 하지만 그에 합당한 지위는 부여받지 못한 존재, 떠돌이 유령, 무/공백/허무, 서자/손님, 성실한 강의로 학생들과의 교류로 만족, 정규직 교수의 임금을 유지해 주는 소모되는 존재, 손님, 쉽게 대체 가능한 시간강사, 스쳐가는 존재, 시간강사, 시간제 아르바이트, 아르바이트생, 아웃사이더, 주변인, 어떤 소속감도 가지지 못한 한 학기용 시간강사, 외래강사, 외부인, 용역수준, 유령, 이무기, 이방인, 일용직 노동자, 일회용 휴지, 임시적으로 수업을 맞는 존재, 정규학사의 틈새를 담당하는 기능인, 주변인, 주어진 잠깐 시간만 충실한 사람/다른 시간에 노력해 본들 아무 의미가 없다, 지식전달자로서 단기적이고 소모적인 존재, 필요나 수요가 생기면 일이 주어지는 존재/정규직의 보조적 존재, 필요에 의해 강의만 하는 사람, 학기당 강의만 담당하는 존재, 학문 전달자, 학생도 선생도 아닌 제3의 존재, 학원강사, 학원강사 수준, 한 학기당 한 과목 강의 배정도 불분명한 강사, 한 학기에 시간을 맡고 있는 강사 등등.

자로 인식한다는 점에서 이들의 자신의 실존에 대한 파악은 구체적이다.

그러나 자신을 유령, 아웃사이더, 제3의 존재 등으로 파악하는 비정규 교수는 자신의 실존성을 거부하거나 거부당했다고 생각한다. 이들이 자신의 존재성을 거부하는 이유는 무엇인가? 지금 현재의 열악한 삶의 조건만으로 이를 설명하기는 충분하지 않다. 왜냐하면 '지금 여기'가 삶의 하나의 과정이고, 이 과정 이후에는 삶을 보장하는 '무엇'이 있다고 가정할 수 있다면 지금 여기의 실존을 거부할 이유가 없기 때문이다. 또한 대부분의 비정규 교수들이 학문연구를 자신의 필생의 과제로 삼고 있다는 점에서 '궁핍한 지식인'으로서의 자기 존재성을 가질 가능성이 있음에도 불구하고 지식인으로서의 자기 존재 긍정도 이 설문항목에 대한 응답에는 나타나 있지 않다. 그렇다면 무엇이 문제인가? 두 가지 방향에서 이 문제에 대해 검토할 수 있다. 첫째, 삶의 조건의 열악함이 학문연구에 대한 자기 긍정을 거부하게 했을 수 있다. 둘째, 비정규 교수로서의 '지금 여기'가 과정이 아니라 종착점일지 모른다는 잠재적 가능성이다. 첫 번째 가능성에 대해서는 무어라 단정할 수 없다. 왜냐하면 학문적 자의식은 '지금 여기'의 궁핍함 뿐만 아니라 다른 제도적 측면들을 함께 고려해야 하기 때문이기도 하고, 정규직 교수가 되지 않고서는 현실적으로 학문을 지속하기 힘든 '한국적 상황'도 함께 고려해야 하기 때문이다. 여기서 검토해 보아야 할 것은 두 번째 가능성이다. 이 두 번째 가능성은 물론 첫 번째 가능성과 연관된다. 정규직 교수가 되지 않고서는 학문을 지속하기 힘든 현실적 상황과 정규직 교수가 되기 힘든 현실은 서로 연관되어 있다. 학문적 진정성을 가진 비정규 교수가 현재의 삶의 열악함과 비참함을 견디게 하는 힘은 비정규 교수로서의 자신의 존재는 과정으로서의 존재일 뿐이라고 가정하는 것이다. 과정 너머에 길이 보인다면 비정규 교수들이 자신을 유령이나 아웃사이더, 제3의 존재 등으로 인식하지는 않을 것이다. 그러나 비정규 교수들이 파악하는 현실은 이를 용납하지 않는다.

'설문조사'에서는 이를 명백히 보여준다. '설문조사'에 의하면 84.8%의 비정규 교수가 정규직 취업을 희망했고, 이 중에서 정규직 교수로 취업을 희망한 경우는 55.2%이고 20.9%가 정규직 연구원으로, 13.4%는 기타 정규직의 취업을 희망했다. 그러나 자기 전공분야 박사학위 취득자들의 전공분야 취업 가능성을 묻는 질문에 대해서는 다음과 같이 응답했다.

[표 1-5] 자기 전공분야 박사학위 취득자들의 전공분야 취업 가능성

	빈도(명)	비중(%)
매우 그럼	1	1.3
대체로 그럼	11	13.8
대체로 그렇지 않음	37	46.3
매우 그렇지 않음	31	38.8
무응답	3	–
합계	83	100.0

본인의 전공분야의 취업 가능성에 대해 85.1%가 그렇지 않을 가능성이 크다고 답변했다는 점에서 비정규 교수들은 자신의 정규직으로의 진입 가능성을 부정적으로 보고 있다. 특히 자신의 전공분야로의 취업 가능성을 이렇게 낮게 파악하는 것은 자신의 학문연구의 지속성에 대해서도 부정적으로 파악함을 의미한다. 비정규 교수들은 학문적 진정성을 가지고 열악한 삶의 조건을 견디지만, 이 삶의 조건이 지나가는 과정이

아닐지도 모른다는 인식이 자신의 정체성을 유령이나 아웃사이더, 제3의 존재 등으로 파악하게 한다고 볼 수 있다. 신체적 실존은 존재하지만 어떤 정체성도 구성할 수 없다는 점에서 이런 의식을 '유령적 자기 의식'이라 부를 수 있다. 삶 자체가 과정이라고 하지만 비정규 교수들에게 이들의 현재의 삶이 과정이라고 하기에는 이들의 삶의 조건의 너무나 가혹하다. 이 가혹한 삶에 대한 자기 인식이 존재에 대한 이런 '유령적 자기 의식'을 낳았다고 할 수 있다.

4. '유령적 자기 의식'의 극복 가능성

비정규 교수들은 다른 직종의 비정규직 노동자와 공통점과 차이점을 동시에 가지고 있다. 고용의 불안정성과 정규직에 비해 낮은 임금 등의 공통점이 있다. 그러나 다른 직종의 비정규직 노동자와는 달리 한 학기단위로 계약을 맺는다는 점에서 고용 불안정성의 강도가 훨씬 더 강하고, 상대적으로 높은 학력에 비해 임금수준이 표준생계비에도 미치지 못한다. 또한 노동의 특성상 집단적 노동을 수행하는 것이 아니라 고립적이고 분산적인 노동을 수행한다는 점에서도 비정규 교수들은 타직종의 비정규직 노동자들과는 다르다. 연구와 강의를 포함해서 고립적이고 분산적인 노동의 특징으로 인해 이들 비정규직 교수는 자신들의 권리를 집단적으로 주장하는 데 일정한 한계를 보여왔다. 비정규 교수의 '유령적 자기 의식'은 고립 분산적인 이런 노동의 특징과 지식인 특유의 폐쇄성 등으로 인한 집단적 의식의 결여 등으로 인해 좀더 심화되는 측면이 있다. 열악한 삶으로 인한 분노와 좌절될 것 같은 미래로 인한 슬픔으로 가득 찬 비정규 교수들은 이런 슬픔과 분노를 내면화해서 그들의 삶을 질식시키는 현실에 무기력하고, 이런 무기력이 그들을 신체적 실존성을 거부하는 혹은 거부당했다고 느끼는 '유령적 자기 의식' 으로 내몬다.

삶에서 거부당한 슬픔과 분노에 찬 '유령적 자기 의식' 이 지금 여기 비정규 교수의 존재방식이라면 극복의 단초 또한 여기에서 발견해야 한다. '유령적 자기 의식' 은 다음과 같은 논리적 단계를 거친다. 현재의 삶의 조건이 비참하다. 그런데 현재의 이 삶이 미래에도 지속될 것이다. 나는 삶에서 거부당했다. 그러므로 현재의 삶에도 미래의 삶에도 나는 존재하지 않는다. 여기서 중요한 것은 '거부당했다는 의식' 이다. 이 거부당했다는 의식과 현실 이해에 극복의 실마리가 있다. 나의 의사와 상관없이 거부당했다는 삶의 조건은 슬픔과 분노를 촉발한다. 문제는 이 슬픔과 분노의 물꼬이다. 이 물꼬가 내면으로 향할 때, 그 내면은 끝없는 좌절과 회한만을 남길 것이다. 그러나 이 물꼬를 안으로가 아니라 바깥으로 향하게 한다면 슬픔과 분노는 저항의 지점을 형성할 것이다. 그러므로 '유령적 자기 의식' 은 두 가지 방향을 지닌다. 자폐적 자기 의식과 현실에 대한 저항적 자기 의식. 비정규 교수들의 '유령적 자기 의식' 의 문제와 극복은 어떻게 이 분노와 슬픔의 감정을 자폐적인 내면이 아니라 외부로, 혹은 나를 거부한 현실로 향하게 하는가에 달려 있다.

외부 혹은 현실로 향한 비정규 교수들의 저항의 결집체가 〈한국비정규교수노동조합〉이라 할 수 있다. 고립 분산적인 자신들의 노동조건을 극복하고 집단적인 노동조합을 건설한 것은 슬픔과 분노를 저항의 집단적인 힘으로 전환시킨 중요한 출발점이다. 물론 전체 대학 중에 〈한국비정규교수노동조합〉에 가입한 대학은 5개교에 불과하고, 경북대의 경우 전체 비정규 교수들 중에 노동조합에 가입한 분회원들은 30-40% 정도의 수준이지만, 비정규 교수의 노동조건에 기인한 고립 분산성을 극복하고 함께 현실에 대응하는 물꼬를 마련했다는 점에서 매우 중요하다. '설문조사'에서 비정규 교수들의 노조활동에 대한 관심은 매우 높게 나타났다.

[표 1-6] 노조(분회)의 활동에 대한 관심도

	빈도(명)	비중(%)
매우 관심	16	20.8
대체로 관심	47	61.0
대체로 무관심*	14	18.2
매우 무관심	0	0.0
무응답	6	–
합계	83	100.0

* 주(무관심의 이유) : 연구와 강의가 바빠서(11), 홍보가 부족해서, 연구와 강의(혹은 가족부양)가 바빠서, 노조 사업방식이 못마땅해서, 불이익이 염려돼서 등

81.8%가 관심을 가지고 조합활동을 하고 있다는 사실은 내면으로 향한 슬픔과 분노가 외부로 표출되는 중요한 하나의 결절점을 형성한다. 또한 노조활동에 대한 만족도에 대한 설문에서 14.3%가 매우 만족하고 70.1%가 대체로 만족한다고 대답했다. 이처럼 〈경북대분회〉의 경우 조합원들의 관심도와 만족도가 매우 높게 나타났다는 점에서 노동조합 활동을 긍정적으로 평가하고 있다는 점을 알 수 있다. 그리고 〈한국비정규교수노조〉의 우선 과제에 대한 설문조사 결과는 다음의 [표 1-7]과 같다.

[표 1-7]에 나타나 있듯이 73.1%가 교원 법적지위 확보를 최우선

[표 1-7] 〈한국비정규교수노조〉의 우선 과제

	1순위		2순위	
	빈도(명)	비중(%)	빈도(명)	비중(%)
교원 법적 지위 확보	57	73.1	14	18.2
임금 인상	2	2.6	20	26.0
전용 연구공간 확보	4	5.1	13	16.9
강의 개설권 확보	3	3.8	12	15.6
고용안정	11	14.1	18	23.4
기타*	1	1.3	0	0.0
무응답	5	–	6	–
합계	83	100.0	83	100.0

* 주 : 대학의 참교육 고민(1)

과제로 꼽았고, 그 다음이 고용안정으로 14.1%이다. 이는 앞에서 살펴본 바 있는 비정규 교수가 현재의 삶에 만족하지 못하는 주요한 원인으로 꼽은 신분 불안정성과 소득 불안정성을 극복하기 위한 활동을 노동조합의 최우선 과제로 생각하고 있다는 것을 보여준다. 원인과 해결방안에 대한 구체적인 인식과 이런 인식에 기반한 집단적인 의사표출이 내면으로 향하는 자폐적 자기 의식의 물꼬를 저항적 행위로 바뀌게 할 것이다. 단체행동에 돌입했을 때 참여의향에 대해 설문에서 응답자들은 다음의 [표 1-8]과 같이 답했다.

57.0%가 단체행동에 참여할 의향이 있다고 밝혔고, 36.7%는 모르겠다고 답했다. 설문문항을 '불가피하게' 단체행동에 돌입했을 경우라고 물었음에도 불구하고 36.7%가 모르겠다고 답한 것은 여러 가지 분석이 가능하겠지만, 우리의 문제의식과 연관해서 보자면, 어쩔 수 없이 내면으로 향하던 슬픔과 분노를 외부로 향하게는 했지만 여전히 주저와 머

[표 1-8] 불가피하게 단체행동에 돌입했을 경우 단체행동 참여의향

	빈도(명)	비중(%)
있음	45	57.0
없음	5	6.3
모르겠음	29	36.7
무응답	4	-
합계	83	100.0

뭇거림이 상당수에게 존재함을 알 수 있다. 조합에 가입하지 않은 많은 비정규 교수들도 함께 고려할 때 이런 주저와 머뭇거림이 여전히 비정규 교수들을 '유령적 자기 의식'의 부정적 속성인 자폐적 내면화에 계속 머무르게 한다고 할 수 있다. 그래서 문제는 '유령'이라는 자기 인식이 아니라 '갇힌 유령적 자기 의식'을 어느 방향으로 튀어나가게 하는 점이고, 이를 가능하게 하는 잠재성으로서의 〈한국비정규교수노동조합〉의 긍정적 활동방식이다.

5. 갇힌 창조성의 잠재성-소수정치의 가능성

니콜래스 쏘번(Nicholas Thoburn)은 소수정치의 문제는 "갇힌 공간에서 일어나는 발명 혹은 창조의 문제"(쏘번 2005)라고 한 바 있다. 이 글에서 내가 궁극적으로 밝히고 싶은 것은 한국비정규교수노동조합이 지니는 소수정치의 잠재적 가능성이다. 비정규 교수들의 소수정치의 가능성은 다음과 같은 일련의 명제들에 의해 전개된다. 비정규 교수들의 삶은

갇힌 공간에서의 삶이다. 갇힌 공간에서 삶의 새로운 가능성은 새로움을 발명하고 창조하는 데 있다. 소수정치는 갇힌 공간에서 다양한 삶의 변이의 선을 창조하는 소수자들의 삶의 방식에 있다. 소수자들은 현재에도 미래에도 존재하지 않는다. 그들은 자신들의 삶의 현재적 변형과 생성에 관심이 있다. 그런데 비정규 교수들은 소수자들이다. 비정규 교수들은 그들의 전공의 수 혹은 머릿수만큼이나 이질적이다. 소수정치는 이질적인 것들의 연대에 기반한다. 그러므로 비정규 교수의 삶의 잠재적 가능성은 연대에 기반한 소수정치를 통해 새롭게 펼쳐질 것이다.

그런데 〈한국비정규교수노동조합〉이 소수정치와 결합하기 위해서는 새로운 스타일의 창안이 필요하다. 민족이나 계급의 범주만으로는 비정규 교수들이 가지고 있는 이질성과 다양한 창조적 가능성을 모두 포괄할 수가 없다. 비정규 교수들의 이질성과 이 이질성들의 접속과 결합을 통한 새로운 저항의 지점을 확보하는 창조적 노력이 절실하다. 우리가 기댈 곳은 '유령들의 고함'이고, 그 함성에 깃든 고유한 슬픔과 분노이다. 슬픔과 분노의 정서를 기쁨과 저항으로 이끄는 힘은 어떻게 가능할까? 현재에 대한 순응과 미래에 대한 근거 없는 낙관 속에서 삶을 소진시키지 않고 현재를 긍정하고 미래를 창조할 힘은 '지금 여기'에서 실행하는 실험 속에 있고, 그 실험 속에서 펼쳐지는 구성적 힘이다. 그 구성적 힘의 가능성은 이질적인 것에 대한 긍정을 통해 새로움을 '지금 여기'에서 실험하는 것 속에 있다. 비참한 현실에 깃든 슬픔과 분노를 걷어내고 삶의 긍정성을 확보할 수 있는 새로운 스타일의 창조와 구성적 실험은 어떻게 가능한가?

이 질문에 대한 명료한 답을 현재 나는 가지고 있지 못하다. 또한 이 글에서 이 문제에 대해 충분히 다룰 만한 지면의 여유도 없다. 그래서 여기서는 〈경북대분회〉에서 실험한 한 가지 사례를 간략하게 소개하고 그 가능성을 타진하는 것으로 만족하고, 이에 대한 구체적이고 풍부한 논의는 다음으로 미룬다. 물론 〈한국비정규교수노동조합〉의 존재와 활동이 갇힌 공간에서의 비정규 교수들의 저항의 지점을 확보한 것은 매우 긍정적인 측면을 지니고 있다. 이는 위에서도 말했듯이 '유령적 자기 의식' 속에 유폐된 비정규 교수들이 자신의 목소리를 표현하는 저항의 초점을 형성한다는 점에서 매우 긍정적이다. 현재 진행하고 있는 '교원 법적 지위 확보' 투쟁은 많은 조합원들이 해결해야 될 우선적인 문제라고 생각하는 것을 노동조합이 적극 반영하여 헌신적으로 투쟁하는 모범사례라 할 만하다. 그러나 이런 법적 · 제도적 개선 투쟁만으로 비정규 교수들의 잠재적인 창조적 가능성을 모두 발산할 수는 없다. 이런 제도 개선활동을 통해 집단적인 투쟁의 지점을 확보해서 각 분회별, 혹은 각각의 비정규 교수들의 연대를 모색하고 투쟁의 활력으로 승화시키는 것 또한 소수정치의 가장 중요한 지점 중의 하나임에 분명하다. 그러나 이런 형태의 제도 내 투쟁만으로 소수자로서의 비정규 교수들이 가지고 있는 활력을 충분히 펼치고 실험하기에는 역부족이다. 문제는 제도적 투쟁과 함께 각각의 삶의 현장에서 비정규 교수들이 모색하고 실험하는 새로운 연대의 방식이다.

〈경북대분회〉에서는 2007년 1학기부터 '학술 아고라'를 실험하고 있다. 비정규 교수들을 포함한 이 땅의 대부분의 제도권 학자들은 학회 활동이나 학술진흥원 등재 논문 등을 쓰는 데 자신들의 학문적인 역량을 집중한다. 이런 학문적 노력을 폄하할 필요는 없다. 그러나 모든 학문적 역량이 제도적인 학회나 등재 논문에 집중됨으로써 진정한 의미에서의 학문적인 활력과 현실과의 긴장은 적어도 대학 내에서는 거의 찾아

보기 힘든 것이 현재 대학의 모습이다. 학문의 제도권으로의 포섭이라는 매우 부정적인 현상으로 드러나는 것 또한 지금의 현실이다.

〈경북대분회〉에서는 이런 현실 속에서 학문의 긴장감과 대중과의 소통 가능성을 '학술 아고라'라는 집단적이고 공개적인 학술활동으로 실험했다. 지난 한 학기 동안 '학술 아고라'는 12명의 비정규 교수들이 매주 수요일마다 공개적으로 자신의 전공과 연관된 강의를 진행해 왔다. 대학 강의실에서 진행하지만 그 강의에는 학생, 비정규 교수, 일반 시민 등이 폭넓게 참여하는 그야말로 열린 형식의 강의를 지향했다. 강의 개설권을 대학본부가 일방적으로 점유하는 상황에서 대부분의 비정규 교수들은 주로 교양강의만 맡아온 것이 사실이다. 비정규 교수들이 어떤 분야의 전공자이지만 강의에서는 전공에서 배제되는 현실에서, 노조에서 진행하는 '학술 아고라'는 강의 자체가 하나의 저항의 지점을 형성한다는 것을 잘 보여주었다. 배제된 공간에서 좌절하거나 한탄하는 것이 아니라, 그 공간을 점유해 새로운 형식의 열린 공간으로 전환시킨다는 점에서 새로운 형태의 실험이고 연대였다. 물론 지난 한 학기 동안의 실험이 성공적인 것만은 아니었다. 참여율이 강의내용에 따라 편차가 있고 학문적 소통이 원활하지 않았던 측면도 있다. 그러나 〈경북대분회〉는 '학술 아고라'를 한 학기만의 일회적 행사로 끝내지 않고 앞으로 노조가 존재하는 한 가장 핵심적인 일상 사업으로 설정함으로써 지속적인 실험을 통해 대학 내에 존재하는 전반적인 학문적 무기력을 돌파하고자 한다. 이런 형태의 지속적인 실험을 통해 대학이라는 제도권 내에 구멍을 파고 그 구멍을 통해 끊임없이 새로운 실험을 한다면, 현실과 미래의 좌절 속에 결박된 '유령적 자기 의식'이 '소수적 자기 의식'의 긍정과 함께 새로운 형태의 '저항적 자기 의식'으로 발전할 것이다.

— 자료 : 조합원 설문조사 기본 통계표 —

1. 일반사항

〈응답 조합원의 인적 특성〉

		빈도(명)	비중(%)
성별	여성	42	50.6
	남성	41	49.4
연령 (평균 38.3세)	29세 이하	2	2.4
	30-34세	20	24.1
	35-39세	27	32.5
	40-44세	21	25.3
	45세 이상	13	15.7
혼인 여부	혼인	58	70.7
	비혼인	24	29.3
	무응답	1	–
전공계열	인문계열	42	50.6
	사회계열	15	18.1
	경상계열	5	6.0
	예능계열	14	16.9
	자연계열	7	8.4
학력(학위)	석사과정	1	1.2
	석사	9	10.8
	박사과정	4	4.8
	박사수료	31	37.3
	박사	38	45.8
전업 여부	전업	70	86.4
	비전업	11	13.6
	무응답	2	–

강의 경력 (평균 6.0년)	1-2년	15	18.1
	3-4년	25	30.1
	5-9년	28	33.7
	10년 이상	15	18.1
합계		83	100.0

〈주당 강의시간 : 2006년〉

	1학기		2학기	
	빈도(명)	비중(%)	빈도(명)	비중(%)
강의 없음	2	2.5	3	3.6
1-3시간	22	27.2	24	28.9
4-6시간	19	23.5	15	18.1
7-9시간	12	14.8	11	13.3
10-12시간	9	11.1	14	16.9
13-15시간	8	9.9	6	7.2
16시간 이상	9	11.1	10	12.0
무응답	2	-	-	-
합계	83	100.0	83	100.0
평균 강의시간	8.1		8.2	

〈강의대학 수 : 2006년〉

	1학기		2학기	
	빈도(명)	비중(%)	빈도(명)	비중(%)
강의 없음	2	2.4	3	3.6
1개	26	31.3	31	37.3
2개	37	44.6	35	42.2
3개	10	12.0	8	9.6
4개	7	8.4	6	7.2
5개 이상	1	1.2	0	0.0
합계	83	100.0	83	100.0
평균 강의대학 수	2.0		1.8	

〈강의소득 및 강의 이외 주소득원 : 2005년 기준〉

강의소득	빈도(명)	비중(%)	강의 이외 주소득원	빈도(명)	비중(%)
500만 원 미만	21	25.3	없음	35	42.7
1,000만 원 미만	26	31.3	번역, 저술, 기고 등	1	1.2
1,500만 원 미만	17	20.5	연구 프로젝트	16	19.5
2,000만 원 미만	10	12.0	과외 및 학원 강의	15	18.3
2,500만 원 미만	6	7.2	금융/임대소득, 사업	3	3.6
3,000만 원 미만	2	2.4	기타	12	14.6
3,000만 원 이상	1	1.2	무응답	1	–
합계	83	100.0	합계	83	100.0

〈본인 총소득, 배우자 총소득, 가구 총소득 : 2005년 기준〉

	본인 총소득		배우자 총소득		가구 총소득	
	빈도(명)	비중(%)	빈도(명)	비중(%)	빈도(명)	비중(%)
500만 원 미만	6	7.2	9	15.5	1	1.4
1,000만 원 미만	19	22.9	6	10.3	6	8.1
1,500만 원 미만	19	22.9	6	10.3	8	10.8
2,000만 원 미만	18	21.7	7	12.1	9	12.2
2,500만 원 미만	11	13.3	3	5.2	11	14.9
3,000만 원 미만	6	7.2	4	6.9	3	4.1
3,500만 원 미만	1	1.2	4	6.9	7	9.5
4,000만 원 미만	2	2.4	8	13.8	6	8.1
4,000만 원 이상	1	1.2	11	19.0	23	31.1
무응답(해당 없음)	0	–	25	–	9	–
합계	83	100.0	83	100.0	83	100.0

2. 정체성과 전망

〈전업 시간강사의 현재 상황에 대한 만족도 및 불만족 이유〉

만족도	빈도(명)	비중(%)	"불만족"응답자들의 불만족 이유	1순위		2순위	
				빈도(명)	비중(%)	빈도(명)	비중(%)
매우 만족	0	0.0	신분 불안정	40	63.5	11	17.7
대체로 만족	6	8.6	소득 불안정	20	31.7	32	51.6
대체로 불만족	36	51.4	사회보험 및 부가급여 지원 미비	1	1.6	7	11.3
매우 불만족	28	40.0	연구환경 미비	2	3.2	12	19.4
무응답	13	–	무응답	1	–	2	–
합계	83	100.0	합계	64	100.0	64	100.0

〈정규직 교수 임금 대비 적정 임금수준〉

	빈도(명)	비중(%)
100%	7	9.3
70% 이상	52	69.3
50% 이상	14	18.7
30% 이상	1	1.3
현 급여수준에 만족	1	1.3
무응답	8	–
합계	83	100.0

〈대학구성원으로서 소속감 여부 및 소속감이 없는 이유〉

소속감 여부	빈도(명)	비중(%)	"소속감 못 느낌" 응답자들이 소속감을 못 느끼는 이유	빈도(명)	비중(%)
소속감 느낌	13	16.0	정규직 교수가 아니기 때문	21	32.3
			정규직 교수와 차별이 심하기 때문	34	52.3
소속감 못 느낌	68	84.0	비정규직 교수를 계속할 생각이 없기 때문	1	1.5
			기타*	9	13.8
무응답	2	–	무응답	3	–
합계	83	100.0	합계	68	100.0

* 주 : 강의 · 연구 전용 공간이 없기 때문(1), 강의가 없을 수도 있기 때문(1), 대학구성원으로서 의사 · 결정권이 없기 때문(4), 강의 없는 학기에 대출조차 불가능함(1), 신분을 보장하는 제도적 장치 부족함(1) 등

〈취업계획 및 정규직 취업 희망자의 취업 희망직종〉

취업 계획	빈도(명)	비중(%)	취업 희망 직종	빈도(명)	비중(%)
정규직 취업	67	84.8	정규직 교수	37	55.2
비정규직 취업	2	2.5	정규직 연구원	14	20.9
비정규직 교수 유지	5	6.3	기타 정규직	9	13.4
취업계획 없음	5	6.3	직종 무관	7	10.4
무응답	4	–	무응답	0	–
합계	83	100.0	합계	67	100.0

〈자기 전공분야 박사학위 취득자들의 전공분야 취업 가능성〉

	빈도(명)	비중(%)
매우 그럼	1	1.3
대체로 그럼	11	13.8
대체로 그렇지 않음	37	46.3
매우 그렇지 않음	31	38.8
무응답	3	–
합계	83	100.0

〈전공분야 정규직 교수/연구원 채용과정의 문제점〉

	1순위		2순위	
	빈도(명)	비중(%)	빈도(명)	비중(%)
심사기준 불공정성	8	9.9	19	25.0
심사과정 불투명성	29	35.8	31	40.8
성차별	4	4.9	5	6.6
인맥 중심 채용 관행	38	46.9	20	26.3
기타*	2	2.5	1	1.3
무응답	2	–	7	–
합계	83	100.0	83	100.0

* 주 : 나이 제한(1), 자리 자체가 부족(1)

〈시간강사제도 개혁을 위한 재원〉

	1순위		2순위	
	빈도(명)	비중(%)	빈도(명)	비중(%)
교육비 이외 국가예산 전환	17	21.0	15	20.0
교육부문 예산 증액	26	32.1	26	34.7
기존 교육예산의 재편성	29	35.8	26	34.7
정규직 교수의 임금 동결/인하	7	8.6	8	10.7
기타*	2	2.5	0	0.0
무응답	2	–	8	–
합계	83	100.0	83	100.0

* 주 : 교육비 이외의 학교 예산 전환(1), 어떤 방법이든 상관없음(1)

3. 노조활동 관련

〈노조(분회)의 활동에 대한 만족도〉

	빈도(명)	비중(%)
매우 만족	11	14.3
대체로 만족	54	70.1
대체로 불만족*	12	15.6
매우 불만족*	0	0.0
무응답	6	–
합계	83	100.0

* 주(불만족 이유) : 노조원 참여(방안) 미비(2), 무엇을 하는지 체감 못함(2), 참여율 낮고 응집력 약함(1), 활동방향이 본인생각과 다르고 노조활동이 체계적이지 못함(1), 조합비를 강의 시수에 따라 차등(1) 등

〈노조(분회)의 활동에 대한 관심도〉

	빈도(명)	비중(%)
매우 관심	16	20.8
대체로 관심	47	61.0
대체로 무관심*	14	18.2
매우 무관심*	0	0.0
무응답	6	–
합계	83	100.0

* 주(무관심의 이유) : 연구와 강의가 바빠서(11), 홍보가 부족해서, 연구와 강의(혹은 가족부양)가 바빠서, 노조사업방식이 못마땅해서, 불이익이 염려돼서 등

〈한국비정규교수노조의 우선과제〉

	1순위		2순위	
	빈도(명)	비중(%)	빈도(명)	비중(%)
교원 법적 지위 확보	57	73.1	14	18.2
임금인상	2	2.6	20	26.0
전용 연구 공간 확보	4	5.1	13	16.9
강의 개설권 확보	3	3.8	12	15.6
고용안정	11	14.1	18	23.4
기타*	1	1.3	0	0.0
무응답	5	–	6	–
합계	83	100.0	83	100.0

* 주 : 대학의 참교육 고민(1)

〈노조(분회) 단체교섭의 우선 과제〉

	1순위		2순위	
	빈도(명)	비중(%)	빈도(명)	비중(%)
강의료 인상	19	24.1	13	16.7
전용 연구공간 확보	17	21.5	23	29.5
수강 정원 축소	9	11.4	8	10.3
강의 개설권 확보	19	24.1	12	15.4
건강검진 등 복리후생 확대	7	8.9	17	21.8
노조활동 지원 확대	6	7.6	3	3.8
기타*	2	2.5	2	2.6
무응답	4	–	5	–
합계	83	100.0	83	100.0

* 주 : 강사 채용의 공정성(1), 강사 채용의 투명성(2) 등

〈불가피하게 단체행동에 돌입했을 경우 단체행동 참여의향〉

	빈도(명)	비중(%)
있음	45	57.0
없음	5	6.3
모르겠음	29	36.7
무응답	4	–
합계	83	100.0

참|고|문|헌

쏘번, 니콜래스. 조정환 역. 2005.『들뢰즈 맑스주의』. 서울 : 갈무리.
이주호 의원실. 2006.『전국 4년제 대학 시간강사 실태분석』. 2006년도 국정감사 정책자료집. 서울.

2_

한국의 대학교수 노동시장구조

분단노동시장 이론의 관점으로 본 현실과 전망

조정재

1. 문제 제기

지금 한국 대학들은 지식기반경제의 출현, 신자유주의적 경제정책 및 교육정책, 대학 진학자 수의 감소, 대졸자의 취업난 등 여러 요인들에 대응해 '대학개혁'에 몰두하고 있다. 예를 들어, 최고경영자(CEO) 출신 총장 영입, 국립대학의 통합 및 법인화, 단과대학이나 학과(학부)의 폐지나 통합, 수익사업의 추진, 산학협력체제 구축, 교원업적평가제도의 도입 및 강화, 교과과정 및 학사운영제도의 개편, 팀제 도입 등 대학 행정조직 개편, 식당 · 경비 · 청소 등 학내 서비스의 외주화 등이 그것이다. 한국 대학들의 이런 움직임들은 미국, 영국 등에서 출현한 새로운 대학체제인 '대학 자본주의(academic capitalism)' (Rhoades & Slaughter 2004)[1]의 모습들을 보여주는 것이다. 고용관계의 측면에서 보면, 대학 자본주의는 비용절감과 유연한 대학 경영을 위해 정년을 보장받는 전임교원의 비율을 축소하고 비정규직 교원의 채용을 늘린다. 불행하게도 한국 대학에서는 대학 자본주의적 전략이 대학의 '경쟁력'을 높이는 길이라는 생각이 널리 퍼져 있다. 따라서 정부와 각 대학들이 내놓은 대학개혁안에 그동안 한국 대학들의 부끄러운 치부인 '비정규 교수'[2] 문제를 풀 해법이 들어있지 않다는 것이 별로 놀라운 일은 아니다. 오히려 대학 자본주의적 전략을 지향하는 한국 대학들은 앞으로 시간강사와는 또 다른 형태의 비정규 교수들을 양산할 것이다.

그런데 더 큰 문제는 비정규 교수 문제가 앞으로 더 심각해질 수 있음에도 불구하고 공론(公論)의 대상이 되고 있지 못하다는 점이다. 비정규 교수 문제와 관련해 그동안 한국비정규교수노조 활동가들의 운동적 비판과 이 비판에 공감하는 일부 정규 교수들의 성찰적 발언이 있어 왔다. 그리고 최근에는 시간강사에 대한 교원지위 부여를 핵심 내용으로 하는 '고등교육법 개정안'이 국회에 제출된 상태이다. 그러나 여전히 비정규 교수 문제는 대학사회 내에서조차 주목받지 못하고 있다. 이는 일차적으로 비정규 교수 문제를 법적 · 제도적으로 풀 능력을 가진 정부와 대학의 책임 회피 혹은 문제 은폐 때문이다. 정규 교수들 뿐만 아니라

1) 대학자본주의는 대학과 대학교원들이 시장 지향적 행동(market-like behaviors)에 몰두하는 경향과 관련된 것으로서 대학들이 자신들의 교육 · 연구 · 서비스 기능들을 활용해 수익을 창출하는 체제이다. "대학도 산업이다"란 노무현 대통령의 말은 바로 이 대학자본주의의 의미를 노골적으로 잘 표현한 것이다. 대학자본주의에 대해서는 4절에서 다시 언급할 것이다.

2) 2절에서 구체적으로 말하겠지만 '정규 교수'는 정년 트랙 전임교원을, '비정규 교수'는 시간강사, 비정년 트랙 전임교원, 연구교수 등을 지칭한다. 시간강사는 비정규 교수 중 한 부류이다. 그러나 비정규 교수의 대다수가 시간강사란 점에서 특별히 언급하지 않는 한 아래에서 비정규 교수는 시간강사를 지칭하는 말이다.

'피해' 당사자인 비정규 교수들의 침묵도 비정규 교수 문제의 공론화를 막고 있다. 심지어 노동자와 민중의 삶을 연구대상으로 삼고 있다는 '진보적' 정규 교수들조차도 정작 자신들이 몸담고 있는 학계의 비정규 교수 문제에 대해서 공개적으로 발언하거나 학술적으로 분석한 경우는 별로 없다.[3]

따라서 비정규 교수 문제의 해결을 위한 일차적 과제는 그 문제의 심각성에 비해 연구가 별로 이뤄지지 않은 비정규 교수 문제, 혹은 대학교수 노동시장구조에 대해 '발언(Voice)'하는 것이다. 비정규 교수 문제의 실체성은 정규 교수와 비정규 교수 사이에 임금 및 고용조건의 격차가 실재할 뿐만 아니라 이 격차가 대단히 부당한 이유에서 생겼다는 사실과 관련된다. 이 실체성이 대학사회에서 진지하게 인정된다면 문제 해결의 방법은 의외로 간단할지도 모른다.[4] 그러나 만약 비정규 교수의 저

3) 명색이 지식인이라는 대학교수(정규 교수)가 자기 수양은 하지 않으면서 자기 소속 집단의 '밥그릇' 문제를 거론하는 것이 겸양의 도리에 어긋난다고 생각해서 침묵했다면 그래도 이해할 만하다. 그러나 비정규 교수에 대한 열악한 대우와 차별이 너무나 정도(正道)에서 벗어난 처사인데다 비정규 교수 문제가 해결되고 있지 못한 데는 정규 교수들의 책임도 크다는 점에서 학자들의 침묵은 부도덕한 처세라고 볼 수밖에 없다. 물론 신문, 잡지 등에 칼럼이나 에세이 형식으로 시간강사 문제를 다룬 정규 교수들의 비평이 가끔 실린 적은 있다. 정규 교수들 중에서 시간강사 문제에 대한 대학사회의 자성을 촉구한 대표적 사례는 경제학 교수인 정성기의 논문(2003)이다. 한국에 귀화한 러시아 출신 박노자 교수도 기회가 있을 때마다 한국 대학의 시간강사 착취문제를 언급하고 있다. 그러나 한국비정규교수노조 관계자와 일부 정규 교수들이 쓴 보고서나 논문을 제외하면 비정규 교수들의 문제를 다룬 학술 논문들을 찾아보기 힘들다. 한국학술진흥재단의 등재(후보)지를 상대로 '비정규(직) 교수', '비전임교원', '시간강사' 등을 주제로 한 논문을 있는지 한번 검색해 보라! 한국의 이런 학계 풍토는 비정규 교수에 관한 논문들이 전문학회지에 심심치 않게 실리는 외국과는 무척 대비된다.

4) 예를 들어 재정 제약 때문에 비정규 교수 문제를 해결하기 힘들다고 본다면 오히려 문제 해결방법은 의외로 쉽고 간단하다. 물론 현실에서 이 해법이 저절로 집행될

임금 및 고용불안 문제가 객관적 사실이라고 인식하더라도 그것이 불가피하거나 자연스런 현상이라고 본다면 이는 비정규 교수 문제의 실체성을 부정하는 것과 마찬가지이다. 이런 의미에서 비정규 교수 문제의 해결을 어렵게 하는 결정적 장벽은 정규 교수와 비정규 교수로 분할 · 재생산되는 대학교수 노동시장구조가 능력주의(meritocracy)나 효율성의 관점에서 불가피한 현상이라고 보는 '이데올로기'에 있다. 이 이데올로기와 관련 정책을 극복하는 것이 비정규 교수 문제를 해결하고 대학교수 노동시장구조를 개혁하는 출발점이다.

이 글의 목적은 분단노동시장 이론(segmented labor market theory)의 관점에서 한국의 대학교수 노동시장구조를 분석하고 전망하는 것이다. 분단노동시장 이론은 노동시장이 효율성의 원리에 따라 구축되거나 경제주체들의 합리적 선택에 의해 작동한다는 주류경제학의 노동시장 이론을 비판한다. 분단노동시장 이론은 특정 직무의 노동시장이 일반적으로 상대적 고임금 및 고용안전을 특징으로 하는 부문과 상대적 저임금 및 고용불안을 특징하는 부문 등 2개 이상의 부문으로 분할돼 있다고 본다. 그런데 분단노동시장 이론이 주류경제학의 노동시장 이론들과 결정적으로 다른 점은 노동시장 분단의 실재를 인식하는 데 있는 것이 아니라 노동시장 분단의 이유를 다르게 보는 데 있다. 즉 분단노동시장 이론은 자본이 자본주의의 재생산을 위해 노동력을 집단별로 차별화하여 재생산한다고 본다. 분단노동시장 이론은 심지어 동일한 직무를 수행하고 동

수 있는 것은 아니다. 어쨌든 사회적 합의와 대학사회 내 공론을 거쳐 대학교육 정책 및 관련 예산을 손질하거나, 정규 교수들의 임금이나 기타 고용조건을 조정하거나, 기타 유연하고 창조적인 방식의 정책들을 동원하면 상당 정도로 비정규 교수 문제는 해결 가능하다.

일한 인적 특성—성, 학력, 인종 등—을 지닌 노동자들조차도 상이한 임금 및 노동조건을 지닌 노동시장 내부의 상이한 단편들(segments)—상이한 작동원리를 지닌 부문들—에 속할 수 있다고 본다.

이 글은 시간강사 등 비정규 교수의 열악한 상태를 보고한 기존의 글들을 뛰어넘는 수준에서 새로운 사실들을 밝혀내거나 '대학교수 노동시장 이론'이라고 할 만한 새로운 이론을 만들려는 것이 아니다. 그렇다고 대학교수 노동시장과 관련해 우리가 관심을 가질 만한 다양한 주제들—예를 들어, 전임교원의 교육 · 연구 활동 등에 대한 실태 파악(이성호 1992 ; 1995), 신자유주의와 대학교육 노동의 성격 변화(Rhoades & Slaughter 2004 ; Entin 2005 ; Hanley 2005 ; Levin 2005 ; Levin 2006), 전임교원 간 고용조건 및 경력 경로 차이(Finnegan 1993), 대학 교수사회의 권력관계,[5] 교수임용제도 및 교수임용 비리문제(장정현 1996) 등—도 여기서는 다루지 않을 것이다. 이 글의 목적은 한국의 4년제 대학을 잠재적 연구대상으로 하면서 분단노동시장 이론의 관점에서 객관적 자료들과 필자의 판단을 결합해 한국 대학교수 노동시장구조의 성격을 규정하고, 앞으로 한국 대학교수 노동시장구조가 어떤 형태로 재편될지 예상해 보는 것이다.

글의 순서 및 각 절의 기본 내용은 다음과 같다.

2절은 정규 교수 노동시장과 비정규 교수 노동시장으로 분단된 한국의 대학교수 노동시장구조를 설명하기 위한 이론적 접근법인 분단노동시장 이론의 성격과 의의를 설명한다. 이에 앞서 대학교수 노동시장구조가 효율성의 측면에서 합리적 선택의 결과라고 설명할 법한 주류경제

5) 학계 내부의 미시 권력관계에 대한 연구 따위는 프랑스를 경험적 사례로 분석한 부르디외(Bourdieu 2005)를 참고할 수 있다. 이런 류의 '현학적' 연구마저도 한국에서는 금기인지 다루지 않는다.

학의 이론들을 비판할 것이다.

3절은 한국 대학교수 노동시장구조의 기본적 성격과 특징을 설명한다. 먼저 한국의 대학교수 노동시장은 정규 교수 (내부)노동시장과 비정규 교수 (외부)노동시장이 접합된 형태의 구조를 가지고 있다고 가정하고 두 노동시장의 특징을 비교 · 분석한다. 그런 다음 한국 대학교수 노동시장구조의 기본 성격과 효과를 설명할 것이다.

4절은 한국의 대학교수 노동시장구조가 어떻게 재편될 것인지를 전망한다. 이를 위해 현재 한국의 대학교육과 대학교수 노동시장의 변화에 영향을 미칠 주요한 요인들을 먼저 검토할 것이다. 마지막에는 바람직한 대학교수 노동시장 모델의 기본 성격과 관련해 약간의 정책적 제안을 할 것이다.

2. 대학교수 노동시장구조에 대한 이론적 관점

한국의 대학교수 노동시장이 정규 교수 노동시장과 비정규 교수 노동시장이라는 이질적 시장들로 구성돼 있다는 점은 자명한 사실이다. 중요한 점은 한국의 대학교수 노동시장의 분단원인을 설명하는 적절한 접근법이 무엇인지 고민하는 데 있다. 따라서 사회학과 경제학 분야에서 노동시장의 분단 혹은 임금격차[6]를 설명하는 기존 이론들을 대학교수

[6] 전통적 이론에서는 임금격차가 예를 들어 관습 등 제도적 요인에 의한 비경쟁집단의 존재, 산업별 특성, 힘든 노동에 대한 보상임금의 존재, 성차별 등 때문에 생길 수 있다고 설명한다. 임금격차를 설명하는 전통 이론뿐만 아니라 여러 임금 이론들

노동시장에 적용해 볼 필요가 있다. 우리는 한국의 대학교수 노동시장구조를 적절하게 설명할 이론적 틀은 분단노동시장 이론, 특히 급진파 분단노동시장 이론이라고 판단한다. 일단 분단노동시장 이론을 설명하기 이전에 능력주의 원리나 효율성(생산성) 기준에 따라 노동시장이 분단돼 있다거나 임금격차가 존재한다고 주장하는 주류경제학의 이론들—인적 자본 이론(human capital theory), 신제도주의적 내부노동시장 이론, 효율임금 이론(efficiency wage theory), 내부자-외부자 이론(insider-outsider theory) 등—을 비판적으로 살펴본다. 그런 다음 급진파 분단노동시장 이론의 성격을 설명하고, 이 이론이 대학교수 노동시장구조에 대한 연구에서 갖는 의의를 설명할 것이다.

먼저 인적 자본 이론(Becker 1975)에 따르면, 물적 자본(공장, 기계설비 등)에 대한 투자가 생산성을 증진시키듯이 인적 자본에 대한 투자—학교 교육, 현장훈련(OJT : on-the-job-training), 노동시장 정보 획득, 건강 증진 등—는 인간의 선천적 능력이 아닌 후천적 능력을 증진하는 활동이다. 인적 자본에 대한 투자는 생산성을 증가시키고, 이는 결국 그 대가로서 임금의 상승을 가져온다. 그리고 인적 자본 이론은 제도적 장벽, 차별 등 기타 요인이 없다고 가정할 경우 노동시장에서 보상격차는 인적 자본에 대한 투자격차를 반영한 것이며, 합리적 경제주체라면 인적 자본 투자의 비용과 편익을 정확히 계산해 인적 자본에 대한 투자 여부와 투자규모를 판단할 것이라고 설명한다. 인적 자본에 대한 투자 여부는 인적 자본에 대한 투자비용과 투자수익에 따라 결정되겠지만, 일반적으로 볼 때 인적 자본에 적게 투자하고 적은 보상을 받는 것이나 인적 자본에

에 대한 개괄적인 설명은 돕(Dobb 1983)을 참고하라.

많이 투자하고 많은 보상을 받는 것이나 '합리적' 의사결정이기는 마찬가지인 셈이다.

인적 자본 이론의 설명논리에 따르면, 정규 교수와 비정규 교수의 임금격차는 정규 교수와 비정규 교수를 차별하는 제도가 존재하지 않는 한 정규 교수와 비정규 교수의 인적 자본에 대한 투자격차—예를 들어, 학위 취득을 위한 등록금(혹은 유학비용), 연구 관련 프로젝트 수행, 강의 · 연구에 관한 자료수집, 정보획득에 투여된 비용 등의 격차—에 따른 생산성 격차를 반영하는 셈이다. 물론 인적 자본 이론은 정규 교수와 비정규 교수의 임금격차가 노동시장의 균형달성을 방해하는 '부당한' 요인들—정규 교수 일자리 수의 인위적 제한, 비정규 교수에 대한 의도적 차별 등—때문에 생길 수 있음을 시사한다. 이 경우 인적 자본 이론은 인적 자본 투자의 격차에 조응해 임금격차가 생기도록 노동시장이 효율적으로 작동하도록 만들어야 한다고 설명할 것이다. 그러나 이런 관점은 임금격차가 인적 자본에 대한 투자격차로 생긴 것일 경우 경제주체의 '합리적' 선택에 따른 것이라고 본다는 점에서 문제가 있다. 더구나 한국의 경우 정규 교수와 비정규 교수의 심각한 임금격차가 인적 자본에 대한 투자격차를 정확히 반영한 것이라고 볼 수도 없다.[7] 설사 인적 자본에 대한 투자격차가 임금격차를 낳은 요인이라는 인적 자본 이론의 주장을 수용한다고 하더라도, 인적 자본 이론이 인적 자본에 대한 투자격차 및 임금격차를 낳는 사회적 제도를 분석하지 않는다는 약점을 지

7) 인적자본 이론의 가설이 맞는지 따져보려면 정규 교수와 비정규 교수의 인적자본에 대한 투자격차가 얼마인지, 그리고 이들 간 인적자본 투자격차로 생긴 생산성 격차가 얼마인지, 그리고 이와 관련해 임금격차가 순수 시장적 원리에 의해 생긴 것인지 아니면 제도적 요인에 의해 생긴 것인지 등을 알아야 한다.

적하지 않을 수 없다.

신제도주의적 내부노동시장 이론은 거래비용의 절감이나 기타 합리적 이유로 내부노동시장(internal labor market)[8]이 발전한다고 설명한다. 내부노동시장의 성립 이유에 대한 몇 가지 설명(Williamson *et al*. 1975, 270-5 ; Milgrom & Roberts 1992, 363-4)을 예로 들어보자. 첫째, 내부노동시장의 승진제도는 일종의 동기부여제도로서 조직에 대한 노동자들의 헌신을 유도한다. 둘째, 규칙과 절차에 따른 임금지급—예를 들면, 임금(호봉)표에 따른 임금지급—은 자의적으로 임금을 지급할 경우보다 노동자들의 기회주의적 행동을 막는 데 유리하다. 셋째, 고용주가 장기간 관찰 · 평가해 온 내부노동자를 발탁 · 승진해 배치하는 것이 새로운 노동자를 외부노동시장(external labor market)에서 채용하는 것보다 효율적이다. 넷째, 장기고용은 기업 특수적 숙련(firm-specific skill)—다른 기업(조직)에서 사용할 경우보다 특정 기업(조직)에서 사용할 경우 더 높은 성과를 내는 형태의 숙련—에 대한 투자를 촉진하고 노동자의 헌신을 유도한다. 결국 이 이론은 승진제도 하에서 노동자의 장기고용을 보장하는 내부노동시장은 노동자들의 조직에 대한 충성을 유도하고 노동력을 효율적으로 거래 · 관리하기 위한 합리적 장치일 뿐이라고 보는 셈이다. 반면 (내부노동시장과 같이) 조직 내부에서 필요한 노동력을 조달하는 것보다 필요할 때마다 노동력을 수시로 채용하는 것이 거래비용 등의 측면에서 효율적일 경우 외부노동시장을 활용하는 것이 합리적일 수 있다. 따라서 상이한 원리로 작동하는 내부노동시장과 외부노동시장은 기업의 입장에서 합리적 의사결정을 통해 무차별적으로 선택 가능한 대안들일 뿐이다.

---

8) 내부노동시장과 외부노동시장의 개념에 대해서는 3절을 참고하라.

신제도주의 내부노동시장 이론이 한국의 대학교수 노동시장구조를 잘 설명하는지를 정년보장(tenure)제도[9]에 국한해 평가해 보자. 이 이론에 따르면 정년보장제도는 교육, 연구 등에서 많은 업적을 쌓은 정규 교수에 대한 보상제도이면서 동시에 젊은 교수들이 열심히 교육 · 연구하도록 유인하기 위한 동기유발제도인 셈이다.[10] 대학의 관점에서 볼 때, 정년보장제도는 인내심을 가지고 우수한 연구를 할 수 있는, 학자적 자질이 있는 교수들을 대학에 오래 머물도록 하기 위한 효율적이고 합리적 선택인 셈이다. 한국의 경우 (뒤에서 설명하겠지만) 특별한 경우가 아닌 한 새로 채용된 정규 교수 대부분은 정년을 보장받는 (정)교수로 승진한다. 그런데 이 이론이 한국의 현실을 잘 설명하려면 학자적 자질을 가지고 있고 우수한 교육 · 연구 업적을 달성한 정규 교수들만이 정년보장 임용을 받았다는 점을 증명해야 한다. 그러나 한국에서는 (부당한 이유를 근거로 정규 교수의 재임용을 거부한) 사립대학들의 일부 사례를 제외하고는 여전히 정규 교수의 정년보장 임용 심사는 형식적으로 존재할 뿐이라는 점에서 신제도주의 내부노동시장 이론이 한국의 대학교수 노동시장구조를 잘 설명할 수 있는 접근법은 되지 못한다.

---

9) 우리가 상식으로 예측할 수 있는 정년보장제도의 장 · 단점에 대해서는 김성진(2003)의 설명을 참고하라.

10) 정년보장제도가 우수한 자질과 능력을 지닌 교수에 대한 보상제도나 인내심을 갖고 좋은 연구를 하도록 신진교수들을 유인하는 장치로 기능하는 측면보다는 능력이 떨어지는 현직 교수들이 자신들의 일자리를 보호하기 위해 자신보다 열등한 사람만을 뽑는 폐단을 막고 탁월한 자질을 가진 젊은 교수의 신규 임용을 촉진하는 기능을 가진다는 측면을 중시하는 주장(Carmichael 1988)도 있다. 물론 이 주장조차 한국 대학의 현실을 잘 설명하는지는 의문이다. 즉 정년을 보장받은 현직 교수들이 자신보다 탁월한 신임 교수를 채용과정에서 '사심 없이' 선발하는지는 의문스럽다.

효율임금 이론(Akerlof & Yellen 1986)과 내부자-외부자 이론(Lindbeck & Snower 1988)은 경제주체들의 합리적 선택에도 불구하고 거시경제 수준에서 비자발적 실업과 임금 경직성이 나타나는 이유를 미시경제학적으로 설명하려고 만든 이론이다. 효율임금 이론은 기업들이 우수 노동자를 유치하고 노동자들의 태만(shirking)이나 이직을 막음으로써 높은 생산성을 실현하기 위해 시장 균형임금보다 높은 임금을 의도적으로 노동자들에게 지급한다고 설명한다. 즉 효율임금 이론은 고임금(효율임금) 지급을 기업들의 합리적 선택 내지 이윤극대화 전략의 일환이라고 본다.

효율임금 이론을 한국의 대학교수 노동시장에 적용하면, 정규 교수에 대한 고임금은 우수한 정규 교수 노동자들을 유인 · 채용하고 이들의 교육 · 연구에 대한 헌신을 유도하는 기능을 하게 된다. 대학들이 효율임금을 지급하는 상황에서 비정규 교수들은 정규 교수들의 임금보다 낮은—좀더 정확히 표현하면, 현재의 시간강사 평균임금보다는 훨씬 더 높지만 정규 교수(전임강사)의 평균임금보다 낮은—임금을 받고 채용되고 싶어도 정규 교수로 채용되지 못한다. 이들은 그냥 시간강사로 남아야 한다. 분명 효율임금 이론은 대학의 효율임금 지급이 정규 교수들의 이직을 줄이면서 비정규 교수들의 저임금이나 불완전 고용을 야기하는 제도적 원인이라는 점을 설명할 수는 있을 것이다. 그러나 한국에서 대학의 효율임금 지급이 현직 정규 교수들의 태만을 방지하고 높은 생산성을 실현하는 데 기여하는지는 의문이다.[11] 그리고 효율임금 이론은 이

11) 물론 대학의 입장에서 교수의 성과를 무엇을 기준으로 측정할 것인지에 대해서는 논란이 생길 수 있다. 예를 들어, 학문적 능력이 떨어지는 A라는 정규 교수가 외부의 연구기금을 유치하는 데는 탁월한 수완을 보인다고 가정하자. 지금과 같은 대학 현실에서라면 아마 한국 대학들은 A 교수를 '경쟁력 있는' 혹은 '생산성이 높

론 내적으로 결정적인 한계를 가지고 있다. 효율임금 이론은 효율임금의 지급이 노동자—정규 교수든 비정규 교수든—의 기회주의적 행동을 방지하기 위해 기업(대학)측이 불가피하게 동원한 전략이며, 이 전략이 결국 정규 교수와 비정규 교수 간 임금격차와 비정규 교수의 불완전고용을 낳았다고 가정한다. 이는 사태의 책임이 대학이 아니라 노동자(교수)들에게 있으며, 비정규 교수의 저임금 및 불완전고용 상태를 없애기 위해서는 효율임금제도를 폐지할 수 있는—곧 완전 경쟁적 대학교수 노동시장을 실현할 수 있는—제도적 기반이 필요하다는 점을 역설하는 것이다. 그러나 완전 경쟁적 대학교수 노동시장 모델이 대학교수 노동시장 모델로서 바람직한 것인지는 의문이다.

내부자-외부자 이론(Lindbeck & Snower 1988)은 내부자(insider)들—현직 노동자 혹은 노조원—이 채용·해고를 제한하는 (법률)제도와 기업 특수적 숙련이 존재하는 상황을 활용하여 외부자(outsider)들—실업자 혹은 비노조원—을 배제하고 기업과 협상을 통해 지대를 획득한다고 설명한다. 기업도 기업 특수적 숙련을 지닌 현직 노동자를 해고하고 새로운 노동자를 채용할 경우 적지 않은 해고비용 및 신규 노동자 채용·훈련비용을 떠안아야 하기 때문에 차라리 현직 노동자들과 협상하는 방법을 택한다. 그 결과 내부자들은 고임금과 고용안전을 보장받지만 외부자들은 저임금이나 실업에 허덕이게 된다. 결과적으로 내부자-외부자 이론은 내부자들의 '지대추구 행위(rent-seeking)'의 측면에서 노동시장이 내부노동시장과 외부노동시장으로 분할돼 있음을 설명하게 된다. 내부자-외부자 이론은 외부자의 저임금 및 실업을 없애기 위해서는 해고 규제의 완

은' 교수로 평가할 것이다.

화나 노조권력 약화, 외부자 채용을 촉진할 이윤분배제(profit sharing)의 실시, 직업훈련을 통한 숙련 노동력의 공급 증가, 일자리 공유(job-sharing) 등과 같이 전체적으로 경쟁적 노동시장을 활성화하는 정책을 지지한다 (Lindbeck & Snower 1988, 260-6). 이 이론은 대중들에게 정서적으로 상당한 설득력을 가지고 있으며, 앞에서 본 주류이론들에 비해 한국의 대학교수 노동시장구조를 더 잘 설명할 수 있는 것처럼 보인다.

대학교수의 숙련은 의사의 숙련과 마찬가지로 모든 조직(대학)에서 활용될 수 있기 때문에 기업 특수적 숙련으로 볼 수 없다. 따라서 내부자-외부자 이론으로 대학교수 노동시장을 설명하는 데는 한계가 있다. 그러나 내부자-외부자 이론은 조직(대학)의 전략적 선택 때문이 아니라 노동자인 내부자(정규 교수)들이 독점적 지위를 이용해 외부자(비정규 교수)들의 희생을 대가로 '부당한' 이익(지대)을 획득하는 것처럼 보이는 현실을 잘 설명하는 것처럼 보인다. 심지어 내부자-외부자 이론은 내부자(정규 교수)의 지대추구 행위와 관련해 정규 교수 일자리에 대한 기대를 가진 외부자(비정규 교수)의 장기적 '대기(stand-by) 실업'을 설명할 수도 있는 것처럼 보인다. 즉 한국의 비정규 교수들은 내부자의 '횡포'에 당장은 피해를 보지만 언젠가 정규 교수가 될 경우 얻게 될 '지대'에 대한 기대감 때문에 현재의 저임금과 고용불안을 오랫동안 인내한다는 것이다. 물론 이런 주장이 터무니없는 것은 아니다. 그러나 필자의 경험적 관찰과 시간강사에 대한 설문조사에 따르면, 한국의 시간강사들이 '퇴장(exit)'—전직 등—의 옵션조차 사용할 수 없는 절박한 처지에 놓인 경우가 상당히 많다는 점에서 '지대추구' 운운하는 것은 그저 한가한 소리로 들릴 뿐이다.[12] 그런데 내부자-외부자 이론의 접근법은 정규 교수와 비정규 교수의 임금 및 노동조건의 '부당한' 격차가 이른바 '노동시장의 경직성' 을 낳는 법적 제도나 정규 교수의 이기심 때문이라고 설명한다는 점에서 결정적 약점을 가지고 있다. 내부자-외부자 이론은 결국 앞서 본 이론들과 마찬가지로 정규 교수 대부분마저도 고용불안에 놓이도록 하는 경쟁적 노동시장구조의 창출을 대안적 모델을 삼는다는 점에서 문제를 가지고 있다.[13]

앞서 말했듯이 우리는 한국의 대학교수 노동시장구조를 분단노동시장 이론으로 접근해 설명해야 한다고 본다. 분단노동시장 이론은 크게 제도학파 노동시장 이론(Doeringer & Piore 1971 ; Piore 1975), 캠브리지학파 노동시장 이론(Rubery 1978 ; Rubery & Wilkinson 1994), 급진파 노동시장 이

---

12) 한국비정규교수노조 경북대분회(2006)의 조합원 설문조사에 따르면, 전업 시간강사 중 유효 응답자 67명 중 32명인 47.8%만이 이른바 정규 교수—설문지는 2년제 대학과 4년제 대학을 구분하지도 않았다—로 취업할 의향이 있다고 답변했다. 비조합원 비정규 교수들에 비해 조합원 비정규 교수들이 정규 교수가 될 확률이 더 낮은 인적 특성을 지니고 있다는 증거를 찾지 못한 상황에서, 이 설문조사는 비정규 교수들이 정규 교수 일자리만을 기대하면서 시간강사 생활을 견디지는 않는다는 점을 시사하고 있다.

13) 이상에서 본 주류경제학의 노동시장 이론들 이외에 '승자독식(winner-takes-all)' 개념으로 소득(임금)격차를 설명하는 접근법을 간략히 소개하고 넘어가는 것이 좋을 것 같다. '승자독식' 은 절대적 능력 차이를 판별하기 힘들기 때문에 상대적 능력 차이만을 식별하여 승자에게 절대적 능력 차이보다 훨씬 더 큰 보상을 안겨주는 현상을 지칭한다(Frank & Cook 1996, 53-4). 이 접근법은 정규 교수와 비정규 교수의 임금 및 고용조건의 큰 격차가 양자의 생산성(능력)의 큰 격차 때문이 아니라는 점을 시사한다. 이는 일종의 토너먼트 경기의 결과와 비슷하다고 볼 수 있다. 토너먼트 경기의 승자는 절대적 우위가 아니라 상대적 우위를 통해 결정된다. 만약 승진 쿼터(정원)가 제한돼 있을 경우 대학의 승진제도도 토너먼트 경기와 비슷한 원리에 의해 정년보장 대상 임용 교수를 결정할 것이다. 어쨌든 '승자독식' 론은 승자와 패자 사이에는 상대적으로라도 능력 차이가 존재한다고 가정하기 때문에 능력 차이가 존재하지 않는 데도 임금(소득)격차가 나는 경우를 설명하지는 못한다. 그리고 결정적으로 이 접근법은 임금(소득)격차가 계급관계, 권력관계 등 때문에 생길 수 있다는 점을 중요하게 보지 않는다는 점에서 한계를 가지고 있다.

론(Edwards 1979 ; Gordon *et al.* 1982) 등으로 구분된다. 제도학파 노동시장 이론은 노동시장의 분단을 주류경제학적 관점과 유사하게 설명한다는 점에서, 그리고 캠브리지학파 이론은 종합적이긴 하지만 다소 절충적 이론이란 점에서 분단노동시장 이론은 급진파 분단노동시장 이론을 중심으로 설명할 것이다. 급진파 분단노동시장 이론이 한국의 대학교수 노동시장구조를 설명하는 데 있어 갖는 의의는 두 가지이다.

일단 노동시장의 분단원인과 관련하여 급진파 분단노동시장 이론은 한국 대학교수 노동시장구조가 경제적 효율성이나 기타 합리적 선택의 결과로 나타난 것이 아니라 대학교수 노동력에 대한 '효과적' 통제를 위한 것이라는 점을 명확히 할 수 있다. 원래 급진파 분단노동시장 이론은 노동시장의 분단을 노동 통제, 노동력 재생산 등의 측면에서 불평등을 야기하는 자본주의의 '사회적 생산관계(social relations of production)'—계급관계, 인종차별, 성차별 등—때문에 생긴 것이라고 주장한다. 결국 이런 차별적 요인들이 노동력 집단들을 차별적으로 분할 · 재생산하는 2개 이상의 단편들(segments)로 구성된 노동시장을 구축한다. 계급관계 측면에 초점을 맞춰 설명하면, 급진파 분단노동시장 이론은 미국 자본주의에 대한 역사적 분석을 통해 자본주의의 특정한 발전단계를 조절하는 제도로서 '사회적 축적구조(social structure of accumulation)' (Gordon *et al.* 1982) 및 이와 연관된 특정한 노동 통제 형태들— '단순 통제', '기술적 통제', '관료적 통제' (Edwards 1979)—과 노동시장구조의 관계를 해명했다. 예를 들어, 20세기 초에는 대공장의 발달에 따른 노동의 탈숙련화 및 동질화가 산업별 노조(industrial union)의 출현을 촉진하고 노동자들의 저항을 불러일으키자 독점적 대기업을 중심으로 고용주들은 노동력을 '분할 · 지배(divide and rule)' 하기 위해 노동시장을 분단시켰다. 즉 기술적 통제 및 관료적 통제의 대상이자 상대적 고임금 및 고용안전을 보장받은 (반)숙련 노동자, 중간층 사무관리직 노동자, 전문기술자를 대상으로 한 내부노동시장과 단순 통제의 대상이자 저임금 및 고용불안을 겪는 미숙련노동자들을 대상으로 한 외부노동시장이 분리·발달되었다. 여기서 주목할 점은 고용주들이 효과적인 노동 통제를 위해 분단노동시장을 발전시켰다는 점이다.[14]

한국의 대학교수 노동시장의 분단은 대학에 대한 정규 교수들의 저항 때문에 생긴 것이 아니라—정규 교수들의 노조운동은 2000년대 들어서야 생겼고 아직은 그 세력이 크지도 않다—정부, 사립학교재단, 대학본부 등과 같은 대학의 최상층 의사결정 단위의 경영전략 때문에 강화되었다고 보는 것이 옳다. 정부 관료와 대학 관리자들은 정규 교수와 비정규 교수를 분할·지배하여 대학의 경영전략을 효과적으로 추진하기 위해 의도적으로 대학교수 노동시장의 분단을 방치·조장했다. 흔히 정부와 대학은 대학 구조조정, 이와 관련된 자원제약(재정부족), 박사학위자의 과잉공급 등과 같은 구조적 요인들 때문에 시간강사 등 비정규 교수를 불가피하게 채용할 수밖에 없다고 주장한다. 그러나 정부와 대학은 일정 수 이상의 비정규 교수를 정규 교수로 전환할 수 있는 능력을 가지고 있음에도 불구하고 저임금의 시간강사를 대규모로 상시 고용하는 일

14) 노동시장의 분단원인에 대해서는 논란이 많다. 급진파 분단노동시장 이론처럼 고용주의 노동통제전략을 중심으로 내부노동시장의 발달을 설명하는 학자들도 있고, 반대로 노동자(노조)의 저항에 초점을 놓고 내부노동시장의 발달을 설명하는 학자들도 있다. 이와 관련된 논란은 오스터만(Osterman 1984)을 참고하라. 한국의 대학교수 노동시장구조에 대한 논의는 고용주의 노동통제전략 측면에서 노동시장의 분단을 설명하는 급진파 분단노동시장 이론의 관점에서 보는 것이 타당한 것으로 보인다.

을 관행처럼 저지르고 있다.

결과적으로 정규 교수 노동시장과 비정규 교수 노동시장의 분단은 대학의 코드화된 이념—예를 들어 대학의 경쟁력 강화 혹은 대학 간 서열경쟁에서 살아남기—을 실현하도록 정규 교수와 비정규 교수 모두를 '훈육(discipline)' 한다. 대학교수 노동시장의 분단 하에서 정규 교수들은 비정규 교수들보다 자신들이 우월하다고 느낄 수 있으며, 대학의 노동시장 분단정책을 의식적이든 무의식적이든 실행하는 담지자(agent)로 재생산된다. 이런 구조는 정규 교수 임용과정을 매개로 정규 교수에 적합한 태도나 지표(index)들—예를 들어 학벌, 특정 네트워크 구성원, 연구성과 등—을 가진 자만이 정규 교수가 될 수 있고, 실제로 그렇게 된다는 규율장치로 작용한다. 반면 비정규 교수들은 노동시장의 분단 하에서 제한적 정규 교수 일자리를 획득하거나 기타 잠재적 이득을 위해 기회주의적 행동을 내면화하며, 대학과 정규 교수가 행사하는 권력에 철저히 종속된 형태로 자신의 노동력을 재생산한다. 결국 정규 교수와 비정규 교수 모두에 대한 이런 훈육효과는 현재 대학들의 구조조정 정책을 저항없이 수행할 수 있는 기반을 다질 것이다. 한국의 대학교수 노동시장의 분단은 어쩔 수 없이 불거진 문제가 아니라 오히려 정부와 대학들이 기획한 전략의 산물이라고 볼 수 있다.

급진파 분단노동시장 이론이 한국의 대학교수 노동시장구조를 설명하는 데 있어 두 번째 의의는 대안적 대학교수 노동시장 모델과 관련된다. 급진파 분단노동시장 이론의 문제의식에 충실할 경우 대안적 대학교수 노동시장 모델의 기본 성격은 주류경제학의 노동시장 이론이 이상적 노동시장 모델로 가정하는 완전 경쟁적 노동시장 모델—혹은 완전 경쟁적 노동시장 모델과 유사한 성과를 낳을 수 있는 노동시장구조—의 기본 성격과는 상당히 다를 것이다.

완전 경쟁적 노동시장 모델은 우리 논의와 관련하여 두 가지 중요한 함의를 가지고 있다. 첫째, 완전 경쟁적 노동시장 모델은 원리적으로 정년보장제도의 철폐 혹은 (효율성을 극대화하는 한계 내에서) 정년보장제도의 최소화를 내포하며, 고용의 단기화 · 유연화를 추구한다. 현재 한국 대학들도 정규 교수에 대한 정년보장을 제한하고 시간강사 이외에 다양한 형태의 비정규교수제도를 도입하고 있는데, 이것이 대학교육을 위해 바람직한 것인지는 따져봐야 한다. 둘째, 완전 경쟁적 노동시장 모델은 원리적으로 교수의 능력 혹은 업적—(한계)생산성—에 따라 임금 및 기타 보상을 차등화할 것이다. 교수의 업적이 대학교육 서비스 시장에서든 연구기금 유치경쟁 시장에서든 시장의 평가에 따라 보상받도록 하는 것이 정당한 것처럼 보인다. 현재 한국의 대학들도 교수들의 성과를 업적평가제도에 기초해 측정하면서 연봉제, 성과급제 등을 도입하(려)고 하고 있다. 그러나 시장은 경우에 따라 효율성을 달성하지 못할 뿐만 아니라 그 내재적 속성상 공평성을 실현하지 못한다. 아담 스미스(A. Smith)는 이기심을 가진 개별 경제주체들의 행위가 시장을 매개로 사회 전체적으로 조화로운 결과를 가져온다고 주장했다. 그러나 현실의 시장은 양심적인 시민의식을 지닌 수요자와 공급자에 의해 작동하는 것도 아니며, 사회적으로 바람직한 결과를 낳는 것도 아니다.

그렇다고 해서 우리가 평등주의적 관점에서 현직의 정규 교수들 모두에게 정년을 보장해 주고 모든 비정규 교수들에게 정규 교수 일자리를 보장해 주도록 하는 것이 올바른 고등교육정책 혹은 대학교수 노동시장 모델이라고 생각하지는 않는다. 다만 바람직한 대학교수 노동시장 모델은 원칙적으로 학문적 자유와 공평성이 조화롭게 실현되는 모델을 지향한다. 이는 시간강사와 같은 '비정상적' 형태의 비정규직 대학교수 제도를 완전히 없애고 일정한 학문적 자질과 능력을 갖춘 사람을 대학교수로 인정하고, 적어도 이 사람이 저임금과 고용불안에 허덕이면서 교육·연구 활동을 하는 일은 없도록 하는 것이다. 이 모델의 궁극적 목표는 한마디로 말해 대학교수가 성찰적 학자이자 공동체 의식을 지닌 시민으로서 대학과 사회의 발전에 긍정적인 기여를 하도록 하는 것이다. 지금과 같이 정년보장 대상 전임교원 수의 축소와 다양한 유형의 비정규 교수 채용 확대가 마치 대학교수 노동시장을 개혁하는 유일한 길인 것처럼 호도하는 것은 옳지 않다. 분단된 한국 대학교수 노동시장은 성찰적이고 창의적 연구를 유인하지도 못했을 뿐만 아니라 대학 및 사회 공동체에 불신과 냉소만을 유포시켰을 뿐이다.

3. 대학교수 노동시장구조의 특징과 성격

1) 정규 교수와 비정규 교수의 정의

일반적으로 대학교수는 전임강사 직급 이상의 '전임교원'을 지칭하는 말이다. 그러나 여기서 말하는 대학교수는 대학에서 "학생을 교육·지도하고 학문을 연구하되 학문연구만을 전담할 수(도)" (고등교육법 제15조 제2항) 있는 '교원(총장, 학장, 교수, 부교수, 조교수, 전임강사)' 이외에 법적 교원은 아니지만 대학에서 정규과목을 강의하거나 연구(만)를 수행하는 시간강사, 겸임교수, 초빙교수, 명예교수 등 모든 사람을 포함한다. 그리고 정규 교수와 비정규 교수란 용어에 대해 규정할 필요가 있다. '정규(regular)'와 '비정규(irregular)'란 말은 '정형(standard)'과 '비정형(nonstandard)'과 구분되어 사용되기도 한다.[15] 그러나 여기서는 대중적 어법에 충실하고 나름대로 의미가 있는 '정규'와 '비정규'라는 구분법을 사용할 것이다.

'비정규(노동자)'는 고용계약 형태, 고용계약 기간, 노동시간, 임금과 부가급여의 지급내용, 사회보험 적용 정도, 노동 감독 유무, 작업장 내 발언권 등 다양한 차원에서 규정될 수 있다(이병훈 · 윤정향 2003). 그만큼 정규 노동자와 비정규 노동자를 구분하는 기준을 만들기 쉽지 않다. 그러나 비정규 노동자가 자본에 의해 쉽게 흡수 · 축출될 수 있고 임금 및 노동조건상 열악한 지위에 있는 노동자를 지칭하기 위한 용어라면 비정규 노동자는 대체로 다음과 같이 정의할 수 있다. 즉 비정규 노동자는 고용계약 기간이 한시적으로 정해져 있거나 고용주의 재량에 따라 고용계약을 갱신받지 못할 수도 있는 지위에 있으며, 임금, 부가급여, 사회보험의 측면에서 상대적으로 열악한 대우를 받는 노동자를 포괄적으로 지칭한다. 이런 의미에서 비정규 노동자는 현재 통계청이 규정하는 '비정규

[15] 정이환(2003)은 계약기간을 기준으로 '정규' 노동과 '비정규' 노동을 구분하고, 고용형태를 기준으로 '정형' 노동과 '비정형' 노동을 구분할 수도 있다고 가정한다. 이 경우 통계청이 계약기간을 기준으로 구분하는 상용 · 임시 · 일용 근로자 중 상용근로자(계약기간이 1년 이상 노동자)는 정규 노동자로, 일용 · 임시 근로자(계약기간이 각각 1개월, 1년 미만인 노동자)는 비정규 노동자로 된다. 고용형태의 측면에서 볼 때, 직접 고용된 풀타임 노동자는 정형 노동자로, 단시간 · 기간제 · 일일 · 파견 노동자는 비정형 노동자로 된다. 이 정의에 따르면, 노동은 정규 · 비정규 · 정형 · 비정형 노동 등 네 범주로 구분된다. 그러나 이런 구분법은 정이환 자신도 인정하듯이, 자칫 하면 열악한 임금 및 노동조건에서 일하는 노동자를 '비정규 노동자'라고 규정하는 문제의식을 흐리게 할 가능성이 있다.

근로자'와 비슷하다고 볼 수 있다. 통계청은 노사정위원회에서 합의된 비정규 근로자의 정의에 따라 한시적 근로자(기간제 근로자 포함), 시간제 근로자(주당 36시간 미만 노동 근로자), 비전형 근로자(파견 · 용역 · 특수고용 · 가내 · 일일 근로자) 등을 비정규 근로자로 규정하고 있다(통계청 2007).

그렇다면 한국 대학에서 비정규 교수는 정년 트랙의 전임교원과 일부 비전임 '교수'들—명예교수, 석좌교수, 겸임교수, 비전업(非專業) 시간강사 등—이외 다양한 명칭으로 불리는 상당수의 '교수'들—초빙교수, 객원교수, 기금교수, 계약교수, 대우교수, 연구교수, 외래교수, 임상교수 등—과 (전업) 시간강사를 포괄한다.[16] 물론 비정규 교수 범주에는 2003년부터 연세대를 시작으로 사립대학을 중심으로 채용되기 시작한 이른바 '비정년 트랙 교수'도 포함된다. 교육인적자원부와 대학은 이들을 '전임교원'이라고 주장한다. 물론 이들은 강의시간, 근무시간, 사회보험 적용 정도 등의 측면에서 전임교원의 특성을 가지고 있다. 그러나 이들은 정년 트랙의 전임교원과는 질적으로 다른 대우를 받는다는 점에서 이들은 신종(新種) 비정규 교수인 셈이다.[17] 비정년 트랙 교수는 계약기간의 측면—1회 계약기간은 보통 2년이며, 계약갱신 횟수는 1-2회이며, 그리고 최장 임용기간은 4-6년이다—, 승진과 임금의 측면—승진대상이 아니며, 정년 트랙 전임교원 임금의 약 2/3 수준 이상의 임금을 받는다—, 혹은 의사결정권의 측면—학과 회의에 발언권이 없다—등

16) 따라서 정년 트랙 전임교원, 겸임교원, 명예교수, 석좌교수, 비전업 시간강사 등은 '비정규 교수가 아닌 대학교수'로 규정하는 것이 타당한 면이 있다(강병운 외 2005, 20).

17) 비정년 트랙 전임 교원문제에 대한 비판은 김종서(2005)와 임성윤(2005)을 참고하라.

에서 볼 때 정규 교수라고 보기는 힘들다.

그런데 비정규 교수의 대표집단은 역시 사람 수로 보나 강의 담당 비중으로 보나 정규 교수만큼이나 거대한 집단을 형성하고 있는 시간강사이다. 4년제 대학을 기준으로 시간강사의 수와 시간강사의 강의 부담 비중을 보면 시간강사가 얼마나 큰 규모로 존재하는지 알 수 있다. 2004년을 기준으로 (교육대학을 제외한) 전임교원 수는 49,463명, 시간강사 수는 46,775명(2개 이상 대학에 출강하는 시간강사의 수를 고려한 추정치)이므로 시간강사 수가 전임교원 수만큼이나 많다. 강의시간을 기준으로 강의 담당 비중을 보면 교양과목의 경우 전임교원과 시간강사가 각각 26.9%, 60.5%를 담당하고, 전공과목의 경우 전임교원과 시간강사가 각각 66.5%, 26.9%를 담당한다.[18] 비정규 교수(시간강사) 실태에 대한 보고서들(심경호 외 2002 ; 진미석 2003 ; 강병운 외 2005 ; 이주호 2006)을 종합해 볼 때, 시간강사의 대다수는 자신이나 가족의 생계를 책임지는 30-40대이며, 비전업 시간강사가 아니라 전업 시간강사의 인적 특성을 가지고 있다. 그리고 시간강사의 평균 경력년수를 보더라도 시간강사는 하나의 '직업'으로 존재한다.[19]

18) 이와 관련한 자료(심경호 외 2002 ; 강병운 외 2005)를 참고하라.

19) 심경호 외(2002)에 따르면, 설문조사에 응답한 시간강사의 경력년수는 3년 이하 50.5%, 4년-5년 26.9%, 6년 이상 22.6%였다. 한국비정규교수노조 경북대분회(2006)의 조합원 설문조사에 따르면, 설문조사 응답 조합원의 평균 경력년수는 6.0년이었다.

2) 정규 교수 노동시장과 비정규 교수 노동시장의 특징 비교

한국 대학교수는 크게 정년 트랙 전임교원인 정규 교수 집단과 시간강사를 중심으로 한 비정규 교수 집단으로 구성돼 있다. 그리고 한국의 대학교수 노동시장은 정규 교수 노동시장과 비정규 교수 노동시장으로 분할돼 있다. 대학교수 노동시장에 비정규 교수 노동시장을 포함시키는 것은 정규 교수뿐만 아니라 비정규 교수도 대학에서 교육(강의) 노동이나 연구 노동을 수행할 노동력으로서 엄연히 존재하기 때문이다. 흔히 대학교수 노동시장은 전임교원만을 채용하는 노동시장이라고 생각한다. 이는 비정규 교수의 직무를 정규 교수가 되기 위한 일시적 수련과정이나 정규 교수의 일시적 공백을 메우기 위한 일자리, 다시 말해 '일자리라고 보기 힘든 일자리'라는 사고방식에서 나온 것이다. 그러나 이는 마치 정규직 노동자가 채용되는 노동시장만을 말 그대로 노동시장이라고 말하고 비정규직 노동자를 채용하는 노동시장을 노동시장이 아니라고 말하는 것과 같은 해괴한 논리이다. 비정규 교수 노동시장은 정부나 대학측이 비용절감이나 유연한 대학경영을 위해 비정규 교수를 상시적으로 채용하는 거대한 규모의 노동시장으로서 '실재'한다. 비정규 교수도 정규 교수와 마찬가지로 학생들을 상대로 강의(혹은 연구)를 하는 노동력을 판매하는 노동자이다. 비정규 교수 노동력의 구매자, 즉 고용주는 당연히 정부나 대학—국공립대학의 경우 정부와 대학이며, 사립대학의 경우 대학—이다.

한국의 대학교수 노동시장이 정규 교수 내부노동시장과 시간강사 노동시장에서 정년 트랙 정규 교수 내부노동시장, 비정년 트랙 교수 노동시장, 그리고 시간강사 노동시장 등으로 삼분(三分)된 구조의 노동시장으로 재편될 조짐을 보이고 있다는 주장(조우현 2006, 78)도 있다. 물론 최근 한국 대학교수 노동시장에서 비정년 트랙 전임교원의 채용은 주목할 만한 현상이란 점은 분명하다.[20] 그러나 여기서는 여전히 한국의 대학교수 노동시장이 정규 교수(정년 트랙 전임교원) 노동시장과 비정규 교수(시간강사) 노동시장으로 양분(兩分)돼 있다고 가정한다. 이 가정 하에서 먼저 정규 교수 노동시장과 비정규 교수 노동시장의 기본적 특성을 비교 · 분석한다. 정규 교수 노동시장과 비정규 교수 노동시장을 비교하는 항목은 크게 보면 임금, 부가급여, 고용기간 등 임금 및 노동조건에 관한 항목들과 임금 및 노동조건에 관한 규칙과 절차에 관한 항목들이다. 구체적인 비교항목들은 법률적 지위, 임용 및 퇴직(계약종료) 절차, 임금 · 부가급여 · 사회보험, 수행 직무의 결정, 승진 및 경력경로, 근속기간(계약기간), 퇴직(계약종료) 후 관계, 사회적 평판 · 권력 등이다(주요 특징은 [표 2-1]을 참고하라).

첫째, 법률적 지위 측면에서 보면 정규 교수는 관련 법규에서 '교원'으로 규정돼 있고 비정규 교수는 법률상 교원이 아니면서 강의를 위해 고용된 임의적 존재이다. 정규 교수는 '고등교육법(제14조)'에서 '교원(총장, 학장, 교수, 부교수, 조교수, 전임강사)'으로 규정돼 있고, '고등교육법 시행령', '교육기본법', '교원 지위향상을 위한 특별법', '교원 예우에

[20] 2006년 기준으로 비정년 트랙 전임교원을 임용한 4년제 대학은 99개이며, 임용된 비정년 트랙 교원 수는 1,645명이었다. 신규 임용 교원 중 비정년 트랙 교원의 비중은 2005년 상반기에 14.9%(360명), 2005년 하반기에 15.2%(173명), 2006년 상반기에 23.7%(538명), 2006년 하반기에 12.7%(134명), 2007년 상반기에 16.7%(301명)로 나타났다(교수신문 www.kyosu.net).

[표 2-1] 정규 교수 노동시장과 비정규 교수 노동시장 : 주요 특징의 비교

	정규 교수 노동시장	비정규 교수 노동시장
법률적 지위	• '고등교육법'에 '교원'으로 규정돼 있고 관련 법령에서 교원에 대한 신분보장과 예우에 대해 규정하고 있음.	• '교원'으로 규정돼 있지 않고, 다만 '고등교육법 시행령'에 '교육과정의 운영상 필요한 자'로만 규정돼 있음.
임용·퇴직(계약종료)	• 임용 및 퇴직은 공식적 규정 및 관련 절차에 따라 결정됨.	• 시간강사 고용계약(강의 위촉) 및 계약 종료(재위촉의 중단)는 대학(학과)의 재량에 따라 결정됨.
임금·부가급여·사회보험	• 임금은 연공급적 성격을 가지며 월급의 형태로 지급됨. 임금은 본봉, 연구비, 제수당 등으로 구성되며, 호봉표에 따라 매년 자동적으로 인상 지급됨. • 다양한 현금·현물 부가급여가 지급되며, 4대 사회보험이 적용됨.	• 임금은 기본적으로 시간당 강의료일 뿐이며, 강의료 수준은 대학의 재량에 따라 결정됨. • 부가급여가 거의 없으며, 4대 사회보험 중 일부 보험만 적용됨.
수행 직무의 결정	• 강의시수에 따른 의무적 강의와 학사 및 행정과 관련해 규정된 업무를 제외한 과업들은 자율적으로 수행함.	• 강의 여부 및 강의과목이 정규 교수의 재량으로 결정되며, 담당 과목과 관련된 제한된 과업들(강의, 출석 관리, 성적평가 등)만 수행함.
승진 및 경력 경로	• 명확한 '승진 사다리'가 존재하며, 승진을 통해 일반적으로 정년을 보장받음. • '교원' 경력을 인정받으며, 경력 관리에도 유리함.	• 암묵적으로 계약을 갱신받는 것(재위촉) 말고는 승진 개념 자체가 없음. • 강의경력이 많다고 해서 더 높은 평가를 받는 것은 아님.
근속기간(계약기간)	• 신규임용 평균연령과 정년연령을 고려할 때, 근속년수는 약 26년임.	• 계약기간(강의 위촉기간)은 한 학기(6개월)이며, 대학(학과)의 재량에 따라 계약이 갱신될 수는 있음.
퇴직(계약종료) 후 관계	• 퇴직연금을 받고, 명예교수로서 퇴직한 대학에서 강의를 하는 등 일정한 대우를 받음.	• 재계약 중단(재위촉의 중단)시 그 어떤 보상이나 대우도 받지 못함.
사회적 평판, 권력 등	• 사회적으로 '좋은' 평판을 유지하고 있으며, 대학 외부의 조직에 상당한 권력을 행사하며 이를 통해 부가수입을 얻기도 함.	• '보따리 장사'로 불릴 정도로 사회적 평판이 좋지 못하며, 정규 교수에 종속된 형태로 대학 외부의 조직과 연계된 활동을 할 수 있음.
노동시장	• 내부노동시장(1차 노동시장)	• 외부노동시장(2차 노동시장)

관한 규정' 등의 규정에 따라 신분보장과 기타 처우를 받는다. 반면 시간강사는 교육이나 연구를 담당하게 할 사람들 중 하나로 규정('고등교육법' 제17조)돼 있으면서도 '교원'이 아니라 '교육과정의 운영상 필요한 자('고등교육법 시행령' 제7조)'로만 규정돼 있고, 신분보장을 받지 못하고 있다. 이런 법적 제도 하에서는 최근까지 벌어진 소송사건—대표적인 사례가 55개 사립대학 법인들이 근로복지공단을 상대로 낸 시간강사 산재보험료 부과 취소 소송이다. 물론 대법원은 사립대학들에게 패소판결을 내렸다—에서 보듯이, 대학들이 시간강사에게 적절하게 대우하는 것은 고사하고 시간강사를 '근로자'로조차 인정하지 않으려고 하고 있다.

둘째, 임용과 퇴직(계약종료)에 관한 규정과 절차의 측면에서 보면, 정규 교수의 임용과 퇴직에 관한 규정과 관련 절차는 명확히 존재하는 반면, 비정규 교수의 고용계약(강의 위촉) 및 계약 종료(재위촉의 중단)는 대학(학과)의 사정과 재량에 따라 결정된다. 정규 교수의 신규 임용을 둘러싼 잡음이 끊이지 않긴 하지만, 어쨌든 정규 교수는 엄격히 규정된 공식적 절차—예를 들어 서류심사, 공개강의, 면접심사 등—에 따라 선발·임용된다. 한국의 정규 교수 노동시장에서는 채용형태상 경력자 중도 채용(대학 간 이직, 스카웃)보다 신규 채용(신규 임용)이 일반적이다. 정규 교수의 퇴직도 규정된 절차에 따라 이뤄지며, 정규 교수의 (징계)해고조차도 규정된 절차에 따라 이뤄진다. 반면 시간강사는 근로계약서를 작성하지도 않은 채 강좌 개설 대학(학과)장의 강의 위촉 추천 및 위촉에 대한 '구두 통지'에 의해 한 학기 단위로 채용된다. 시간강사가 연고나 소개를 통해 출신 대학 이외 대학에서 강의를 할 경우에도 동일한 방식으로 고용된다. 시간강사의 계약 종료(재위촉 중단)는 별도의 규정과 절차에 따라 이뤄지는 것이 아니라 해당 대학(학과)로부터 다음 학기의 강의를 배정받지 못할 경우에 '자연스럽게' 일어난다. 심지어 개강 후 담당 과목의 폐강으로 강의를 못하는 경우도 일어나는데, 이에 대해 대학측으로부터 그 어떤 보상도 받지 못한다. 결국 각 대학들은 시간강사에 관한 약식 규정이나 강의 위촉 기준에 대한 내규를 두고 있지만, 시간강사의 채용과 해고는 규칙과 절차에 따른 것이 아니라 대학(학과)의 온정이나 재량적 판단에 따라 결정된다.

셋째, 임금 · 부가급여 · 사회보험의 수준 및 결정방식의 측면에서 보자. 정규 교수의 임금은 연공급(年功給)의 성격을 가지고 있으며, 월급의 형태로 지급받는다. 정규 교수의 임금은 본봉 이외에 연구비, 제 수당 등 다양한 항목으로 구성돼 있으며, 임금(호봉)표에 따라 매년 자동적으로 인상 · 지급된다. 그리고 정규 교수는 다양한 현물 · 현금 부가급여와 4대 보험(건강 · 산재 · 연금 · 고용보험)의 혜택을 받는다. 반면 시간강사는 시간당 강의료(와 연구보조비) 이외에는 별도의 부가급여를 지급받지 못하며, 4대 보험 중 일부 보험만을 적용받는다. 시간강사의 임금은 시급(時給) 성격의 시간당 강의료(와 연구보조비)일 뿐이며, 강의가 없는 방학 기간에는 지급되지 않는다. 물론 대학에 따라 시간강사들은 강의료(와 연구보조비) 이외에 교통(숙박)비, 교재연구비, 채점료, 혹은 특별수당을 추가로 지급받기도 하지만 그 액수는 하찮은 수준이다.[21] 그리고 시간강사가 강의료(와 연구보조비) 이외에 지급받는 부가급여는 별로 없으며, 이들에게 적용되는 사회보험도 대부분은 비용부담이 적은 산재보험이나 고용보험일 뿐이다.[22] 한편 비정규 교수의 임금 결정방식은 호봉표과 같

21》 국공립대학의 경우 교육인적자원부에 의해 결정된 시간당 강의료와 연구보조비 이외에 각 대학의 사정에 따라 추가 연구보조비를 지급하기도 한다. 그러나 이 연구보조비 마저도 강의시간을 기준으로 지급한다.

은 규칙에 근거해 임금이 결정되는 정규 교수와는 근본적으로 다르다. 비정규 교수노조와 단체협상을 하는 일부 대학을 제외하면 시간강사의 강사료는 정부나 대학 당국에 의해 일방적으로 결정된다. 그리고 시간강사의 강의료는 경력년수와 관계없이 일률적으로 결정된다. 다만 대학에 따라서 전업 여부를 기준으로, 혹은 박사학위 소지 여부를 기준으로 강의료를 차등 지급한다. 모든 국공립대학의 경우 전업 시간강사와 비전업 시간강사의 강의료(와 연구보조비)에 차등을 두고 있으며, 사립대학의 경우 대학에 따라서 학위(혹은 등급), 수강인원, 야간강의 여부에 따라 강의료에 차등을 두고 있다.[23]

넷째, 수행 직무 결정방식의 측면에서 보자. 경영자나 일선 관리자(감독)의 엄격한 노동 통제를 받는 산업 노동자들의 노동과정과는 달리 교수—정규 교수이든 비정규 교수이든—의 노동과정은 그 속성상 높은 자율성에 기초해 수행된다. 특히 정규 교수의 노동은 비정규 교수의 노동보다 더 높은 자율성과 포괄성을 가지고 있다. 물론 정규 교수는 강의시수—한 학기당 9시간 내외—만큼 의무적인 강의를 하고 일정한 행정업무를 수행해야 한다. 또한 정규 교수는 대학의 업적평가에 대응하기 위해 필요한 연구활동이나 대외활동을 '적절히' 수행해야 하고, 때로 보직업무를 떠맡기도 한다. 그러나 기본적으로 정규 교수의 노동 내용은

22) 대부분의 대학은 시간강사에게 도서 대출과 수업 관련 복사의 편의를 제공하고 소수의 휴게실을 제공할 뿐이다. 비정규 교수노조가 단체협약을 체결한 일부 대학의 경우에는 사정이 약간 다르긴 하다. 4년제 대학들이 시간강사에게 제공하는 경비, 사회보험, 연구실의 실태에 대해서는 이주호(2006)를 참고하라.

23) 일부 사립대학들의 경우 그나마 적게 주는 강의료마저도 등급을 세분해 차등 지급하는 행태를 보이고 있다. 4년제 대학들의 강의료 수준, 강의료 차등 지급 기준 등의 실태에 대해서는 이주호(2006)를 참고하라.

(학과 회의 등을 거쳐 결정되는 경우도 있지만) 정규 교수 자신들에 의해 자율적으로 결정된다. 이에 비해 시간강사는 교과과정 및 강의 배정 자체가 대학(학과)의 정규 교수에 의해 결정되기 때문에 전공과 무관하거나 '입맛에 맞지 않는' 과목도 강의해야 할 경우가 많다. 물론 시간강사도 일단 배정받은 강좌의 강의내용과 관련해서는 상당한 자율성을 누리고 있다. 그러나 시간강사는 담당과목과 관련된 제한된 과업들—강의, 출석 관리, 성적 산출 등—만을 수행하며, 학생들로부터 '형식적인' 강의평가를 받아보는 것 이외의 의무를 수행할 필요도 없다. 즉 강의 배정 자체가 대학(학부)의 재량에 의해 결정되고 시간강사가 자율적으로 수행할 수 있는 교육 · 연구 노동의 폭은 대단히 협소한 현실에서 시간강사의 노동이 자율성을 가지고 있다고 규정하는 것은 무의미이다.

다섯째, 승진 및 경력 경로의 측면에서 보면 정규 교수는 (2002년부터 신규 채용 전임교원에 대해 계약제 임용을 실시하고 있지만) 제도화된 '승진 사다리'—전임강사 → 조교수 → 부교수 → 교수—를 가지고 있으며, 특별한 문제가 없는 한 정년을 보장받는 (정)교수로 승진할 수 있다.[24] 그리고 정규 교수는 다른 기관으로 이직할 경우에도 '교원'의 경력을 인정받는다. 반면 시간강사는 대학(학과)의 온정이나 재량에 의해 매 학기마다 암묵적으로 계약을 갱신받는 것—강의의 재위촉—말고는 승진 사다리 자체를 가지고 있지 않다. 그렇다고 한국 대학들이 강의경력이 많은 시간강사를 높이 평가하고 그에게 많은 보상을 해주는 것도 아니다. 정규 교수뿐만 아니라 비정규 교수 자신들조차 시간강사를 일종의 '강의

24) 예를 들어 국립대인 경북대의 '임용규정'에 따르면, 승진에 필요한 최소 재직 연한은 전임강사, 조교수, 부교수 각각 2년, 4년, 5년이다.

기계' 쯤으로 여기고 시간강사의 이력을 높게 평가하지 않는다.[25] 다만 학기당 일정 강의시수 이상의 경력을 가진 시간강사가 정규직에 취업할 경우 강의경력이 호봉(연봉) 산정에 도움을 주기도 한다.

여섯째, 근속기간의 측면에서 보자. 신규 임용 전임교원의 평균연령(약 39세)[26]과 정년연령(65세)을 감안하면 정규 교수의 근속기간은 평균 약 26년이 된다. 지금처럼 고용불안이 일반화된 상황에서 20여 년의 근속기간은 매우 긴 기간이다. 그만큼 정규 교수의 고용안전은 확고하다고 볼 수 있다. 반면 시간강사는 근로계약서를 작성하지도 않고 한 학기(6개월)의 암묵적 고용계약(강의위촉)을 할 뿐이다. 시간강사는 대학(학과)의 사정과 재량적 판단에 따라 계약을 관행적으로 갱신받긴 하지만, 특별한 경우가 아닌 한 한 대학에서 장기간 강의를 하는 것도 여러 모로 쉽지 않다.[27]

일곱째, 퇴직(계약종료) 후 대학과의 관계 측면에서 보면 정규 교수는 적지 않은 퇴직연금을 받을 뿐만 아니라, 명예교수의 신분으로 퇴직한 대학에서 강의를 계속하거나 기타 대우를 받을 수 있다. 이에 비해 시간강사는 자의든 타의든 강의를 중단할 경우 대학으로부터 그 어떤 보상이나 대우도 받지 못한다. 심지어 시간강사는 해당 학기에 강의를 하지

---

25) 시간제교원(part-time faculty)의 강의경력을 전문경력으로 인정해 주지 않는 풍토가 존재하는 것은 미국도 마찬가지이다(Rhoades 1996).

26) 2005학년도 상반기에 신규 채용된 전임교원을 기준으로 한 것이다(교수신문 2005/04/16).

27) 앞서 본 것처럼 시간강사의 강의 경력년수에 대한 설문조사 자료는 있지만, 한 대학에서 연속적으로 강의를 한 기간인 근속년수에 대한 자료는 없다. 시간강사들은 출신 대학뿐만 아니라 다른 여러 대학에서 단속적(斷續的)으로 강의를 하는 경우가 많다.

못할 경우 도서대출을 받을 자격조차 부여되지 않는다.

여덟째, 사회적 평판, 권력 등의 측면에서 보면 정규 교수는 좋은 사회적 평판을 받으면서 상당한 권력을 행사하는 반면, 비정규 교수는 대학사회에서 '낙인(stigma)'이 찍힌 존재이며, 권력관계에서도 종속적 지위를 가지고 있다. 정규 교수는 한국 사회에서 때로는 조소와 질시의 대상이면서도 동시에 그 이유야 어떻든 '좋은' 사회적 평판을 누리고 있다. 정규 교수는 이런 사회적 평판을 활용해 정부, 언론, 기업, 시민단체 등의 대학 외부의 조직들과 광범위한 연계관계를 갖는다. 정규 교수의 이런 연관관계는 대학 외부의 조직에 대한 직접적 참가 · 자문, 이들 조직과의 공동 프로젝트 수행, 이들 조직에 대한 직접적 · 간접적 지지 표명 등의 형태를 갖는다. 그리고 또 한 가지 중요한 점은 정규 교수들은 이런 연관관계를 통해 다양한 부가 수입—예를 들어 사외이사 급여, 자문료, 연구비, 저작료 등—을 획득한다. 이에 비해 시간강사는 '보따리 장사'로 불릴 정도로 낮은 사회적 평판을 받고 있으며, 권력과 자본을 지닌 대학 외부의 조직과 독자적 연계관계를 가질 수 있는 지위에 있지 못하다. 시간강사는 정규 교수에게 종속된 형태로 대학 외부의 조직과 연계될 수는 있다.

이상에서 볼 때, 정규 교수의 임금 및 노동조건은 정부와 대학이 정한 규정에 따라 결정되며, 정규 교수는 신규 임용 이후 승진을 통해 정년까지 연속 고용(장기 고용)을 보장받는다. 이에 비해 시간강사의 임금 및 노동조건은 규칙화된 제도를 통해 결정되기보다—물론 허술하기 짝이 없는 '시간강사(료) 규정' 등이 있긴 하지만—대학의 재량과 판단에 따라 결정되며, 이들의 고용기간도 임의적이고 한시적인 단기계약(한 학기, 6개월)일 뿐이다. 비정규 교수 노동시장은 재화를 조직 내부가 아니라 필요할 때마다 시장에서 조달(구매)하듯이 비정규 교수 노동력을 단기계약의 형태로 조달하는 노동시장이다.

이런 특성을 종합해 볼 때, 정규 교수 노동시장과 비정규 교수 노동시장은 각각 내부노동시장과 외부노동시장이라고 규정할 수 있다.[28] 내부노동시장과 외부노동시장은 상이한 원리로 작동하는 노동시장이다. 내부노동시장은 "노동의 가격[임금]결정과 노동의 배분이 일련의 관리규칙들과 절차들에 의해 지배되는, 공장과 같은 하나의 관리단위"(Doeringer & Piore 1971 : 1–2)로 규정된다. 외부노동시장은 "[노동의] 가격결정, 배분, 그리고 훈련에 대한 의사결정이 경제 변수들에 의해 직접 통제되는"(Doeringer & Piore 1971: 2), 즉 임금 및 노동조건, 노동력 배분 등이 수요와 공급의 상호작용과 같은 경쟁적 힘에 의해 결정되는 노동시장이다. 따라서 내부노동시장은 외부노동시장의 경쟁적 힘들로부터 단절되어 관리조직 내에서 규칙과 절차에 따라 임금, 노동조건, 노동력 배치 등을 결정하는 '제도화된' 노동시장이다. 그리고 내부노동시장은 '입직구(入職口, entry point)'인 하위직급에서 노동자들을 신규 채용한 후 이들 노동자를 승진시켜 장기적으로 고용하는 '폐쇄적' 노동시장이다. 한국의 정규 교수 노동시장이 바로 이 내부노동시장의 전형적 특징을 지니고 있다. 앞에서도 설명했듯이 정규 교수의 임금 및 기타 노동조건은 외부노동시장의 수요·공급과 같은 경쟁적 힘에 의해서가 아니라 조직 내부의

28) 내부노동시장과 외부노동시장의 구분은 고임금, 고용안정, 좋은 작업조건 등의 특징을 지닌 '1차 노동시장(primary labor market)'과 저임금, 고용불안 및 높은 이직률, 나쁜 노동조건 등의 특징을 지닌 '2차 노동시장(secondary labor market)'의 구분과 유사하다. 그러나 정확히 말하자면 내부노동시장은 1차 노동시장에 포함된다. 1차 노동시장과 2차 노동시장의 개념에 관해서는 되린저 · 피오르(Doeringer & Piore 1971, 167)와 피오르(Piore 1975, 126)를 참고하라.

엄격한 규정 및 절차에 따라 결정되며, 정규 교수는 하위직급인 전임강사나 조교수로 입직한 후 승진을 통해 정년을 보장받는다.

한편 비정규 교수 노동시장은 외부노동시장의 특성을 지닌다. 물론 앞서 규정한 외부노동시장의 개념적 특징과 현실의 비정규 교수 노동시장의 특징이 완전히 일치하는 것은 아니다. 현실의 비정규 교수 노동시장에서는 완전경쟁적 노동시장처럼 수요와 공급의 상호작용에 의해 비정규 교수의 임금 및 고용량이 결정되지는 않는다. 다만 각 대학들은 노동시장에서 우월한 지위를 이용하여 시간강사 노동력의 강의료와 고용규모를 일방적으로 결정한다. 비정규 교수 노동시장을 외부노동시장이라고 규정한 결정적 이유는 비정규 교수 노동시장이 노동력을 입직구에서 신규 채용한 후 내부 승진을 통해 '육성해(make)' 조달하는 정규 교수 내부노동시장과 달리 시간강사 노동력을 필요할 때마다 수시로 '시장'으로부터 '사오기(buy)' 때문이다. 결국 정규 교수와 비정규 교수는 전혀 다른 원리로 작동하는 내부노동시장과 외부노동시장에 각각 속하며, 이에 따라 정규 교수와 비정규 교수의 임금 및 노동조건이 차별화된다.[29]

---

29) 한국의 대학교수 노동시장이 정규 교수 내부노동시장과 비정규 교수 외부노동시장으로 분단돼 있다는 점은 자명한 사실이다. 앞서 설명한 바와 같이 거의 동일한 교육 · 연구 노동을 수행하는 노동력을 매매하는 두 노동시장이 작동 원리 측면에서 전혀 다르다는 점만으로도 두 노동시장은 별개의 노동시장이며 분단되어 있다고 볼 수 있다. 그러나 굳이 두 노동시장의 분단을 '계량경제학적'으로 증명하고자 한다면, 동일 전공이면서 동일 직무를 수행하고 동일한 성과—예를 들어 연구업적, 강의능력 등—를 내는 정규 교수와 비정규 교수의 표본들을 만들어 두 표본 간에 임금, 부가급여, 고용기간 등의 측면에서 '유의한(significant)' 차이가 존재하는지를 밝혀야 한다. 물론 이 작업은 그리 간단하지 않다. 임금, 부가급여, 고용기간과 같은 자료는 충분히 확보할 수 있지만, 정규 교수와 비정규 교수의 직무 내용상 차이나 연구업적 등의 성과 차이를 객관적 지표로 측정하는 것이 그리 간단한 문제는 아니다. 예를 들어, 교수들이 업적으로 제시한 저작이나 논문의 질에 대한

3) 한국의 대학교수 노동시장구조 : 성격과 효과

한국의 대학교수 노동시장구조는 전체적으로 어떤 성격을 갖는가? 한국의 대학교수 노동시장은 정규 교수 노동시장과 비정규 교수 노동시장으로 분단돼 있으면서 동시에 두 노동시장이 일정하게 접합돼 있는 형태를 가지고 있다(한국의 대학교수 노동시장구조에 대해서는 [그림 2-1]을 참고하라).

먼저 정규 교수 내부노동시장과 비정규 교수 외부노동시장이 어떤 방식으로 분단돼 있는지 살펴보자. 정규 교수 노동시장은 앞서 정의했듯

평가결과는 논란이 될 수밖에 없다. 연구업적의 차이를 논외로 한다면, 정규 교수와 비정규 교수의 직무 내용상 차이가 어느 정도 존재하는지를 판단하고 정규 교수와 비정규 교수의 임금격차를 평가해 볼 수 있다. 정규 교수가 비정규 교수보다 더 많은 과업들—강의 이외에 연구, 학사행정, 대외활동, 학생 지도 등—을 수행하다는 점을 감안하더라도 정규 교수는 비정규 교수에 비해 더 많은 임금을 받는 만큼 더 많은 과업을 수행하거나 더 높은 성과를 내고 있지 않다. 이런 측면에서 정규 교수와 비정규 교수 간 임금격차는 '부당'하다. 예를 들어, 2006년을 기준으로 주당 9시간을 2학기 동안—당연히 방학기간 동안을 제외하고—강의할 경우 시간강사의 연간 임금은 국립대인 경북대의 경우 약 1,252만 원(연구보조비 및 특별수당 포함), 사립대인 연세대의 경우 1,331만 원이다. 2005년을 기준으로 경북대와 연세대의 전임강사 평균 연봉은 각각 약 4,904만 원, 약 6,870만 원이다. 따라서 정규 교수(전임강사 기준)의 임금은 시간강사의 임금에 비해 경북대의 경우 약 3.9배, 연세대의 경우 약 5.2배 높다. 정규 교수의 평균임금을 전임강사의 평균임금이 아니라 전임교원 전체의 평균임금으로 간주하면, 정규 교수와 시간강사의 임금격차는 훨씬 더 커진다. 전국 4년제 대학의 정규 교수와 시간강사의 임금 및 노동조건에 대한 자료는 이주호(2006)를 참고하라. 이 문제와 관련해 한국비정규교수노조 경북대분회(2006)의 조합원 설문조사를 참고할 필요가 있다. 응답 조합원의 78.6%가 자신들의 임금수준이 정규 교수 임금수준의 70% 이상은 되어야 한다고 답변했다.

[그림 2-1] 한국의 대학교수 노동시장구조

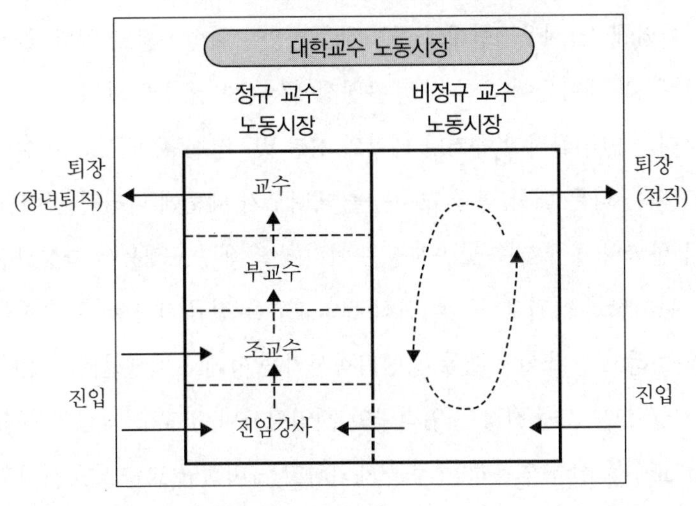

이 규칙과 절차에 따라 정규 교수의 임금과 노동조건을 결정하는 제도화된 노동시장이면서 폐쇄적 노동시장이다. 폐쇄성과 관련해 정규 교수 노동시장은 입직구인 하위직급의 전임강사나 조교수로 신규 임용된 전임교원 노동력을 승진을 통해 조직 내부에서 육성 · 조달한다. 신규 임용자들은 대부분 시간강사 등 비정규 교수의 경력을 가지고 있으며, 신규 임용되기 직전에 시간강사로 일했던 경우가 많다. 그러나 신규 임용자 중에는 임용되기 직전 직업이 국 · 공립 연구기관, 민간 연구기관, 기업, 혹은 외국 기관의 연구원이나 전문직 종사자인 경우도 자주 있다. 신규 임용된 전임교원은 개인 사정이나 특별한 경우가 아닌 한 채용된 대학에서 승진을 통해 (정)교수로 정년퇴임한다는 명확한 전망을 가질 수 있다. 최근 정규 교수 노동시장은 신규 채용 노동시장의 성격 이외에 중도 채용 노동시장의 성격을 강화하고 있다. 정규 교수들이 자발적으로 대학을 옮기는—지방 대학에서 서울지역 대학으로, 혹은 '하류' 대학에서

'상류' 대학으로 이직하는—형태의 전통적 중도채용시장이 활성화되는 것 이외에 '스카웃' 형태의 중도채용시장이 활성화되고 있다. 물론 이 현상은 각 대학들이 대학 간 생존경쟁에서 살아남기 위해 교육(강의) 능력보다는 연구실적이 좋거나 대학의 평판 및 '경쟁력'에 도움이 된다고 판단되는 다른 대학 정규 교수들을 데려오기 때문에 나타난 것이다. 그러나 한국의 정규 교수 노동시장은 이직에 의해 중도채용이 활성화된 외부노동시장의 성격보다는 여전히 전임교원을 신규 채용한 후 승진을 통해 배치하고 장기 고용한 후 정년퇴직시키는 형태로 재생산되고 있다. 결국 정규 교수 노동시장은 입직구인 전임강사나 조교수 직급을 통해 비정규 교수를 신규 임용하는 것을 제외하고는 비정규 교수 노동시장과는 완전히 별개로 존재하며, 비정규 교수 노동시장과는 분단된 노동시장이다.

비정규 교수 노동시장의 경우 비정규 교수들은 대학과 학과에 따라 다르긴 하지만 석사학위 이상의 학력일 때 최초로 강의 위촉을 받아 시간강사의 경력을 시작하는 경우가 대부분이다.[30] 비정규 교수의 상당수는 앞서 설명한 바 있듯이 열악한 임금 및 노동조건 하에서 여러 대학을 옮겨다니며 강의를 한다. 비정규 교수에게 승진은 없기 때문에 비정규 교수의 지위 변화는 대학교수 노동시장 그 자체, 곧 비정규 교수 노동시장에서 '퇴장(exit)'을 하거나 전임강사로 정규 교수 노동시장에 진입하는 경우에 일어난다. 여기서 퇴장은 대학 외부의 일자리를 찾아 떠나는

30》 예체능계열 학과를 논외로 한다면 시간강사의 학력은 국공립대의 경우 박사 49.6%, 박사수료 21.4%, 박사과정 8.5%, 석사 이하 20.5%로 구성돼 있고, 사립대의 경우 박사 44.1%, 박사수료 13.0%, 박사과정 9.9%, 석사 이하 33.0%로 구성돼 있다(이주호 2006).

것, 사실상 비정규 교수 노동시장으로부터 '탈출(escape)' 하는 것을 의미한다. 그러나 비정규 교수들은 대학 이외 조직에서 자신의 전공과 학력에 걸맞는 일자리를 얻는 것이 쉽지 않기 때문에 퇴장의 옵션을 자유롭게 행사할 수 있는 처지에 있지 않다. 그렇다고 비정규 교수들이 노조를 조직하거나 기타 집단적 결사를 통해 정부나 대학을 상대로 '발언'—임금 및 노동조건의 개선을 요구하며 자신의 의사를 표명하는 것—을 할 수 있는 의지와 능력을 가지고 있지도 않다. 결국 비정규 교수 노동시장은 정규 교수로 고용되는 일부 비정규 교수를 제외한 상당수 비정규 교수들을 정규 교수 노동시장으로부터 배제하는, 혹은 극단적으로 말해 비정규 교수들을 비정규 교수 노동시장 그 자체 내에 유폐(幽閉)하는 거대한 장치로 존재한다. 이런 의미에서 비정규 교수 노동시장의 노동경력이 정규 교수 노동시장의 취업에 도움이 된다는 '징검다리(stepping stone)' 론적 접근[31]은 현실을 제대로 설명하지 못한다.

다른 한편, 정규 교수 내부노동시장과 비정규 교수 외부노동시장은 어떤 방식으로 접합돼 있는가? 정규 교수 노동시장과 비정규 교수 노동시장은 마치 모순관계와 같아서, 앞서 설명한 바 있는 분단의 관계에서 보듯 서로 배제하지만(단절돼 있지만) 동시에 서로 전제하는(필요로 하는) 관계에 있다.

이를 정규 교수 노동시장이 비정규 교수 노동시장을 필요로 하는 측면에서 보자. 첫째, 가장 중요한 측면인데, 정규 교수 노동시장은 정규

---

[31] 징검다리론은 저임금, 저숙련 일자리의 경험을 통해 숙련을 향상한 노동자가 좀더 높은 임금을 주는 일자리로 발돋움할 수 있다는 낙관적 사고를 반영한 것이다. 그러나 비정규 교수 노동시장뿐만 아니라 기타 비정규직 노동시장의 현실을 보면 이런 낙관적 전망이 틀렸다는 것을 알 수 있다.

교수에게 우월의식을 심어주며 정규 교수를 길들이고 대학의 경영전략에 능동적이든 수동적이든 포획되도록 하기 위해서 '배제된' 노동시장인 비정규 노동시장의 존재를 전제한다. 둘째, 정규 교수 노동시장은 비정규 교수 중 정규 교수의 '자질'과 '능력'을 갖추도록 길들여진, 혹은 스스로 그렇게 하는 자들을 선별적으로 고용할 수 있는 '배후지'로서 비정규 교수 노동시장을 필요로 한다. 셋째, 정규 교수 노동시장은 정규 교수의 상대적 고임금과 고용안전을 보장할 수 있는 잠재적 '완충장치(buffer)'로서 비정규 교수 노동시장을 필요로 한다. 특히 최근과 같이 정부의 신자유주의적 교육정책과 대학의 구조조정 물결 속에서 대학들이 정규 교수 노동시장을 보호하고 비용절감을 위해서는 필요에 따라 언제라도 '흡수·축출(채용·해고)'할 수 있는 '산업예비군(Industrial Reserve Army)'의 저수지인 비정규 교수 노동시장을 필요로 한다. 대학의 구조조정 과정에서 비정규 교수들이 일차적인 희생양이 될 것은 불을 보듯 뻔한 일이다. 넷째, 정규 교수 노동시장은 정규 교수의 일시적 공석—휴직, 안식년, 파견, 장기출장 등—이나 기타 사정—강좌의 분반, 강의 담당 시간강사의 취업 등—에 대처하기 위해서 일종의 '임시구조장치(reliefer)'로서 비정규 교수 노동시장을 필요로 한다. 그러나 이 측면은 한국의 실정상 정규 교수 노동시장이 비정규 교수 노동시장을 필요로 하는 '합리적' 이유가 되기 힘들다.[32] 어쨌든 비정규 교수 노동시장은 정규 교수 노동시

32) 정규 교수들의 일시적 공석이나 기타 불가피한 사정에 대처하기 위해 굳이 시간강사를 고용하려고 한다면 매우 적은 수의 시간강사를 제한된 기간 동안만 고용하는 것이 '정상'이다. 그러나 한국의 대학들은 시간강사를 저임금 및 한시적 고용(contingent employment)을 조건으로 상시적으로, 그것도 대규모로 고용하고 있다는 점에서 심각한 문제를 안고 있다.

장의 재생산을 안정적으로 '조절(regulation)' 하는 장치 혹은 정규 교수 노동시장의 작동에 필요한 보완장치로 기능한다.

그렇다면 정규 교수 노동시장과 비정규 교수 노동시장으로 분단된 노동시장구조는 특히 대학교수의 교육 · 연구 노동뿐만 아니라 대학사회 전체에 어떤 부정적 영향을 미치는가?

승진 및 정년보장제도를 지닌 내부노동시장이 그 자체로 정규 교수들을 '도덕적 해이' 에 빠뜨린다고 단정하기는 힘들다. 그러나 한국 대학의 정년보장제도는 교육 · 연구 노동에 대한 정규 교수들의 성찰성 부재와 자정능력 부재 속에서 심각한 부정적 결과들을 초래하고 있다. 이는 정규 교수들이 대규모의 시간강사 노동력이 착취되고 있는 현실을 눈감고 있는 데서 적나라하게 드러나고 있다. 더 심각한 문제는 내부노동시장이 정규 교수의 교육 · 연구 노동을 창조적으로 이끌어내지 못한다는 데 있다. 대학기관의 입장에서는 내부노동시장이 비정규 교수에 대한 차별을 이용해 정규 교수들을 대학 경영전략 속으로 포획하는 데는 성공했다고 볼 수도 있다. 애초에 정년보장제도는 높은 학문적 성과를 쌓았거나 학문적으로 존경받을 만한 교수에 대해 (높은 임금 대신) 장기고용이라는 일종의 '훈장' 을 주는 것이다. 그러나 정년보장제도는 적어도 한국 대학사회에서는 대학교수라는 '안정된 직업' 을 보장해 주는 것 이상을 의미하지 못하는 것으로 보인다. 물론 교수란 일자리도 고용안전의 권리를 보장받아야 할 노동자계급의 직업 중 하나라고 생각할 수도 있다. 그러나 국가권력에 의해 소득재분배가 구조화되어 있고 고도로 분업화된 사회에서 고임금과 고용안전을 동시에 향유하는 '노동자계급' 으로서 교수는 그만큼 높은 공적 · 도덕적 책무를 가지면서 교육 · 연구 활동을 해야 한다. 그러나 필자의 관찰이나 대학사회 안팎의 여론을 종합해 볼 때, 정규 교수들이 이런 요구에 제대로 부응하지 못하는 것으로 보인다.

일부 비정규 교수 이외에는 정규 교수로 전직할 확률이 높지 않은 상황에서 비정규 교수의 저임금 및 한시적 고용은 비정규 교수들을 심각한 심리불안과 의욕상실 상태로 몰아넣거나 비정규 교수 간 기회주의적 경쟁을 강화시킨다. 시간강사는 대학에 의해 한 학기 단위로 한시적 · 재량적으로 고용되고 강의경력을 정당하게 인정받지도(승진 등의 적절한 보상을 받지도) 못하기 때문에 교육과 관련해 많은 시간이나 노력을 들여야 하는 일들—예를 들어 교재개발, 강의법 개선, 강의 관련 연구, 학생과의 소통 등—을 기피하게 된다. 비정규 교수들은 대학으로부터 그 어떤 보상을 기대하는 대신 자신들의 연구와 경력 개발을 위해 한국학술진흥재단 등의 단기 프로젝트를 획득하거나 등재(후보)지 논문을 기고하는 데 주력하게 된다. 결과적으로 비정규 교수의 강의노동과 연구활동이 분리된다. 이로 인해 비정규 교수가 담당하는 강의는 강좌의 목표와 학생들의 욕구를 적절히 조화하면서 차원 높게 진행되지 못한다.[33]

마지막으로 대학교수 노동시장의 분단은 대학교육(학부교육)의 부실화뿐만 아니라 국내 대학원의 부실화 및 공동화와 학문 후속세대의 재생산 위기를 야기하고 있다. 상당히 많은 전공분야들에서 미국이나 기타 외국 대학의 박사학위자를 정규 교수로 신규 채용하는 관행이 심한 데, 이는 국내 대학원 출신 비정규 교수(박사학위자)들의 재생산을 막고 대학

33) 그런데 재미있는 점은 정규 교수들이 시간강사에 비해 학생들로부터 더 높은 강의평가점수를 받지 못하고 있다는 것이다. 이주호(2006)에 따르면, 정규 교수와 시간강사의 평균 강의평가 점수가 별 차이가 없다. 물론 학생들의 강의평가만으로 강의의 질을 평가하는 것은 위험한 일이다. 그러나 학생들의 강의 평가를 일정하게 존중한다면, 이런 강의 평가결과는 우리들에게 시사하는 바가 크다고 볼 수 있다.

사회 안에 다양한 지적 경향들이 공존하는 것을 어렵게 만든다.[34] 국내 대학원은 정원을 채우지 못한 경우가 흔하다. 이는 '명문대학'의 일반 대학원에서조차 벌어지는 일이다. 지명도가 떨어지는 대학의 경우 대학원은 정상적 형태로 운영되고 있다고 볼 수 없다. 반면 성적이 우수하거나 금전적 뒷받침을 받을 수 있는 학생들일수록 국내 대학원 진학을 기피하고 외국 대학 유학을 선택한다. 결국 국내 대학원은 부실화를 넘어 공동화를 걱정해야 할 지경에 이르렀다. 그리고 국내 대학원 출신자는 박사학위를 받더라도 확률적으로 해외 대학 출신의 박사학위자에 비해 정규 교수가 될 가능성이 낮기 때문에 비정규 교수 일자리에 계속 머물든가 아니면 대학 이외의 기관에 취업하게 된다. 이런 현실 때문에 국내 대학원 출신 박사학위자뿐만 아니라 국내 대학원의 박사과정생과 박사과정 수료생도 학계를 떠나려는 강한 욕구를 지니게 된다.

34) 한국의 대학과 교수들은 선진국에서 개발된 이론이나 방법론을 모방하는 데 급급할 정도로 학문적 독창성을 가지고 있지 않다는 비판은 어제 오늘 일은 아니다. 그래서 선진국의 연구성과를 빨리 흡수할 수 있도록 국내 학생들의 해외 유학을 권장하고 해외 대학의 박사학위자들을 국내 대학의 정규 교수로 채용하는 것이 당연하다는 식의 태도가 만연해 있다. 물론 (일부 전공을 제외한다면) 국내 대학의 박사학위자들의 연구내용이란 것도 외국 이론이나 연구방법론에 기대고 있는 것이 사실이다. 그러나 이런 상황일수록 한국의 객관적 현실에 기초하는 학문적 토대를 북돋우기 위해서라도 국내 대학원과 국내 출신 학자들에 대한 '우대조치(affirmative action)'가 절실히 필요하다.

4. 대학교수 노동시장구조의 변화 전망과 정책방향 제안

정규 교수 내부노동시장과 비정규 교수 외부노동시장으로 접합된 한국 대학교수 노동시장구조가 구체적으로 어떤 형태로 재편될 것인지 전망하기는 쉽지 않다. 그러나 정규 교수 및 비정규 교수에 대한 수요와 공급의 변화와 관련된 요인들을 분석하면 개략적으로나마 한국의 대학교수 노동시장구조에 대한 변화를 전망할 수 있을 것이다. 이 요인들에는 이 글 앞부분에서 언급한 요인들—지식기반경제의 출현, 신자유주의적 경제정책 및 교육정책, 대학 진학자 수의 감소, 대졸자의 취업난 등—이외에도 대학 내 이해관계자들 간 권력관계, 박사학위자 수의 지속적 증가, 그리고 올해 국회에서 통과된 '비정규직 보호법' 등 다양한 요인들이 포함된다. 그러나 정규 교수와 비정규 교수들이 이런 변화에 저항하지 않는다고 가정한다면 한국 대학의 구조 재편과 대학교수 노동시장 구조의 재편을 근본적으로 규정하는 요인은 효율성, 혹은 능력주의 이데올로기를 더욱 강화할 대학 자본주의 체제의 출현이다. 이 새로운 대학 체제는 지식기반경제라는 새로운 자본주의 축적체제와 생산체제의 출현, 그리고 이에 부응하는 신자유주의적 교육정책의 출현과 밀접히 연관돼 있다.

지식기반경제와 신자유주의는 (고등)교육의 기능을 변화시킨다.[35] 서구의 경우 케인즈주의적 복지국가 모델에서는 교육이 사회적 불평등을

35) 이에 대한 구체적 논의는 제솝(Jessop 2002, 162-8)을 참고하라.

완화하고 사회계층 간 이동을 촉진하는 기능을 했던 반면, 신자유주의적 지식기반경제 모델에서는 교육은 개인 책임 하에 개인의 취업역량(employability)을 강화하고 궁극적으로는 자본의 가치 증식이나 수익성 증대에 기여하는 것으로 변한다. 여기서 주의할 점은 신자유주의적 지식기반경제 모델 하에서도 정부와 대학은 교육이 '공적' 기능을 수행하며 교육부문에 투자하는 것이 중요하다고 주장한다는 데 있다. 그러나 정부와 대학이 말하는 교육의 공공성은 시민의 자율성 및 지적 능력의 보편적 증진에 있는 것이 아니라 국가와 자본의 효율성(수익성) 증진에 있다. 이제 교육은 직접적으로는 개인의 인적 자본 투자 및 취업능력 향상, 궁극적으로는 국가(기업) 경쟁력의 증진을 위한 수단이 된다.

대학 자본주의는 지식기반경제에서 필요한 교육의 기능을 구현하는 것이면서도 동시에 대학 자체를 '기업화' 하는 것이다. 앞서 한국에서 대학 자본주의에 관한 몇 가지 현상을 지적한 바 있다. 미국, 영국, 일본, 독일, 프랑스 등의 선진국 대학들은, 특히 미국과 영국의 대학들은 이미 1980년대를 전후로 하여 사회와 기업과는 일정한 거리를 두고 학문적 자율성을 추구했던 전통에서 벗어나 기업화를 강화하고 있다. 이 바람에 대학총장 자리도 대학을 하나의 영리법인처럼 경영할 수 있는 기업의 최고경영자(CEO) 출신이나 '비즈니스 마인드'를 가진 사람들이 차지하게 된다. 이제 기업으로서 대학은 교수의 기업가적 역할 강조, 외부기금 수주, 특허 및 로얄티 창출 연구, 수익성 있는 컨설팅 서비스 제공, 학과 및 대학연구소 통폐합, 산학연 테크노파크 사업, 기업이 요구하는 커리큘럼 운영, 국립대학의 구조조정,[36] 등록금 인상 등을 실행하고 있다.

36》 예를 들어, 일본은 2004년에 모든 국립대를 법인체제로 전환했다. 프랑스는 채용

결국 대학 자본주의는 대학을 시장 경쟁적 환경에 노출시키고 대학을 기업화하기 때문에 교수 노동시장의 유연화를 필요로 한다. 더구나 최근 대학에 대한 교육인적자원부 및 한국학술진흥재단의 입찰 경쟁식 자원배분과 대학 간 생존경쟁이 교수 노동시장의 유연화를 더욱 부채질하고 있다. 왜냐하면 대학들은 직원뿐만 아니라 교수의 임금 및 노동조건을 매우 다양한 방식으로 차별화하고, 고용안전을 보장받는 노동력의 비율을 축소함으로써 비용을 절감하고 교직원들을 순응적으로 길들임으로써 유연한 대학 경영체제를 구축할 수 있기 때문이다. 물론 교직원 관련 조직들(교수협의회, 교수노조, 공무원노조, 교직원노조 등)이 유연 경영체제에 저항하는 경우도 있지만, 이미 한국 대학은 대학 자본주의를 구조화하고 있고 교직원들도 대학 자본주의의 이데올로기를 불가피하게 내면적으로 수용하고 있는 것으로 보인다.

신자유주의적 교육정책과 대학 자본주의 체제가 향후 한국의 대학교수 노동시장구조를 재편하는 양상을 다음과 같이 몇 가지로 요약할 수 있다.

첫째, 전체적으로 한국의 대학교수 노동시장구조는 정년보장제도를 가진 정규 교수 내부노동시장이 축소되고 다양한 형태의 비정규 교수를 고용하는 외부노동시장이 발달하는 형태로 재편될 것이다. 이를 산술적으로 표현하면, 대학교수 중 정년을 보장받았거나 정년을 보장받을 가능성이 있는 정규 교수(정년 트랙 전임교원)의 비중은 줄어드는 대신 다양한 고용형태의 비정규 교수의 비중이 증가할 것이다. 사실 정규 교수

및 승진에 관한 권한을 대학관리기관인 전국대학위원회(CNU : conseil national de universités)로부터 학과 단위로 더욱 많이 이양했다.

내부노동시장의 축소와 비정규 교수 외부노동시장의 발달은 대학 자본주의가 발전한 미국의 대학교수 노동시장에서 이미 벌어지고 있었던 일이다.[37]

둘째, 정규 교수 내부노동시장의 축소는 현재와 같은 단일한 형태의 정규 교수 내부노동시장이 부분적으로 해체 · 재편된다는 것을 의미한다. 현재 정규 교수 내부노동시장에서 전임교원은 (비정년 트랙 교수 문제를 논외로 한다면) 대부분 정년 트랙 전임교원을 의미하며, 이들은 전임강사, 조교수, 부교수, 교수의 직급제 하에서 승진을 통해 정년을 보장받는다. 물론 지금도 정규 교수 내부노동시장에서는 신규 임용 전임교원에 대한 계약제 도입, 전임교원에 대한 업적평가제도 강화,[38] 직급정년제도[39] 도입, 연봉제 · 성과급제 도입 등 상당한 변화가 일어나고 있다. 그

---

37) 미국의 경우 1970년대 이후 전체 대학교원 중 시간제교원(part-time faculty)의 비중이 꾸준히 증가했으며, 전임교원 중 비정년 트랙 전임교원(full-time faculty)의 비중은 최근 크게 증가했다. 2001년을 기준으로 대학교원 중 약 44.5%가 시간제교원이며, 대학교원 중 60% 이상이 시간제교원 및 비정년 트랙 전임교원이다(Hanley 2005). 2000년대 몇 년간 신규 임용 전임교원 중 25%만이 정년 트랙 전임교원일 정도로(Entin 2005), 미국 대학교수 노동시장에서 한시적 고용(contingent employment) 현상이 보편화되었다. 이에 비해 유럽의 대학교수 노동시장에서는 한시적 고용이 두드러지게 증가했다는 증거는 없다. 다만 프랑스와 독일의 경우를 보면, '좀더 규제된 내부노동시장(more regulated internal labor markets)'이 출현하여, 교수에 대한 평가제도[독일의 경우 교수자격시험제도인 하빌리타치온(Habilitation)의 폐지 및 계약제의 신진교수(Juniorprofessor)제도 도입]와 동기부여제도(독일과 프랑스 모두 성과급제도 도입)가 강화되고 있고, 교수의 자율성이 축소되고 대학 기관 및 대학 관리자들의 권한이 강화되고 있다(Musselin 2005).

38) 1994년 이후 국 · 공립대학들을 중심으로 도입되기 시작한 교수업적평가제도는 이제 국내 대학에 보편적으로 확산되었다. 업적평가제도의 평가항목은 크게 교육, 연구, 행정, 봉사영역 등으로 나눠진다. 평가결과는 승진 · 승급, 재임용, 정년보장 임용, 연구비(성과급) 배정, 우수교원 선정 등에 활용된다. 교수업적평가제도에 관해서는 이현청(2001)을 참고하라.

러나 앞으로는 아예 정년 트랙 전임교원의 채용비율을 크게 줄이고 정년을 보장받지 못하는 전임교원의 채용비율이 크게 늘일 것이다. 그리고 지금과 같이 전임강사나 조교수로 신규 임용된 전임교원이 거의 자동적으로 부교수, (정)교수로 승진하는 관행도 업적평가제도가 강화되고 직급정년제가 도입되면 크게 퇴조할 것이다. 결국 기존의 정규 교수 계층이 다양한 고용형태의 전임교원으로 분해되는 과정을 일어날 것이다.

셋째, 정규 교수 내부노동시장은 축소되는 것과 함께 정규 교수 집단 내부에서 임금 및 노동조건의 격차가 커질 것으로 보여 대학과 관계없이 거의 비슷한 형태를 지닌 대학별 정규 교수 내부노동시장은 사라질 것이다. 대신 대학 사이에, 심지어 같은 대학 내에서도 정규 교수들 사이에 임금격차 및 기타 노동조건의 격차가 커질 것이다. 한국 대학들은 치열한 생존경쟁에서 살아남기 위해 정부의 재정지원사업(BK21사업, 대학 통폐합 지원, 누리사업, 기타 한국학술진흥재단 프로젝트 지원 등)을 획득하고 대학 자체의 수익사업 및 기금모집사업에 적극적으로 뛰어들고 있다. 동시에 한국 대학들은 '고객'인 기업, 학생 및 학부모 등에게 인정받기 위해 우수한 교원을 유치하고 대학 이미지 제고를 위한 다양한 이벤트 사업을 벌이고 있다. 결국 대학 간 생존경쟁은 대학의 위상과 지명도뿐만 아니라 재정적 성과에 심각한 격차를 야기할 것이고, 이에 따라 그 구성원들(교직원들)에 대한 보상에도 상당한 격차를 야기할 것이다.

넷째, 비정규 교수 노동시장에서도 상당한 변화가 일어날 것이다. 일단 비정년 트랙 전임교원의 채용 증가추세가 최근 주춤하긴 했지만,

39》 직급정년제는 직급별 최대 재직기간을 정해놓고 이 기간 동안 승진을 하지 못하면 자동적으로 퇴직하도록 만드는 것이다.

비정년 트랙 전임교원과 비슷한 형태의 비정규 교수의 채용은 계속 증가할 것으로 보인다. 비정규직 보호법의 시행령은 박사의 경우 2년 연속 고용한 이후에도 비정규직으로 계속 고용할 수 있도록 했기 때문에 이런 전망이 더욱 설득력을 가지고 있다. 그리고 현재 비정규 교수의 대다수를 차지하는 시간강사에 대한 고용은 정부와 대학들에 의해 당분간 계속될 것으로 보인다. 설사 시간강사에 대한 교원지위 부여 법률안이 국회를 통과하더라도 시간강사와는 다른 명칭이나 지위를 부여받는 비정규 교수가 창출될 것이다. 이 비정규 교수는 예를 들어 주당 15시간 내외의 의무적 강의, 방학 중 월급 지급, 4대 보험의 적용 등을 조건으로 고용되지만, 대학(학부)의 의사결정에는 참여하지 못하면서 한시적 기간 동안 고용될 것이다. 이는 현재 일부 대학들에서 채용하는 강의(전담) 교수와 비슷한 형태의 비정규 교수이다. 다시 말해, 시간강사라는 임의적 고용형태가 폐지되더라도 합법적 틀 내에서 다양한 비정규 교수가 양산될 것이다. 이들 비정규 교수는 일정한 강의시간을 부여받고 방학 중에도 월급을 받는 '시간강사'일 뿐이다. 정부와 대학의 입장에서는 추가적 비용부담 없이 시간강사를 없애고 시간강사의 역할을 새로운 계약제 비정규 교수들에게 이전시킬 것이다.

다시 요약하자면, 한국의 대학교수 노동시장구조는 정년을 보장받는 정규 교수 내부노동시장은 축소되고 넓은 의미의 비정규 교수 외부노동시장이 발달하는 형태로 바뀔 것이다. 그리고 현재와 같이 정규 교수 내부노동시장과 비정규 교수 외부노동시장으로 양분된 노동시장구조는 좀더 다양하게 분절된 노동시장들을 지닌 구조로 바뀔 것이다. 이런 변화는 계량화된 업적평가에 근거로 대학교수의 임금 및 기타 고용조건을 차별적으로 결정하여 교수 간 경쟁을 부추기고, 높은 교육 · 학문적 '성과'를 달성한 일부 대학교수에게만 정년을 보장하는 대학 자본주의의 경향을 반영한 것이다. 한편으로 이런 변화는 학문적 성과와 관계없이 대부분의 전임교원들이 정년을 보장받는 현재의 관행을 없애고 좋은 교육·연구 성과를 낸 교수에게만 정년을 보장해 주거나 더 많은 보상을 해준다는 점에서 합리적이라고 볼 수도 있다.

그러나 다른 한편으로 이는 심각한 문제를 일으킬 수 있다. 일단 대학교수들의 고용불안이 상당히 심해질 것이다. 정년을 보장받은 일부 전임교원을 제외한 상당수 대학교수들은 한시적 고용상태에 있고 조건부로 고용계약을 갱신받아야 할 처지에 놓이게 된다. 대학교수들의 고용불안은 그 자체로도 심각한 문제이지만, 이보다 더 큰 문제는 이런 유연한 노동시장이 대학사회의 풍토에 악영향을 미친다는 점이다. 이 중 가장 큰 문제는 대학 자본주의 체제 하에서 대학교수들의 학문적 자율성이 약화되고 수익성 있는 연구과제 이외의 연구들이 위축된다는 점이다. 고용불안은 대학교수들 사이의 분열과 기회주의적 경쟁을 촉발하고 교수들이 기업과 대학기관의 요구에 부합하는 연구에만 치중하도록 만들 것이다. 그리고 대학교수들의 고용불안은 사학재단의 지배구조를 강화시킬 가능성을 가지고 있다. 지금도 그렇지만 한국의 사립대학 재단들은 대학교수에 대한 재임용이나 계약 갱신을 무기로 자신들의 비민주적이고 부당한 대학 운영방식을 유지하려 할 것이다.

그렇다면 바람직한 대학교수 노동시장 모델은 어떤 것이어야 하는가? 앞서 지적했듯이 대학 자본주의는 효율성 혹은 능력주의적 관점에서 대학교수 노동시장을 재편할 것이다.[40] 대학 자본주의는 시장이란 '당근

[40] 조우현(2006)은 바로 이런 입장에서 대학교수 노동시장을 개혁하자고 주장한다.

과 채찍'을 통해 대학교수들의 교육 · 연구 노동을 '효율적'으로 조직할지는 모르지만 대학교수 내부의 양극화, 대학교수들의 고용불안 심화, 대학교수의 학문적 자율성 약화, 수익성에 종속된 연구풍토 등을 조장할 것이다. 그러나 우리가 대학 자본주의적 대학교수 노동시장 모델에 반대한다고 해서 교육예산의 증액 등을 통해 시간강사를 포함한 모든 대학교수들에게 고임금과 정년을 보장하는 방법이 대안이라고 보지는 않는다. 그렇다면 대학 자본주의적 대학교수 노동시장 모델도 아니고 온정적 평등주의의 대학교수 노동시장 모델도 아닌 대안적 대학교수 노동시장 모델은 무엇인가?

여기서는 비정규 교수 문제에 대한 기존의 정책제안들—고등교육 예산 증가, 전임교원의 채용 확대, 시간강사에 대한 교원 지위 부여, 시간강사 채용방식의 개선, 시간강사 임금인상, 고급인력의 다양한 활용방안 마련 등—[41]에 대해서는 구체적으로 다루지 않고 추상적이긴 하지만 보다 근본적이고 장기적 관점의 정책 대안을 제시할 것이다. 앞에서도 말했지만 바람직한 대학교수 노동시장 모델은 원칙적으로 학문적 자유와 공평성이 조화를 이루는 것을 지향한다. 이는 시간강사와 같은 비정규직

그가 제안하는 개혁방안에는 급여 · 강의시간의 차등화 및 유연화[체증제 연구비 지급제도, 성과 연동 책임(강의)시간 감면제도, 책임(강의)시간 구입(buy-out)제도 등], 승진의 차등화 및 유연화(승진자격 등급제, 대학 간 pool제도에 입각한 개방형 승진제도), 다양한 교수직제의 도입 등이 들어 있다. 교수직제 변화와 관련해, 그는 정년 트랙 교수와 비정년 트랙 교수 이외에 비정년 강의 전담교수, 취업교육 전담교수, 국제화 교육 전담교수, 특별 프로그램 전담교수 등 비정규 교수들의 고용을 늘려야 한다고 주장한다. 이들 비정규 교수들은 정년 트랙 교수와 비슷한 수준, 혹은 정년 트랙 교수보다 조금 더 낮은 수준의 급여를 받고 한시적 계약관계를 맺는다.

41》 이에 대해서는 심경호 외(2002), 강병운 외(2005), 이주호(2006) 등을 참고하라.

대학교수제도를 완전히 없애고 일정한 자격을 갖춘 사람들을 대학교수로 인정하고, 적어도 이들이 저임금과 고용불안에 허덕이면서 교육·연구 활동을 하는 일은 없도록 하는 것이다. 이 모델의 궁극적 목표는 대학교수가 성찰적 학자이자 공동체 의식을 지닌 시민으로서 자신의 행복을 추구할 뿐만 아니라 대학 및 사회의 발전에 기여하도록 하는 것이다. 이 노동시장 모델은 대학교수가 기업과 대학의 수익성 증대를 위한 '인적자본'으로 기능하도록 하는, 혹은 대학교수가 경제적(금전적) 보상제도에 자극받아 교육·연구 노동을 수행하는 대학 자본주의의 노동시장 모델과는 전혀 다른 것이다. 이런 원칙 하에서 대학교수 노동시장 모델은 다음과 같은 특징을 갖는다.

새로운 대학교수 노동시장 모델은 고등교육정책을 조정·집행하는 공적 기관이 규정된 자격을 획득한 사람을 교육·연구 노동을 수행하는 '보편적' 교원(대학교수)으로 인정하고, 이들 교원이 최소한의 의무노동(강의, 연구)을 하는 대가로—심지어는 의무노동을 하지 않더라도—기초생활을 영위하고 자율적 연구를 수행할 수 있는 수준의 소득, 이른바 '대학교원 기본소득(Academic Basic Income)'[42]을 지급하는 것이다. 이 규정에 담긴 요소들에 관해 간단히 설명하면 다음과 같다.

첫째, 새로운 모델에서 대학교수 노동시장을 조정하는 기관은 고등교육의 재정·인사를 관리하는 공적 기관인데, 이 공적 기관은 현재의 교육인적자원부와 같이 관료적으로 운영되는 정부기관이어서는 안 된다. 이 공적 기관의 의사결정은 정부관리, 대학교원 대표자, 학부모 대표

42) 대학교원 기본소득을 지급하자는 착상은 개별 시민에게 무조건부로 매월 일정액의 기본소득, 즉 '보편적 기본소득(UBI : Universal Basic Income)'을 지급하자는 주장에서 빌려온 것이다.

자, 시민사회 대표자, 심지어 학생 대표 등의 의견조정을 통해 이뤄질 수 있으며, 이 기관의 재정 원천은 세금, 등록금, 기부금, 기타 수익사업 등으로 조성된다. 이 기관은 현재 한시적 학술연구 프로젝트에 대한 지원을 통해 대학, 정규 교수, 비정규 교수들을 통제하고 있는 한국학술진흥재단을 흡수 · 개편하는 형태로 조직될 수도 있을 것이다.[43]

둘째, 공적 기관이 고등교육 분야에서 교육 · 연구 노동을 수행할 보편적 교원으로 인정한 사람은 예를 들어, 박사학위 취득자나 교수자격논문심사 통과자로 할 수 있다. 물론 보편적 교원으로 한번 인정받은 사람이 공동체에 심각한 해악을 미치거나 나태한 행위를 할 경우에는 담당기관이 일정하게 규정된 절차에 따라 재심사를 해서 보편적 교원의 자격을 박탈할 수는 있다. 어쨌든 이 자격 이외의 자격을 지닌 사람들은 원칙적으로 대학교수로 고용되지 못하도록 한다. 다만 보편적 교원 이외에 학생 및 시민의 교육에 필요한 자질과 능력을 갖춘 사람이 고등교육 분야에 필요할 경우 이 사람을 일시적으로 고용할 수는 있다. 당연히 현재의 시간강사제도와 기타 비정규교수제도는 완전히 폐지한다.

셋째, 보편적 교원이 기본소득을 받는 대신 의무적으로 수행해야 할 최소한의 노동은 강의, 연구 등이다. 보편적 교원에게 최소 의무를 부과하는 것은 이들이 기본소득을 지급받는 대신 공동체를 위해 고등교육

43》 이는 시간강사제도의 폐지 하에 대학이 필요한 연구교수(비정년 트랙 전임교원)를 대학의 학과나 연구소 등에 배정하고 이들을 평가 · 관리하는 독립기구인 가칭 '국립고등학술원'을 설립하자는 주장(이남석 2004)과 비슷한 것처럼 보인다. 국립고등학원체제의 연구교수 모델은 한국학술진흥재단의 전면적 개편을 의미한다. 그런데 연구교수제도 모델과 여기서 제안하는 모델의 결정적 차이는 연구교수가 아니라 보편적 교원—정규 교수와 비정규 교수의 구분이 없다—으로 인정받은 사람 모두에게 기본소득을 지급하는 것이다.

이나 연구분야에서 최소한의 기여를 하도록 하는 것이다. 보편적 교원은 특정한 대학기관이나 연구소의 소속이 아니라 잠재적으로는 공동체의 교육자 · 학자이며, 법적으로는 고등교육 관리기구 소속이다. 그는 자신이 원하거나 지정된 기관에 출근하여 의무노동을 수행하는 것 이외에는 자신의 자율적 연구를 수행할 수 있다. 그가 기본소득 이외의 추가소득을 버는 것이 불필요하다면 그냥 의무노동만 수행하면 된다.

넷째, 고등교육을 관리하는 공적 기관이 지급하는 '대학교원 기본소득'은 학자이자 '시민'으로서 보편적 교원이 어느 정도의 생활과 연구를 할 수 있도록 보장하며, 매월 현금급여로 지급된다. 대학교원 기본소득의 수준은 일반 시민들이 기본소득을 받는다고 가정할 경우 시민들이 받는 기본소득의 수준보다 훨씬 더 높아서는 안 된다. 왜냐하면 대학교원이라고 해서 특별히 노동자나 일반 시민보다 훨씬 더 많은 소득을 받아야 한다는 '노동가치론'적 근거는 없기 때문이다. 물론 보편적 교원이 추가적 소득을 얻거나 특별 연구를 수행할 목적으로 의무노동 이외에 추가적으로 활동하는 것을 금지하지는 않는다.

다섯째, 새로운 대학교수 노동시장 모델은 보편적 교원에 대해 '불연속적 고용과 연속적 소득'에 대한 권리를 부여한다. 이는 보편적 교원에게 개인의 휴식 및 창조적 교육과 연구를 위한 자유를 주기 위해 안식년(sabbatical year)제도를 활성화하는 것이다. 보편적 교원은 예를 들어 5년마다 1년씩 기본소득을 보장받으면서도 아무런 의무노동을 수행하지 않고 안식년을 가질 수 있다. 물론 보편적 교원은 1년의 안식년 후에는 의무적 교육 · 연구 노동으로 복귀해야 한다. 기본소득제도와 안식년제도의 결합은 보편적 교원들이 기본소득을 계속 보장받으면서도 항상 고용상태에 있을 필요는 없음을 의미한다.

결국 새로운 모델에서는 대학교수들이 저임금과 고용불안에 허덕이지 않으면서도 최소한의 독립적 생활과 자율적 연구를 하는 것이 가능하기 때문에 굳이 정년보장제도를 둘 필요가 없다. 그리고 각 교원들은 특정한 기관(대학, 연구소 등)에 꼭 소속돼야 할 이유는 없으며, 필요에 따라 다른 교원들과 함께 연구 프로젝트팀을 자유롭게 결성·해산할 수도 있다. 사실 기본소득제도나 이와 비슷한 소득보장제도가 존재한다면 대학만큼 유연하게 노동활동을 조직하기 좋은 조직이나 부문도 없다. 그러나 현재의 대학교수 노동시장은 최악의 '경직성'—자율적이고 창의적인 교육이나 깊이 있는 연구성과를 유인하지 못하는 정년보장제도—과 최악의 '유연성'—저임금을 받고 고용불안 상태에 있는 시간강사 등 비정규 교수에 대한 과잉 착취—이 조합돼 작동하고 있다. 이런 대학교수 노동시장을 개혁하는 것은 한국 대학사회의 당면 과제이다. 물론 여기서 제안한 대학교수 노동시장 모델은 정부와 (사립)대학의 반대, 현직 전임교원들의 반대, 학계에 대한 비우호적 여론 등으로 실행되기가 쉽지는 않다. 그러나 새로운 모델에 대한 문제의식이 사회와 대학에서 공유되기 시작한다면 꼭 여기서 제안한 모델이 아니더라도 또 다른 창조적인 모델들이 만들어질 수도 있을 것이다. 그리고 이런 발상은 한국을 비롯한 전 세계 국가들이 당면한 주요 문제인 빈곤, 실업, 비정규직 노동 등의 문제를 푸는 데도 적용해 볼 만하다.

참 | 고 | 문 | 헌

강병운 외. 2004. 『대학의 강사 및 비정규직 교원 대책 연구』. 교육인적자원부.

김성진. 2003. 『대학교 : 이상, 현실 그리고 개혁』. 서울 : 한국교육미디어.

김종서. 2005. "비정년 트랙 교원제도 비판." 『민주법학』 제29호.

심경호 외. 2002. 『대학의 강사제도 개선을 위한 정책 연구』. 교육인적자원부.

이남석. 2004. 『대학혁신을 위한 연구교수제 모델』. 교육혁신위원회 제출 정책 과제보고서.

이병훈 · 윤정향. 2003. "비정규 노동의 개념 정의와 유형화." 정이환 외. 『노동시장 유연화와 노동복지 : 비정규 근로자의 사회적 보호에 관한 국제비교 연구』. 서울 : 인간과 복지.

이성호. 1992. 『한국의 대학교수』. 서울 : 학지사.

______. 1995. 『세계의 대학교수 : 그들은 누구인가, 무엇을 하는 사람들인가?』. 서울 : 문이당.

이주호. 2006. 『전국 4년제 대학 시간강사 실태 분석』. 국정감사 정책자료집.

이현청. 2001. 『대학교수업적평가론』. 서울 : 학지사.

임성윤. 2005. "대학의 구조개혁과 비정년 교수제도." 『제1회 비정규 교수의 교육력 증진을 위한 워크숍 자료집』. 한국비정규교수노조 경북대분회.

장정현. 1996. 『한국의 대학교수시장』. 서울 : 내일을여는책.

정성기. 2003. "대학사회의 시간강사 노동문제와 (정치)경제학 · 생활현장의 분열에 대한 성찰." 『추계학술대회 발표논문집』. 한국노동경제학회.

정이환. 2003. "비정규 노동의 개념 정의 및 규모 추정에 대한 하나의 접근." 정이환 외. 『노동시장 유연화와 노동복지 : 비정규 근로자의 사회적 보호에 관한

국제비교연구』. 서울 : 인간과 복지.
조우현. 2006.『대학이 바뀌야 나라가 산다 : 향후 10년의 대학혁신』. 서울 : 랜덤 하우스 중앙.
진미석. 2003. "대학의 시간강사의 현황과 실태."『국가인권위원회 토론회 자료집』.
통계청. 2007. "경제활동인구 부가조사(2007년 3월) 결과." http://www.nso.go.kr (검색일 : 2007. 8. 3.)
한국비정규교수노조 경북대분회. 2006. "조합원 설문조사."『제4회 비정규 교수의 교육력 증진을 위한 워크숍 자료집』. 한국비정규교수노조 경북대분회.

Akerlof, G. A. and J. L. Yellen. eds. 1986. *Efficiency Wage Model of the Labor Market*. Cambridge, UK : Cambridge University Press.
Becker, G. S. 1975. *Human Capital : A Theoretical and Empirical Analysis*. NBER.
Bourdieu, Pierre 저, 김정곤 · 임기대 역. 2005.『호모 아카데미쿠스』. 서울 : 동문선.
Carmichael, H. L. 1988. "Incentives in Academics : Why is There Tenure?" *Journal of Political Economy*, Vol. 96, No. 2, 453–72.
Dobb, Maurice 저, 강신준 역. 1983.『임금론』. 서울 : 거름.
Doeringer, P. B. and M. J. Piore. 1971. *Internal Labor Markets and Manpower Analysis*. Lexington, Mass : D. C. Heath & Company.
Edwards, R. 1979. *Contested Terrain*. New York : Basic Books.
Entin, J. 2005. "Contingent Teaching, Corporate Universities, and the Academic Labor Movement." *Radical Teacher*, No. 73, 26–32.
Finnegan, D. E. 1993. "Segmentation in the Academic Labor Market." *Journal of Higher Education*, Vol. 64, No. 6, 621–56.
Frank, R. H. and P. J. Cook 저, 권영경 · 김양미 역. 1996.『이긴 자가 전부 가지는 사회』. 광명 : CM비지니스.
Gordon, D. M. *et al.* 1982. *Segmented Work, Divided Workers*. Cambridge University Press.
Hanley, L. 2005. "Academic Capitalism in the New University." *Radical Teacher*, No. 73, 3–7.

Jessop, B. 2002. *The Future of the Capitalist State*. Cambridge, Uk : Polity Press.

Levin, J. S. 2005. "Faculty in the U.S. Community College : Corporate Labor." *Management in Education*, Vol. 19, No. 3, 8-11.

______. 2006. "Faculty Work : Tensions between Educational and Economic Values." *The Journal of Higher Education*, Vol. 77, No. 1, 62-88.

Lindbeck, A. and D. Snower. 1988. *The Insider-Oursider Theory of Employment and Unemployment*. Cambridge, Mass : MIT Press.

Milgrom, P. and J. Roberts. 1992. *Economics, Organization and Management*. Englewood Cliffs, NJ : Prentice-Hall.

Musselin, C. 2005. "European Academic Labor Market in Transition." *Higher Education*, Vol. 49, No. 1/2, 135-54.

Piore, M. 1975. "Notes for a Theory of Labor Market Stratification." R. Edwards *et al.* eds. *Labor Market Segmentation*, 125-50. Lexington, Mass : D. C. Heath & Company.

Osterman, P. ed. 1984. *Internal Labor Markets*. Cambridge, Mass : MIT Press.

Rhoades, G. 1996. "Reorganizing the Faculty Workforce for Flexibility." *Journal of Higher Education*, Vol. 67, No. 6, 626-59.

______. and S. Slaughter. 2004. "Academic Capitalism in the New Economy : Challenges and Choices." *American Academic*, Vol. 1, No. 1, 37-58.

Rubery, J. 1978. "Structured Labor Markets, Worker Organization and Low Pay." *Cambridge Journal of Economics*, Vol. 2, No. 1, 17-36.

______. and F. Wilkinson. eds. 1994. *Employment Strategy and the Labour Markets*. New York : Oxford University Press.

Williamson, O. E. *et al.* 1975. "Understanding the Employment Relations : the Analysis of Idiosyncratic Exchange." *Bell Journal of Economics*, Vol. 6, No. 1, 250-78.

3_

아카데믹 아줌마, 그 삶의 비정규성

하수정

1. 여성들, 아카데미아로 들어서다

1869년 캠브리지 대학 내에 대학 당국의 인가를 받지 않았기는 하나 거튼(Girton) 칼리지가 설립됨으로써 영국에서는 최초로 여성을 위한 고등교육의 길이 열렸다. 1209년 캠브리지 대학이 설립된 지 약 660년 만에 처음으로 여성들을 대학에 받아들인 것이다. 하지만 그녀들에게 정식 학사학위가 주어진 것은 1947년에 이르러서이다. 그에 비하면 우리네 사정은 훨씬 나아 보인다. 1905년 최초의 대학이라고 알려져 있는 보성전문학교가 설립된 지 불과 20년 만에 총독부의 인가를 받아 최초의 여자대학인 이화여전이 설립되었고, 서울대학교가 설립되던 해인 1946년에 이화여자대학교로 설립 인가를 받게 된다. 짧은 대학교육의 역사 속에서 여성들이 적어도 '법적 · 제도적' 으로 불평등한 대접을 받은 흔적은 그리 없어 보인다. 그 짧은 기간 동안 많은 여성들이 학위를 받고 대학 강단에 서게 되었다. 70년대만 하더라도 여자 교수(비정규직 교수 포함)를 바라보는 학생들이나 동료들의 시선이 달갑지 않았다는 이야기를 들은 적이 있고, 경북대 영어영문학과[1]의 경우만 하더라도 필자가 대학을 다니던 80년대 중반에 여성 정규직 교수는 단 한 명도 없었다. 불과 20여 년 만에 사정이 꽤 좋아졌다. 인문대학 영문과에 현재 3명의 여성 정규직 교수가 재직하고 있다. 물론 이보다 2배나 많은 남성 정규직 교수가 있지만 말이다.[2] 적어도 수치상으로만 보면 경북대학교 인문대학에서 여성 연구자—대학 내 연구자(academic)를 의미함—가 정규직 교수가 되기 위해서는 매우 험난한 여정을 겪어야 함이 틀림없다.

그런데 이는 경북대학교 인문대학만의 문제가 아닌 것 같다. 글을 쓰기 위해 관련 자료를 뒤적이다 한 인터넷 신문에서—관련 기사나 자료가 극히 부족한 실정이다—통계수치가 나와 있는 한 부분을 발견했다. "… 인문학 분야의 경우에는 더 심각하다. 1999년 인문학 전공 여자 박사의 신규 입직자(취업을 하지 않은 상태에서 박사학위를 따고 직장을 구하는 사람들) 취업률은 평균 5.6%에 불과하다. 이에 비해 남자 박사는 24.3%이다. 이 가운데 철학이나 역사학을 전공한 이들(여자 박사)은 아무도 대학에 자리를 잡지 못했다. 그에 비해 남자는 철학 18.5%, 역사학 32.6%

---

1) 필자가 2001년 학위를 받은 대학 학과로서 그 이후 2007년 8월 현재까지 거기에 소속(?)되어 있다. 참고로 이 글은 경북대학교 인문대의 몇몇 개별 사례를 중심으로 서술되어 있음을 밝힌다.

2) 인문대학과 전체의 여성 교수 : 남성 교수의 비율은 다음과 같다. 국문과 1 : 9, 불어불문과 2 : 4, 일어일문학과 0 : 5, 철학과 0 : 8, 사학과 1 : 9, 독어독문학과 1 : 5, 중어중문학과 2 : 5, 고고인류학과 0 : 6, 한문학과 0 : 5, 노어노문학과 0 : 5 (2006년 6월 현재).

로 나은 편이다. 이런 수치는 우리 사회에 엄존하고 있는 남녀차별이 여자 박사들의 취업에도 적용되고 있는 것으로 해석된다”(이창곤 2001/03/13).

물론 각 대학별 여성 교수의 채용비율이 꾸준히 증가하고 있는 추세이긴 하나 전체적인 숫자를 두고 볼 때 거의 믿어지지 않을 정도로 미약한 수준이다. 2005년에 여성 교수 비율이 처음으로 10%을 넘어섰다고 자랑하는 서울대를 보더라도 미루어 짐작할 수 있다(이호을 2005/08/24). 2006년에 열린 한 여성정책 관련 회의에서는 현재 10% 정도에 불과한 국공립대 여성 교수 비율을 2010년까지 20%로 올리는 것을 목표로 한다는 보도도 나와 있다(이유진 2006/07/04).

이에 비해 시간강사의 계열별 성별현황을 보면 국공립대 인문계열의 경우 남자와 여자의 비율이 53.5%(2,659명) : 46.5%(2,314명)(이주호 2006, 5)로서 남녀 간 비율에 그다지 큰 차이가 발생하지 않는다. 관련 통계가 이 자료에 나와 있지 않아 알 수는 없지만 어문학 분야에서는 아마 비율이 달라질 가능성이 높다. 즉 여성 강사가 남성 강사의 수보다 우위를 점한다는 말이다. 일례로 경북대 영어영문학과의 경우 남자 강사 대 여자 강사의 비율은 1 : 8이다(2007년 6월 현재). 일일이 해당학과 사무실에 전화를 걸어 확인해 볼 필요도 없이 경북대 인문대 비정규 교수실에 앉아서 관찰해 보기만 해도 경북대학교에서 소위 인문학, 그 중에서도 어문학을 전공한 여성 연구자는 대부분이 비정규직 교수의 신분으로 대학 강단에 선다. 그리고 어쩌면 이보다 더 많은 미래의 ‘그녀들’이 대학 내 어딘가와 가정에서 연구에 전념하고 있을 것이다. 세칭 시간강사와 정규 교수 간에 결코 미약하다고 할 수 없는 남녀비율의 차이가 발생한 원인에 대한 사회학적 · 여성학적 연구는 매우 중요하고 필요한 일이다.

하지만 그것은 필자의 역량을 넘어서는 일이기도 하므로 이 지면에서는 다만 어설픈 통계수치 정도를 지적하는 데 그치고자 한다.

어찌 되었건 아무런 투쟁 없이, 비교적 단시일에 우리나라의 여성이 남성과 동등한 고등교육을 받게 되었으며, 점차 아카데미아에 속하는 여성이 많아지고 있고 또 많아질 것임은 분명한 사실인 것 같다. 그러나 그녀들은 과연 온전한 의미에서 거기에 '속해' 있는가.

본글의 관심사는 그녀들 중에서도 특히 자녀가 있는 기혼 여성들의 삶의 몇몇 단면들을 들여다 봄으로써 그녀들이 얼마나 "전문적 자아(professional self)"와 "가정적 자아(home self)" (Wise 120) 사이에서 갈등하고 때로는 혼란에 빠지기도 하는 존재인지를 살펴보고자 한다. 그러나 이 글은 이런 류의 글들이 지니는 '아카데믹' 한 사회학적 방식과는 다소 거리가 있다. 직접 조사하기에는 물론 역부족이고, 관련 자료도 거의 없을 뿐더러 필자의 관심사나 서술방식이 흘러가는 대로 써보자 싶기도 해서였다. 아주 가끔씩 통계수치를 인용하겠지만 글의 전체적인 비중은 어디까지나 개인적인 관찰과 경험에 두어진다. 아카데믹한 아줌마인 필자의 눈에 비친, 별 특별할 것도 없는 인상이나 겪은 경험을 글로 옮겨보는 일도 의미가 있겠다고 여겨졌다. 피상적인 생각을 보다 구체화하고 사소한 일상이 지니는 의미를 다시 한 번 되새겨 볼 수 있겠다는 생각에서이다.

2. 인사이드 아웃사이더

'시간강사' 로 불리는 이들의 정확한 숫자를 대학 내 학과 홈페이지를 통해서 전혀 알 길이 없는 것은 매우 애석한 일이다. 대학 내 학과 관련 홈페이지에서 해당 학과에서 강의를 하고 있는 시간강사의 정보를 알 수 있는 경우가 극히 드물기 때문이다. 숫자 파악이 문제가 아니라 그 결과 학생들은 자신이 수업을 듣는 강사의 연구업적이나 관심분야에 대해 전무한 상태로 수강신청을 한다. 물론 업적이나 경력을 기록하는 공간이 없는 것은 아니나 실제 별로 눈여겨 보지 않을 곳에 있어서 기록하는 이도 보는 이도 거의 없는 것으로 알고 있다. 또는 이렇게 반문할 수도 있다. 학과 홈페이지에 들어와서 수강을 하고자 하는 교수의 업적이나 경력을 일일이 확인하는 학생은 거의 없다고 말이다. 그렇지만 수강신청을 위해 그 정도는 확인하는 것이 기본이라고 생각하기 때문에 그런 게시는 필요한 일이다. 약간의 수고를 무릅쓰더라도 각 학과별로 해당 학기 시간강사의 명단, 연락처, 연구업적, 관심분야 정도는 공개해서 올리는 것이 옳지 않을까 한다.

캐나다—여기서는 시간강사가 instructor 혹은 sessional instructor라는 명칭으로 불린다—나 미국—part time instructor라는 명칭으로 불린다—의 몇 개 대학 홈페이지를 방문해 본 결과 시간강사들의 연구업적과 관심분야, 연락처 정도는 학과 홈페이지 "교수진(faculty)" 소개란에 게시되어 있으며, 인디애나 대학의 경우에는 정규직 교수와 차이 없이 알파벳 순서로 모든 교수 · 강사진이 소개되기도 한다. 심지어 오하이오 대학의 경우에는 석 · 박사과정 후보생이라 하더라도 수업을 하고 있을 경우 "교수진"란에 사진과 함께 소개되어 있기도 하다. 물론 그 숫자는 영문학과의 경우 대개 수십 명에 달하기도 한다. 국내 대학 학과의 홈페이지에 왜 시간강사의 정보는 들어가 있지 않은 것일까. 이는 시간강사를 학과의 식구, 나아가서는 대학을 구성하는 여러 존재들 중의 한 부류로 인정하지 않기 때문이라고밖에는 여겨지지 않는다. 한 학기를 가르치든 두 학기를 가르치든 그/그녀는 그동안에는 그 학과에서 '가르치는 일'을 담당하는 교수임이 너무나 분명함에도 말이다. 이는 사소한 듯 보이지만 이면에 차별적 시각이 내재해 있는 심각한 현상이다.

필자가 직접 체험한 바 있는 또 한 가지 두드러지는 차별은 고용과 해고에 있어서의 비합리성과 불투명성이다. 지인—주로 학맥을 통한—과의 여러 차례 통화를 통해 갑작스럽게 고용되는 관행도 황당하고, 아무런 사전 통보 없이 다음 학기 시간표에서 이름이 빠져 있으면 해고된 것으로 아는 관행은 더더욱 황당하지만 실은 매우 일반화되어 있다.

동료 강사들의 이야기를 들어 보면 이런 차별쯤은 거의 상식에 속하는 수준이며, 이들은 그 차별을 스스로 체화하고 있다. 이는 2006년 경북대 비정규 교수 노조원들을 대상으로 한 설문조사에서 자기 존재를 한마디로 규정하라는 주관식 문항에서 여실히 드러난다. 이들은 스스로를 "샌드위치", "손님", "아웃사이더", "나무도 풀도 아닌 것이 … ", "소모되는 존재", "학생도 선생도 아닌 제3의 존재" 등으로 칭하는데(집담회 91-92), 이는 자기 규정인 동시에 학교라는 공간에서 규정 '되고' 있는 자기 존재인 것이다. 한 존재의 삶이 필요할 때는 언제나 '시간' 당으로 신속하게 조달되지만—대기자가 언제 어디서나 줄 서서 기다리고 있으므로—필요성이 마감되었을 경우에는 가차 없이 폐기되는 소모품쯤으로 여겨지는 것은 가뜩이나 우울한 일이지만, 앞의 답변들은 고등교육의 한 담당자에 대한 대접이 어떤가를 실감나게 보여준다.

이 답변들이 공통적으로 보여주는 다른 하나는 강사들이 스스로를 어디에도 소속되어 있지 않는 존재로 여긴다는 점이다. 실제로 2006년 설문조사에서 응답자의 85% 이상이 '대학 구성원으로서 소속감을 느끼지 못한다'고 답변하였고, 그 이유가 '정규직 교수가 아니거나' '정규직 교수와의 차별이 심하기 때문'이라는 답변 또한 85% 이상을 차지했다(집담회 90). 분명히 안에 있으면서도 밖에 있는, 혹은 어디에도 없는 존재로서의 자신을 바라보는 현실의 씁쓸함은 결코 인간 존재의 보편적 특성이 그러하다는 '이성적 합리화'에 의해 위로받지 못한다.

이제 글의 제목에 드러나 있는 아카데믹 아줌마라는 특정 부류에게로 논의를 한정시킬 때가 된 듯하다. 이 인사이드 아웃사이더로서의 존재감은 아카데믹 아줌마의 경우 그 경험이 가정(home)과 교차되면서 더욱 복잡하게 내면을 오갈 것이라는 것이 필자의 가정이다. 어떤 아줌마 강사는 이런 말을 한다. "아파트 아줌마들이 모인 곳에 가면 왠지 소외감을 느낀다. 사람들과 어울리기가 어렵다"고. 그 이유가 뭘까. 나도 한 부모 모임(실제로 아빠는 한 명도 참석하지 않고 대부분이 전업주부가 많다)에 2년 정도 꽤 열심히 참석하다가 언제인가부터는 그녀들과 이런 저런 이유로 만날 기회가 없어졌다. 아이 학교나 학습과 관련된 일에는 나 스스로가 거의 학습 부진아 수준이다. 온갖 학습 관련 정보들로부터 나는 멀찌감치 떨어져 있다. 우선 시간대가 잘 맞지 않는다. 그녀들이 주로 만나는 평일 오전시간에 나는 대개 일을 하고 있다. 딱히 수업이 없더라도 늘 할 일이 있기 때문에 30여 분 혹은 한 시간씩 걸리는 곳에 참석하기가 여의치 않다.

다음으로는 사용하는 언어의 내용과 형식 때문이 아닌가 싶다. 다소 딱딱하고 선택하는 어휘도 그녀들과 조금 다르다. 한마디로 내 말은 어렵게 여겨진다. 어떤 사안들, 특히 대한민국의 거의 모든 부모들이 열을 올리는 교육문제에 대해서 이야기를 나누면 무언가 자꾸 어긋나는 것을 느낀다. 그녀들에게는 나의 말과 생각이 낯설고, 나로서는 그녀들의 생각과 말을 도저히 이해하거나 받아들일 수 없다. 학교 교사나 다른 학부모들이 당연하게 여기는 일들이 내게는 결코 당연하게 여겨지지 않아서 발생하는 사소한 사고들도 더러 있다. 무언가 코드가 맞지 않는다는 느낌이 나를 항상 어색한 존재로 만든다.

그 거리감은 명절 때나 집안에 행사가 있어 가족들이 모이는 곳에 가도 마찬가지이다. 세상물정을 다소 아는 이들은 이 나이 되도록 이러고 있는 내 처지가 딱하게만 느껴지고, 물정을 모르는 이들에게 나는 별나거나 철없는(?) 존재이다. 하긴 뭔가 사람들이 많이 하지 않는 일을 하는 사람들에 대한 가족이나 친지의 평가는 특이하다. 담 안에 있는 사람과 담 밖에 있는 사람의 엄청난 차이를 얼마 전에 또 한번 느꼈다. 어머니 쪽 친척 중에 나와 동갑이지만 내 아저씨뻘이 되는 이가 있는데, 솔직히 말하면 나는 그가 무슨 시답잖은 일을 하는 놈팽이쯤(죄송하지만)으로 알았다. 그가 얼마 전에 뒤늦은 결혼을 했는데 그 결혼식 장면, 신혼여행, 신혼생활을 지역 TV에서 취재해서 방영해 주는 것을 보고 그가 지역 환경운동가라는 사실을 알게 되었다. 집안 식구들의 걱정을 짊어지고 다니던 이였다. 순간 참 우스워졌는데, 바로 내가 그런 존재가 아닐까 하는 생각을 했다. 20여 년 이상 대학이라는 공간을 어정쩡하게 돌아다니면서도 무언가 확실한 직업을 구하지는 못해서 언제나 위태로워 보이지만 보기에도 별다른 방책이 없어 보이는 삶을 사는 이 말이다.

필자가 정확히 무슨 일을 하는지 모르기로는 내가 집에 드나드는 시간을 유심히 관찰한 이웃에 사는 누군가의 경우에도 그러할 것이다. 인문대 비정규실에서 만나는 아줌마 강사들 중 이웃에서 정확히 자신이 무슨 일을 하는지 모르는 이가 대다수였다고 한다. 이웃의 아줌마들과 함께 이야기라도 나눌 시간이 매우 드물 뿐더러 이야기를 하더라도 웬

만하면 직업에 관해 언급을 회피하기 때문이다. 대학강사라는 말을 꺼내는 순간 무섭게 바로 교육과 관련된 질문들을 퍼부어대기 때문이다. 가령 필자가 영문과에서 강의한다고 하면 곧장 들어오는 질문은 십중팔구 "어떻게 하면 영어를 잘 할 수 있나요?", "어떤 학원에 보내야 할까요?"이다. 그러면 필자의 대답은 십중팔구 "그냥 집에서 책이나 읽히세요"이다. 묻는 이나 대답하는 이나 쑥스럽기만 할 게 뻔하기 때문에 웬만하면 직업에 관해서는 얼버무리기 일쑤이다.

몇몇 이야기를 나누어 본 아줌마 강사들 대다수는 이웃사람들이 아마도 자신들을 학습지 교사나 보험업자로 생각할 것이라는 말들이 오갔다. 복장만 보고서야 구별하기 어렵지만 손에 든 가방과 그 안에 든 책자 같은 것이 아마도 그렇게 추측하게 하는 것이 아닐까라고들 했다. 모임, 과외 등의 부업, 논문 마감일이 닥쳐올 때 가끔 아주 늦게 들어가는 경우가 있기 때문에 우리를 바라보는 시각은 더욱 헷갈릴 수 있다. 어쨌거나 아줌마가 대학에서 학생들을 가르친다는 일이 그리 흔한 것은 분명 아니기 때문에 아카데믹 아줌마는 보통 사람들의 시야와 사고를 벗어나 있는 꽤나 특별한 존재라고 말할 수 있다.

3. '특별한 존재'와 '일 없는 존재' 사이를 오가며

전경린의 최근작『언젠가 내가 돌아오면』에 나오는 화자 혜규의 언니는 흔하지 않은 존재로서의 아줌마 강사가 지닌 양면성에 대한 인식을 보여주는 한 예이다. 언니 혜진은 독일에서 십여 년의 공부를 마치고

2년 전에 돌아와 대학에서 강의를 하고 있다. 소설 속에 등장하는 주변의 인물들이 그녀를 바라보는 시선이 현실과 그다지 다를 것 같지 않다. 가령, 혜진의 여동생이자 화자의 여동생인 혜미는 그녀를 '공부는 잘 하지만 성격은 별로인 여자'로 규정하며, 그녀의 엄마는 자신의 딸인 혜진을 '차갑고 오만하며 욕심이 많았던 아이'로 기억한다. 그리고 혜규는 혜진에게서 언제나 학생을 대하고 있는 듯한 고압적이고 무례한 시선을 느낀다. 혜미가 보기에 혜진은 "머리 짧게 자르고 사시사철 남잔지 여잔지도 모를 칙칙한 정장만 입고 살아야 하는"(전경린 157) 답답한 존재이다. 게다가 그 강사라는 직업이 "중성화되어 살아가면서 여성적인 아름다움을 끔찍하게 희생하지만 요즘 와선 그런 교환을 할 만큼 존경받는 직업도 아니니"(전경린 152)다. "종이에 적힌 지식에 자기 시간을 다 바쳐서 그밖에는 보여줄 것도 없는"(전경린 155) 인간, "차가운 인간성을 커버하려는 지긋지긋한 매너와 예절, 품위를 유지하기 위해 지키는 사회규범과 관습과 제도에 대한 강박증"(전경린 156)으로 가득 차 있는 위선적이고 형식적이며 선생 기질로 가득 차 있는 여자 아닌 여자인 것이다.

그러한 오만함과 자신감에도 불구하고 혜진이 애인이 있는 남편의 이혼 요구를 묵살하면서 그 갈등을 히스테리하게 견디는 이유는 오로지 이혼녀에 대한 사회적 평판이 좋지 않기 때문이다. 이혼녀라는 사실은 가뜩이나 어려운 정규 교수 취업의 걸림돌이 되며, 눈에 띄게 화려하거나 여성성(?)을 드러내는 옷을 입지 않는 일도 강의생명을 안전하게 유지하는 방식 중의 하나이다. 이 특별한 여자 혜진은 다른 시각에서 보면 부족할 것이 없는 여자이다. 높은 학력을 가진 여성들의 배우자 대다수가 경제적 능력이 상당한 것도 무시할 수 없는 현실이기 때문이다. 강의소득과 가구 총소득에 관한 설문조사 결과를 보면 여성의 경우 강의소득 1,000만 원 이하가 절반 이상을 차지하는 반면, 가구 총소득은 4,000만 원 이상이 30% 가량을 차지하고 있다(집담회 88-89).

이 점에서는 남성의 경우도 비슷한 양상을 보이는데, 결론적으로 말하면 직업이 시간강사인 경우, 남녀를 불문하고 주된 생계원은 배우자로부터 나온다는 것이다. 하지만 남성 강사의 배우자와 여성 강사의 배우자 사이의 직업군을 들여다 보면—이에 관한 통계는 나오지 않았고, 꼭 필요한 통계인지는 모르겠으나 — 유의미한 차이가 있을 것이라고 추측해 볼 수 있다. 그러한 추측과 현실에서 접하는 많은 사례들을 관찰해 보면 물론 경미한 예외는 있겠으나 대체적으로 기혼 여성 강사는 자신의 소득에 비해 훨씬 풍요롭게 소비하는 경향이 있음을 부인할 수 없다. 강의 이외의 주소득원이 없는 여성 강사들이 전체 여성 강사의 60%를 차지하고 있다는 결과를 더한다면 그녀들의 경제적 상황은 소외된 계층이라고 보기에는 어려우며, 오히려 중상위 계층에 속한다고 보는 것이 더욱 맞는 이야기일 것이다. 따라서 아줌마 강사들 대다수는 자신이 하고 싶은 일을 별 고생 모르고 하는 복받은 존재로 여겨진다. 날마다 생계유지를 위해 도저히 계산이 나오지 않는 저임금으로 생활하는 노동자들에 비하면 그녀들의 삶은 분명 축복받은 삶이다. 하지만 그녀들 대부분이 이 땅의 많은 여성들이 안고 있는 가사와 양육의 부담을 고스란히 떠맡음으로써 자신이 '하고 싶은 일'과 가정에서 '해야 하는 일들' 사이에서 어쩔 줄 몰라 하고 있다.

여성의 고학력을 부담스러워 하는 배우자의 가족들에 관한 이야기는 어제 오늘의 일이 아니다. 대부분 소위 많이 배운 며느리가 집안운영(내지 노동봉사)에 실제적 도움이 되지 못한다는 선입견 때문인데, 이는 며느리를 중요한 노동력으로 생각하는 경향이 여전히 강한 데서 오는 편견이다. 가족 내의 누군가가 질병에 걸릴 경우, 며느리 중의 누군가가 일차적 간병인이 되어야 한다는 생각이 보편화되어 있는 상황에서 공부하는 며느리, 그것도 소위 전문직이나 정규직이 아닌 여성 시간강사는 언제든지 그 경우에 동원될 수 있는 예비군으로서 존재한다. 30–40대 시간강사가 전체 시간강사의 85%에 달하고, 기혼자와 미혼자의 비율이 74.8% : 25.2%를 차지한다는 통계(이주호 12–14)는 이와 관련해 매우 의미 있는 지표가 된다. 남성, 여성 각각의 기혼, 미혼 여부는 수치화되어 있지 않지만 앞서 언급한 강사의 남녀비율을 살펴볼 때 둘 사이에 큰 차이는 없을 것 같다. 이주호가 지적한 대로 이들 중 대다수가 자녀를 두고 있을 것이라는 결론에 도달하고 보면 기혼 여성 시간강사의 문제는 보기보다 심각하다.

여기서 문제가 되는 것은 '연구하는 일' 자체는 일로 간주되지 않는다는 점이고, 그것이 양육이나 기타 집안의 대소사에 대한 여성의 부담감을 더욱 크게 만든다는 점이다. 그럭저럭 학위를 따고 대학에서 강의를 하게 되면 직업을 가졌다는 생각은 하지만, 그 직업이 강의시간 이외의 많은 연구와 준비시간을 필요로 하며, 그 시간들이 대학강사라는 직업을 존속시켜 준다는 생각에는 미치지 못한다. 강의하는 시간은 일하는 시간이고 연구하는 시간은 일하지 않는 시간—아줌마의 경우 가사나 양육을 게을리하는 시간—이라는 괴상한 이분법이 팽배해 있기 때문이다. 가령 수업이 있는데 어린 아이를 맡길 데가 없어 그 누군가에게 아이를 맡긴다고 할 경우, 그녀가 아무런 거리낌 없이 사용할 수 있는 시간은 아마 강의하는 그 몇 시간에 불과할 것이다. 그녀의 연구시간은 아이가 잠든 후이거나—언제 잠들지 모르기 때문에 그것은 매우 위태로운 선택이다—틈틈이 주어지는 자투리 시간들이 될 것이다.

그래서 대부분의 아카데믹한 아줌마들은 자신의 노동을 과잉착취하는 나날들을 보내고 있으며, '시간'을 확보하기 위한 그녀들의 노력은 처절하기까지 할 지경이다. 19세기 중엽 "여자에게는 그녀만의 시간이 없다"고 플로렌스 나이팅게일이 개탄한 바 있지만, 21세기 초엽을 사는 대한민국의 그녀들에게도 자신들을 위해 사용할 시간은 여전히 부족하기 때문이다.

아이가 학교나 보육기관에 가 있는 동안 학교에 나와 있는 대부분의 여성 강사들 중 어떤 이는 집에 갈 때가 되면 자주 초조해 한다. 할 일이 잔뜩 있고 한창 가속도가 붙는데 '가야 하기' 때문이다. 아이의 나이가 어리거나 초등학교 저학년인 경우와 초등학교 고학년과 중등학교 이상의 교육기관에 다니는 여성 강사의 경우, 필자가 인문대 비정규실에서 관찰한 바에 따르면 점심식사를 하는 방식에도 다소간의 차이가 있다. 전자의 경우, 그녀들은 일단 집에 들어가면 직업과 관련된 일을 거의 내지는 전혀 할 수 없기 때문에 학교에 나와 있는 시간이 매우 소중하다. 그래서 가급적이면 식사시간마저도 줄이게 되어 도시락이나 김밥 등 출근할 때 식사거리를 미리 장만해 온다.

이처럼 자녀가 있을 경우 아줌마 시간강사가 처한 상황은 매우 열악하다. 하지만 물론 그 와중에도 가정과 일 모두를 깔끔하고도 우수하게 처리하는 '울트라 파워 우먼'이 있다. 그러한 여성들은 열외로 하고 이러한 상황에 대응하는 방식에는 철저한 얌체가 되어서 자기 일 외에는 '나 몰라라 우먼'이 되든가, 육아기간 동안 공부를 쉬고 적당한 재기를 노리는 '적당형 우먼'이 되든가, 아니면 아예 연구를 접고 강의로써 사회적 체면이나 지위를 유지하면서 실은 다른 아줌마들과 다름없는 가방끈 긴 '열렬 자녀교육 우먼'이 되든가 식의 여러 유형이 있을 수 있다.

그 어떤 경우라도 자기 갈등과 분열의 양상은 극심할 것이다. 더 나아가 배우자나 가족의 신상에 변동이 생기면 대개의 경우 자신이 현재 하고 있는 일을 포기할 각오를 하고 살아가는, '특별한 일 없는' 존재로 바뀔 가능성이 높다. 이처럼 불안정한 상황이 발생하게 되는 상당 요인이 대학강사라는 신분의 비정규성에 기인한다.

4. 정규성과 비정규성 사이에서

정규라는 말의 국어사전적 의미는 "일정한 규약이나 규칙", "규정에 맞는 정상적인 상태"이다. 정상적이라는 말이 정의에 들어가 있는 것이 참으로 이상하다. 여기에 해당하는 영어 단어의 형용사 "regular"의 정의에는 "often, usually, equal period (amount) of time"이라는 의미가 포함된다. 영어에서도 '정상 제품'이라고 할 때 'regular'라는 단어를 쓰기는 하지만 비정규 교수라는 말은 이런 점에서 위의 어느 정의에도 해당되지 않는 것 같다. 이때 정규직과 비정규직을 가르는 가장 커다란 기준은 일의 규칙성도, 정상성도, 빈도도 아닌 일정기간의 '지속성'과 일정 기간 동안 정해진 '소속성'인 듯하다. 아카데믹으로서 나는 수업과 연구를 규칙적으로 반복한다. 그런데 연구는 지속되겠지만 수업이 얼마나 지속될지에 대해서는 장담할 수 없다. 소속성의 측면에서 보면 소속지가 자주 변동되거나 동시다발적이라는 점이 특색이라면 특색이나 어디에 소속되어 있든지 간에 하는 일의 성격은 동일하며, 심지어 어딘가에 소속되어 있지 않을 때조차도 우리는 둘 중 한 가지 일을 하고 있다. 그런 점에서 상당히 규칙적이고 지속적이지만 그 일의 규칙성을 무시당하고 있는 비정규 교수[3]이다. 비정규 교수는 또한 두 가지 일을 한꺼번에 하고 있지만 '시간강사'로 불림으로써 수업이라는 한 가지 노동만 수행하고 있으며, 그래야 한다고 여겨진다. 물론 전임(full-time)강사도 있는 만큼[4] 그와 대비되는 개념으로 이해하려고 마음먹는다면 이해 못 할 일은 아니나, 정규 교수이든 비정규 교수이든 하는 일이 거의 동일한 우리의 실정에서는 매우 기이한 용어라 여겨진다. 가령 영국의 경우 'lecturer'는 'professor'와 달리 연구보다는 강의에 더 치중하며, 전통적으로 후자는 강의를 하지 않는 것— 하려면 할 수는 있었으나 —이 일반적이었다. 하지만 우리에게는 이런 식의 구분이 없는 데다 대부분의 경우 전임과 시간은 다만 시간상의 차이가 아니라 노동의 성격마저 다른 차별적 직업군으로 인식되고 있는 실정이다.

아줌마 강사일 경우 이러한 비정규성은 가족을 통해 더욱 강화된다. 앞서 언급한 양육의 부담은 가장 주요한 요인으로 작용한다. 필자의 경우만 보더라도 아이가 태어난 후부터 필자의 시간은 대부분 아이를 중심으로 계획되어 왔다. 일정하게 늘 정해진 할 일이 있다는 점에서는 규칙적이나 언제나 변수가 있다는 점에서는 불규칙적이다. 아이가 어릴 때 일상은 불규칙성의 극치에 이른다. 일어나는 시간과 잠자는 시간을

3) "어떤 사람이 중요한 직업에 종사하는 기간"이라는 의미를 지닌 "tenure"라는 단어가 역시 적절한 것 같다. 우리식으로 표현하자면 "몇 년제 계약교수" 내지 "정년 보장 교수"로 표현할 수 있을까. 비정년(non-tenure)라는 말은 너무나 모호하고, 시간강사라는 말은 아무래도 이 직업의 성격과는 맞지 않는 기이한 표현이다.

4) 실은 전임강사라는 말도 이상하다. 이들 또한 전적으로 강의만 담당하지 않을 뿐더러 시수로 따지자면 간혹 시간강사가 한 학기에 더 많은 강의를 할 때도 있기 때문이다. 물론 강의를 더 많이 한다고 해도 임금은 몇 배나 적다.

내 마음대로 결정할 수 없음을 물론이거니와 밥 먹는 시간, 공부하는 시간 … 이 모든 시간은 내 손과 머리를 떠난다. 나는 도저히 내게 주어진 시간을 통제하거나 지배할 수 없다. 그리고 언제나 발생할 수 있는 돌발사태, 가령 아이의 질병, 아이가 다니는 교육기관의 행사에도 만반의 준비를 갖추어야 한다. 아이가 조금 자라면 보다 규칙적으로 된다. 변수도 상당히 줄어든다. 일어나는 시간은 어쩔 수 없다 하더라도 잠드는 시간만큼은 나의 계획대로 조정할 수 있다. 어느 순간 집에서도 책을 들고 있을 수 있을 만큼 육아가 절대적인 시간을 필요로 하지 않는 때가 오기도 한다. 그러나 그런 때가 왔을 때는 이미 직업세계에게 다소간의 경쟁력을 상실해 버린 상황이 닥친다. 한정된 시간 속에서 절대적 시간을 필요로 하는 연구를 위해 자투리 시간과 노력을 기울일 수밖에 없었기 때문이다.

아줌마들만 모여 있는 곳, 주로는 가정에서 아카데믹한 아줌마는 아카데믹이고, 아카데믹한 아저씨가 모여 있는 곳에서 아카데믹한 아줌마는 아줌마이다. 이러저러한 회의나 모임의 뒷풀이에서 끝까지 남아 있는 아카데믹한 아줌마가 이상한 아줌마가 되는 때가 종종 있다. 이런 현상은 정규직 아카데믹 아줌마나 비정규직 아카데믹 아줌마나 동일하다. 어떤 세미나를 마치고 앞서 제시한 인문대의 남녀 평균비율 정도의 사람들이 회식을 갔는데 어느 순간 돌아보니 여성이라고는 달랑 나 혼자였다. 한 여성 교수(강사와 구별하기 위해 편의상 이렇게 표현했다)는 뒤늦게 아이 저녁을 챙겨주러 갔고, 다른 여성 교수도 이유는 모르나 그 자리에 없었다. 물론 그런 자리를 좋아하지 않을 수도 있으나, 다만 이상한 점은 아카데믹한 아저씨들 중에 아이 저녁 챙겨줄 걱정을 하는 이는 보이지 않았다는 것이다. 내가 아는 아저씨들 중 그런 이들이 극소수 있기는 하지만 결코 보편적 현상이 아니다. 동일한 직업을 가진 경우조차 그 점에는 별 차이가 없어 보인다.

"아이가 어릴 때는 솔직히 집에 들어가기 무서울 때가 한두 번이 아니었다"는 어느 인문대 모 아줌마 강사의 말대로 집과 학교는 서로를 방해하는 전혀 다른 공간이다. 집은 내 일을 방해하고 내 일은 거꾸로 집을 방해한다. 집에 가면 내가 하는 일을 못 하고, 내가 하는 일은 육아와 가사를 불안정하게 영위하게 한다. 집과 학교라는 두 공간은 언제나 비정규성과 정규성 사이에서 흔들리고, 아카데믹한 아줌마 또한 양쪽 다에 다리를 한 발씩 걸쳐놓고 여기와 저기를 불안하게 넘나들고 있다.

아카데미아의 세계를 벗어나는 순간, 아주 가끔씩은 그 세계 속에서조차 나는 아줌마가 되어 오늘 일용할 양식의 메뉴와 재료를 생각하고, 아이의 스쿨 뱅킹 입금일을 기억해야 하고, 학회나 세미나에 참석하는 시간에 아이를 맡아줄 그 누군가에게 연락해야 한다. 집에 들어와서 도저히 당장 하지 않을 수 없는 종류의 집안일을 대강 마치고 나면 나는 때로 TV 뉴스 한번 마음 놓고 볼 틈도 없이 직업과 관련된 일을 한다. 오늘처럼 시답잖은 글이라도 한 편 보내야 하거나 일이 밀려 있는 날이면 아이의 밥을 챙겨주면서도, 식사 중 대화를 하면서도 머리 속으로는 일 생각을 한다. 이렇게 아카데믹한 아줌마는 오늘도 아줌마와 아카데믹 사이를 바삐 오간다.

참 | 고 | 문 | 헌

이유진. 2006. "여성 일자리 60만개 만든다." 《한겨레》(7월 4일).

이주호. 2006. "전국 시간강사 실태 분석." 『2006년도 국정감사 정책 자료집-3』(10월).

이창곤. 2001. "여자박사, 그 처절한 수난." 『한겨레 21』(3월 13일).

이호을. 2005. "지자체 공무원 25% 서울대 교수 10% 여성." 《한겨레》(8월 24일).

전경린. 2006. 『언젠가 내가 돌아오면』. 서울 : 이룸.

진미석. 2007. "신규박사 10명 중 4명 비정규직 강사." 《교수신문》(4월 16일).

한국비정규 교수노조 경북대분회. 2006. 『제4회 워크숍 집담회 자료집』(11월).

Wise, Sue. 1997. "What are Feminist Academics for?." *Knowing Feminisms : On Academic Borders, Territories and Tribes*. Edited by Liz Stanley. London : Sage Publications.

4_

공공성과 비정규 교수의 현재

채장수

1. 서론

사회운동을 포함한 '사회적 대화(social conversation)'는 특정한 집단의 견해를 사회적으로 확산시키는 행위이며, 따라서 이것은 필연적으로 상대 집단을 설득하는 과정을 포함한다. 한편 이러한 설득과정은 이것이 담론 중심이든 물질 중심이든 필연적으로 공공성에 대한 고려를 필요로 한다. 공공성에는, 루소(Jean-Jacques Rousseau)의 표현을 빌리자면, 일종의 '일반 의지(general will)'가 내재되어 있다는 다소 모호하기는 하지만 현실적인 효과만큼은 확실한 사회적 인식이 존재하기 때문에, 자신의 견해를 공공성의 이미지에 효과적으로 투영시키고 있는가의 여부는 사회운동의 성패를 결정지우는 핵심적인 요인으로 작용한다.

이러한 경향은 '사적인 것(the private)'의 팽창으로 인하여 '공적인 것(the public)'[1]의 외연이 점차 줄어드는 상황에서도 예외 없이 관철된다. 오히려 이러한 상황에서는 더욱 협소해진 '공공의 영토'를 선점하여 보다 유리한 위치를 차지하려는 이해와 이해 사이, 집단과 집단 사이의 갈등이 보다 노골적으로 전개될 수도 있다.[2]

한국 사회도 예외는 아니다. 특히 'FTA'로 상징되는 신자유주의적 세계화의 확대와 이에 따른 공적인 것의 '사사화(私事化, privatization)'[3]가 심화되고 있는 상황에서 공공성 담론은 시민사회 분야의 핵심적인 화두로 등장하고 있다. 이 중에서도 특히 사회운동 분야에서 공공성은 핵심적인 의제의 위치를 차지하고 있다.

시민운동은 구조적으로 사회적 공공성과의 연관 속에서 발생한 사회운동이기에 공공성 의제가 운동의 핵심이 되는 것이 자연스러운 귀결이지만, 집단의 이익을 중심으로 결속되는 본질적으로 조합주의 운동인 노동운동이 사회 공공성이라는 의제를 전면에 부각시키고 있다는 사실

1) '공적인 것'은 '공공성(publicness)'의 '필요조건'이지만 '충분조건'은 아니라는 점에서, 즉 공적 관계 그 자체가 공공성을 의미하는 것은 아니라는 점에서 양자는 구별되는 개념이다.

2) 2000년 '의약분업사태'는 이에 대한 사례가 될 수 있다. 명백한 '밥그릇 싸움'임에도 불구하고 당시 의사들은 '국민의 건강'이라는 공공성을 위해서 의약분업을 반대하였고, 약사들 역시 '국민의 건강'이라는 동일한 공공성을 위해서 이것에 찬성하였다.

3) '사사화'라는 개념은 토크빌(Tocqueville 1969)이 정치체제의 "민주적 전제(democratic tyranny)화" 경향의 원인을 "자유와 평등의 갈등", "자유와 질서의 갈등", "개인주의와 다수의 횡포", "정치의 사사화"로 정리하면서 제시되었다. 아렌트(Hannah Arendt)는 이것을 "사적인 경제영역이 공적 영역을 지배하고 시민들이 탈정치화된 근대 민주주의 하에서 소극적 자유를 찾아 친밀성(intimacy)의 내면적 영역으로 도피하는 경향"이라고 정의하였다(정윤석 200, 230). 한편 '사사화'는 '사익 지향의 도구적 정치관'을 의미하는 '정치의 사사화' 개념과 연관하여서 이해(강정인 1998, 203-204)할 수도 있다.

은 주목할 만하다. 사실 1987년 '7 · 8 · 9월 대투쟁' 을 통해서 유력한 사회운동 세력으로 등장한 노동운동은 민주화의 주역이었다기보다는 그 '수혜자' 에 가까웠다. 대기업 거대노조의 이해관계에 의해서 좌지우지되는 기업별 노조의 환경[4] 속에서 현재의 노동운동은 노동자들의 공익적 의식에 기초하는 공공적 활동으로 발전하지 못한 채로 시민사회와 심각하게 괴리되고 있다. "박정희 모델의 사후 복수"(신정완 2006, 63)라고 표현할 수 있는 한국 노동운동의 이러한 '지리멸렬' 은 개별 기업 수준을 넘어서는 보다 발전된 노동조직과 사회적 의제를 만들려는 노동운동의 시도에 대한 국가와 자본의 '봉쇄전략' 이 성공적으로 진행된 결과이기도 하다.

이처럼 그동안 공공성과는 일정하게 멀어져 있던, 혹은 멀어져 있다고 여겨졌던 노동운동 진영이 현재 공식적으로 제시하고 있는 주장에 따르면, 적어도 형식적으로는 '공공성을 위한 투쟁' 이 노동운동의 일차적인 수행과제가 되어가고 있다. 실제로 2003년 민주노총은 '사회 공공성' 의제를 조직의 활동목표로 채택하면서 '사회 공공성 강화 · 빈부격차 해소' 를 향후 5년 동안 지속적으로 추진할 3대 사회적 과제 중의 하나로 설정하였다. 더 나아가 2004년에는 '세상을 바꾸는 투쟁' 을 선언하면서 노동운동의 사회적 역할을 더욱 강조하였다. 또한 공공연맹, 공무원노조, 전교조, 보건의료노조 등 공공 서비스 부문 산별노조들도 '공공부문노조연대회의' 를 구성하여 '이윤보다 생명을', '돈보다 안전을' 등

4) 기업별 노조체제의 원인은 노동자들의 조직적 결집력을 약화시키고 개별화를 촉진함으로써 궁극적으로는 체제에 대한 도전을 차단하려는 목적에서 국가가 위로부터 강제적으로 구축한 제도이라고 볼 수 있다. 그러나 이것은 동시에 아래로부터 일반노동자들이 선택한 결과물이기도 하다(박동 2001, 212).

의 전략적 슬로건을 중심으로 사회 공공성의 강화를 조직의 목표로서 부각시켰다.[5]

오랜 동안의 침체를 거듭하면서 "또 하나의 이익집단"(최현 2006. 17-18)으로 전락[6]하고 있는 노동운동의 새로운 모색은 주목할 만한 충분한 가치가 있다. 한편으로는 신자유주의적 세계화와 '사적인 것'의 확대로 인하여 "공공부문의 민영화[7] 혹은 탈공공화"(이병천 2006)를 중심으로 공공성의 위기가 현실화되고 있으며, 다른 한편으로는 이에 대한 적극적인 대응으로서 시민운동을 비롯한 대부분의 사회운동에서 공공성의 가치가 주요한 의제로 부상하고 있는 현실에서, 현재까지는 결코 무시할 수 없는 사회적 영향력을 보유하고 있는 노동운동의 새로운 행보는 사회 전반의 변화에 큰 영향을 미치는 변수임에 틀림이 없다.

이 글은 시민운동과 노동운동 등 사회운동을 비롯한 시민사회의 모든 분야에서 점차 부각되고 있는 공공성의 의미에 대해서 주목하겠다. 그리고 공공성의 개념에 대한 다각적인 접근과 현실적 의미화를 통하여 공공성의 현재성 문제를 살펴보겠다.

---

5) 민주노총을 중심으로 노동운동의 사회 공공성 투쟁에 대한 구체적인 사례에 대해서는 오건호(2004, 96-98)를 참고. 한편 주로 공공부문 노동운동에서 나타나고 있는 이러한 경향에 대하여, 이것은 공공기관과 공공재화의 자본축적을 촉진하는 계급적 기능을 간과하고 있다는 '좌파적 비판(그러나 다소 추상적이다)'은 김영수(2005)를 참고.

6) 1997년 이후 한국 사회가 '기업사회'로 급속하게 변화하고 있다고 주장하는 김동춘(2006a)은 노동조합이 '기업사회'를 막을 대안이 되지 못함을 분명히 하였다. 한편 그(2006b)는 (대기업) 노동조합이 조합원의 이해관계에 좌우되고 있는 현실을 그 이유 중 하나로 지적하였다.

7) 이해영 · 황기돈(1998, 43)은 공공부문 구조조정을 통한 공공소유에서 사적 소유로의 소유형태변경을 '민영화'로 번역하는 것은 부당하다고 주장하면서 이를 '사유화(privatization)'라는 개념으로 규정하였다.

더불어 이 글은 공공성의 관점에서 '비정규 교수'의 문제를 논의하겠다. 비정규 교수는 현재 한국 사회의 가장 주요한 '공적 이슈' 중 하나인 '비정규직'과 관련된 문제이다. 그리고 이것은 사회적으로 가장 '공적 활동' 중 하나에 속하는 '교육노동'과 관련된 문제이다. 이러한 비정규 교수의 현실적인 속성, 즉 내재적으로 '공적인 것'이 중첩되어 있는 비정규 교수의 객관적인 조건으로 인하여 비정규 교수 문제는 사회적 공공성 담론의 현재성과 보다 직접적인 관련을 가지는 주제가 될 수 있을 것이다.

2. 공공성 개념의 일반론

일상적으로 널리 사용되는 단어일수록 그 개념이 명징하게 정리되는 경우는 사실상 드물다. '사랑'이 그러하고, '민주주의'가 그러하며, '진보'와 '좌파'가 그러하다.[8] '공공성(publicness)'이라는 개념의 경우도 마찬가지이다. 공동체의 핵심적인 요소임에도 불구하고 이것은 그 의미가 불명확한 채로 일상적으로 널리 통용되고 있다. 메튜(David Mathew)의 지적처럼 이러한 현상이 발생하는 가장 핵심적인 이유는 이 개념 자체가 상당히 추상적이고 모호한 의미를 내포하고 있기 때문일 것이다. 이

8) 이 중에서도 '진보(the progressive)'와 '좌파(the left)'는 현실적으로나 이론적으로나 반드시 구분이 필요한 개념(채장수 2003)임에도 불구하고 한국 사회에서는 소위 '색깔론'에 편승하여 '파당적 이익'을 추구하기 위한 목적으로 자의적으로 사용되는 경우가 허다하게 발생하고 있다.

로 인하여 공공성은 정치적 · 행정적인 수사(rhetoric)로는 일상적으로 활용되고 있으면서도 정작 이것의 정확한 의미가 무엇인가라는 질문은 그렇게 진지하게 제기되지 못하고 있는 실정이다. 이러한 상황에서 이 글은 먼저 공공성의 의미를 다양한 측면에서 고찰하여 공공성이라는 개념이 가지는 '일반적 의미'를 정리하고, 공공성의 '현실적 의미'에 대하여 접근하겠다.

여기에서는 먼저 공공성의 일반적인 의미에 대해서 살펴보겠다. '공적(public)'은 이것의 반대어인 '사적(private)'이라는 단어와 함께 '개념쌍'을 구성한다. 언어학의 구조주의적 접근법을 고려하지 않더라도 각각의 의미는 상호 차이를 전제할 때 가장 분명하게 나타난다. 또한 역사적으로 보더라도 이것들은 상호 대립적인 관계의 틀 거리에서 상당한 내용적인 변화를 경험하면서 현재적인 의미에 이르고 있다(임의영 2003, 25-26). 이 글에서는 이러한 공공성의 일반적인 의미를 정리하기 위하여 어원에 기초한 '종적인 접근'과 함께 사전적 정의에 기초한 '횡적인 접근'을 병행하겠다.

1) 종적 접근 : 어원적 의미

먼저 종적인 방식으로 '어원적인 의미'에 접근하면 '공적'을 나타내는 영어 단어 'public'은 라틴어 'pubes'에서 기원하였다. 'pubes'는 '개인의 행동이 타인에게 미치는 영향을 이해하고 전체의 입장에서 이를 평가하고 판단할 수 있는 능력'인 '성숙성(maturity)'을 의미하는 개념이다. 한편 'private'는 '박탈(to deprive)'을 의미하는 라틴어 'privatus'에서 기원하였다. 그런데 이 단어는 전자와는 내용적으로 대립되는 의미인 '결핍, 인간으로서의 자격이 없는 상태', '사회인의 자격이 없음' 을 의미한다. 이는 고대 도시에서 공공영역[9]의 주체인 시민은 '인간' 으로서 성숙된 능력을 가진 계층(남성 가부장)으로 한정되며, '인간' 으로서의 능력이 결핍된 계층(여성,[10] 어린이, 외국인, 노예 등)은 사적 영역에 귀속되어 공공영역에 접근할 수 없었던 당시의 상황을 반영하고 있다.

여기서 'public' 은 저차원적인 'privatus' 를 배제하면서 공동체 또는 공동체의 삶을 영위할 수 있는 인간적인 능력을 내포한다. 그리고 이것은 아리스토텔레스(Aristoteles)의 "인간은 본성적으로 정치적 동물"이라는 문장 속의 그 '인간' 의 의미와 연결된다. '정치적 동물' 로서 '성숙(pubes)한 인간' 은 '정치' 라는 공동체 안에서 공공선(common good)을 추구하는 삶을 영위하는 가운데 가장 인간다운 삶을 영위[11]할 수 있기 때문이다(백승현 2002, 223).

한편 'public' 이라는 영어 단어가 처음 사용된 1470년 무렵에 이것은 주로 '사회의 공공선' 을 의미하였다. 이로부터 약 70년 이후에는 '누구나 볼 수 있도록 명백하게 나타난 상태' 라는 의미가 첨가되었다. 이후

9) '공공성' 으로 논의의 집중을 위하여 이 글에서는 특별한 언급이 없는 한 '공공영역' 의 의미를 '공공성이 발생하고 소통되는 사회적 공간' 으로 한정하여 사용하겠다.

10) 현재까지도 이러한 성차별적 '공–사' 의 분리와 이에 기초한 시민권에 대한 비판은 민주주의에 대한 여성주의적 비판의 핵심적인 내용을 구성하고 있다. 즉 공공영역에서 '자유로운 개인' 이라는 것은 사적 영역에 포획된 아내, 어머니, '돌보는 자' 로서의 여성에 의존하고 있으며, 이러한 상황에서 여성은 공공영역으로부터 구조적으로 배제될 수밖에 없다는 것이다(이선미 2006).

11) 이러한 정치와 공공성의 관계성에 관한 인식은 "정치란 그 자체로 자율적인 영역으로 인간을 가장 인간답게 하고 각자의 자유로운 개성과 영혼을 표현하는 최고의 행위(action)" (안병진 2006, 83)이라는 '공화주의적 주장' 과 상통한다.

17세기를 지나면서 'public'과 'private' 개념은 현재의 의미와 유사하게 그 내용이 변화하였다. 즉 'private'는 '타인으로부터 보호된 개인적 생활영역'을, 'public'은 '모두에게 공개된 상태'를 의미하게 되었다. 이처럼 'public'은 다양한 변화를 경험하면서 '공동선', '공개성', '사생활 바깥에서 이루어지는 것', '많은 사람들과 관련된 것' 등의 의미를 가지게 되었다.

근대 서구사회의 산업혁명과 시민혁명은 이러한 '공공성의 현재화' 과정에서 중요한 역할을 하였다. 즉 양대 혁명에 의한 경제적 · 정치적 변화로 인하여 공공성 담론을 주도할 '소통의 주체'인 시민계급의 탄생과 함께 이들이 공동의 문제를 공개적으로 논의할 수 있는 '소통의 공간'인 공공영역과 같은 사회적인 환경이 형성되었다. 또한 이러한 시민들의 소통과정을 통하여 형성된 일종의 약속들이 '합리적인 의사소통'[12] 과정을 거쳐 공공성을 형성하였으며, 이를 중심으로 시민계급 사이에 일정한 관계와 규범이 발생하였다. 이렇게 볼 때 공공성은 시민계급에 의해서 형성되어서 이들에 의해서 근대사회의 중심 개념으로 설정되었으며, 또한 근대성의 핵심적인 내용으로 정착되었다(이선향 2005, 112).

물론 이러한 과정은 시민계급의 헤게모니 전략과 분리시켜서 평가할 수는 없다. 공공성을 매개로 하여 근대 시민계급은 '봉건주의와 절대주의적 왕권의 보편성'에 대항하여 '이성주의적 보편성'이라는 동원전

[12] '합리적인 의사소통'의 기반은 '상호주관성(inter-subjectivity)'이며, 공공성은 이러한 '상호주관성'을 내적 속성으로 내포하고 있는 개념이다. 이러한 '상호주관성'의 이념은 자율적인 개인의 형성, 해방으로서의 계몽, 지배로부터의 자유로운 의사소통 등 "근대성의 보편적 원리가 성립하기 위해서는 복수주체들 간의 자유로운 소통과 연대가 필요하다는 것"을 의미한다(이상훈 2006, 148).

략을 도출하였기 때문이다. '보편계급'으로 등장한 시민에게 있어서 공공영역이라는 사회적 공간은 공공성이라는 '보편적 이성'이 생산-유통-소비되는 공간이었고, 이러한 '보편적 이성'이 '세속의 언어'로 코드화된 것이 바로 근대적 의미의 '법'[13]이었다(이해영 · 황기돈 1998, 34). 이처럼 시민계급에게 있어서 공공성은 '공(公, public)'과 '공(共, common)'의 결합체였다(백승현 2002, 223).

2) 횡적 접근 : 사전적 의미

이제 공공성에 대한 횡적인 접근으로서 이것의 '사전적 의미'에 대하여 살펴보겠다. *Webser's New Collegiate Dictionary*(1981)의 정의에 의거하면 'public'의 의미는 다음과 같다. ① 법적 · 제도적 규정으로서 국가 혹은 정부 및 공공기관에 의해서 이루어지는 행위 일체, ② 다수의 낯선 사람, 즉 '공중'이 동일한 상황에 동시에 관계하는 경우, ③ 정부와 국가만을 전제하는 것이 아닌 '사회활동' 전반에 적용하는 것으로서, 사람들이 사적 혹은 감정적으로 상호작용하는 것과 대비되는 것으로서의 '공식성(officiality)'을 의미, ④ 행위의 목적과 관련된 것으로서 '공익(public interest)'을 추구하는 행위, ⑤ '공공재(public goods)'와 밀접한 관련이 있는

13) 이와 비슷한 맥락에서 '법'의 위상에 대한 평가는 '후기 하버마스'에서 나타난다. 그는 철학적 · 인식론적 지평에서 정립한 소통행위 이론을 정치이론적 차원의 민주주의론으로 정립하는 과정에서 법은 그 핵심 매개의 역할자로서 설정된다. 즉 그의 '민주법치국가' 기획에서 법이라는 매개는 '사실성(실정법)'과 '타당성(사회적 정당성)'의 긴장관계를 내재하면서 소통적 권력을 행정권력으로 전환시키는 역할을 담당한다(Habermas 1993).

것으로서 '접근 가능성(accessibility)과 공유성', ⑥ 사람들에게 알려진 것으로서의 '개방성'과 '공지성(publicity)', 그리고 '정보에 대한 접근 가능성'(임의영 2003, 27-29).

공공성의 사전적 의미를 '사회구성원이나 사회에게 공동으로 속하거나 관계되는 것 또는 성질'로 정의하는 이선향(2005)은 공공성이라는 말이 일상용어에서는 자주 사용되고 있지만 실상 국어사전에서는 개념 자체로 규정되어 있지 않다는 사실을 지적하였다. 그리고 이 개념의 일상적이고 일반적인 용례는 공공성의 내용을 내포하는 것이라고 정의하면서 현재 우리 사회에서 상용되는 공공성의 영어식 표기를 'public-minded principle'로 제안하였다.

한편 공공성의 문자적인 의미는 '공공적인 속성'으로 정의하는 신광영(2000, 78-79)은 공공성의 현실적인 의미를 다음의 세 가지로 정리하였다. ① 사적 영역과 대비되는 초개인적 · 초집단적 영역인 공공영역의 속성으로서 단순하게 '공적인 것'을 의미한다는 점에서 중립적인 성격, ② 특정한 집단이 아닌 불특정 다수의 이익을 의미하는 것으로서 '공익'의 의미와 일치, ③ 주로 국가의 역할과 관련하여 공정성(fairness)과 형평성을 의미.

특정 단어가 어떤 의미로 사용되어 왔는가라는 '화용론(話用論)'적 맥락에서 볼 때 공공성의 의미는 다음과 같이 정리할 수도 있을 것이다. ① 공중의 시선에 대한 개방성, ② 의사결정 과정의 민주성, ③ 기본적인 재화와 서비스에 대한 모든 사회구성원의 평등한 접근성, ④ '사회적 시민권'에 기초하여 '비시장적 원리'에 의해서 운영되는 사회적 영역을 보다 확장하는 것이 바람직하다는 인식, ⑤ 국민적 자산과 사회경제적 의제들에 대한 국민적 통제(신정완 2006, 61-62).

한편 이처럼 일반적인 수준에서 공공성의 개념에 접근하면서 공공성이라는 개념의 성립 자체를 회의하는 입장을 지적할 필요가 있을 것이다. 맑스주의적 전통에 입각하면, 부르주아지가 지배하는 자본주의 사회에서 '공공성'은 '계급성'을 은폐하는 허위에 불과한 것이다. 즉 "지금까지의 모든 사회의 역사는 계급투쟁의 역사"(Marx · Engels 1988, 48)'라는 '영합(zero-sum)'의 상황 속에서 불평등한 적대적 계급들 간의 '보편적 이익의 구조'가 상시적으로 존재할 가능성은 희박하다는 것이다.[14] 이러한 관점에 따르면, 사적 자본의 이해관계에 귀속되는 공공성은 주로 국가라는 '공공기관'의 '공공정책'에 의해서 부르주아지의 계급적 이해를 '보편성'이라는 명목으로 보증하는 것에 다름이 아니다. 맑스주의적 시각에서 보자면, 모든 사적 영역은 정치적 성격을 가지거나 아니면 이미 하나의 정치적 영역이며, 또는 마찬가지로 정치는 사적 영역의 성격을 가지기 때문이다.

이상에서 공공성의 의미를 둘러싼 다양한 논의를 정리하였다. 이처럼 공공성은 종적 · 역사적으로 상당한 의미의 변화를 경험하였고, 횡적 · 사전적으로도 다양하게 해석이 가능한 의미들을 동시에 내포하고 있는 개념이다. 따라서 공공성의 의미를 고정시키는 것은 거의 불가능한 작업일 수도 있다.

그러나 공공성의 의미와 관련하여 적어도 다음과 같은 '보편성'은 확인할 수 있을 것이다. 즉 역사적으로 볼 때 '공(公)'은 '사(私)'와의 위계적이며 배타적인 관계 속에서 그 의미가 형성되어 왔으며, 이후 공공

14) 맑스주의적인 인식과는 전혀 무관하지만, 권위주의적 정치권력의 억압적 지배와 '압축성장(condensed growth)'의 과정에서 극단적인 계층적 · 지역적 균열을 경험한 한국사회에서도 공공성은 여전히 정치인의 '말잔치'로 취급당하고 있다.

성은 산업혁명과 시민혁명을 거치면서 공공성의 주체와 공간인 시민계급과 공공영역이 형성되는 근대에 이르러 현재적인 의미를 획득하였다. 이 과정에서 부르주아 시민계급은 봉건주의와 절대주의에 대항하는 '시대정신' 으로서 공공성의 의미를 확립하였다.

한편 공공성의 화용적인 의미는 이러한 부르주아 시민사회의 형성 과정에서 성립된 공공성의 의미와 기본적으로 일치한다고 볼 수 있다. 예를 들면 이것은 '공공선', '공익', '공적 제도의 행위', '개방성', '민주성', 혹은 'public-minded principle' 등의 의미로 통용되고 있다. 하지만 이러한 의미가 가지는 다의성 혹은 모호성 때문에 주로 '공적 제도로서 국가, 언론, 시민사회 등은 보편적인가?', '공익 혹은 공공선이라는 것은 누구(어떤 세력)에 의해서, 그리고 어떠한 방법(어떤 법과 정책)을 통해서 결정되는가?' 와 같은 문제를 둘러싸고 공공성의 의미는 다양한 해석의 여지가 발생한다.

3. 공공성의 현재성

1) 구성적 접근

이상에서 살펴본 바와 같이 공공성 개념은 현실적으로 그렇게 명징하지 못하다. 이러한 사태의 일차적인 이유는 공공성 개념의 다의성과 모호성에서 찾을 수 있다. 이러한 상황에서 이 글은 공공성은 기본적으로 고정되는 성질의 개념이 아니기 때문에 공공성이라는 개념을 둘러싼

'의미의 지형도'는 공공성을 둘러싼 여러 가지 상황과 권력관계에 의해서 결정된다는 사실에 주목하겠다. 즉 '공공성 담론의 현재성'과 관련하여 확인해야 할 보다 중요한 사실은 공공성의 현실적인 의미는 특정한 이해와 의도를 가지고 공공성에 의미를 부여하려는 주체들 사이에서 발생하는 담론투쟁의 과정과 그 결과에 따라서 '상황적으로 혹은 사회적으로 결정'된다는 점이다(신광영 2000, 78). 따라서 공공성 개념의 현재적 의미에 대한 체계적인 접근을 위해서는 보다 '구성적(constitutive) 관점'에서의 접근이 필요하다.

이러한 관점에서 보면 공공성의 현재적인 의미를 분석하기 위한 보다 중요한 작업은 공공성이라는 것에 '이미 주어진 내용을 발굴'하는 방식은 아닐 것이다. 그것은 '공공성은 주어진 것이 아니라 구성되는 것'이라는 관점, 즉 공공성의 현재적 의미를 형성하고 있는 특정한 사회적 관계와 상황, 그리고 이를 주도하는 세력과 그 세력의 의도를 종합적으로 구성하는 방식이기 때문이다.

메랭(Merrien 2000, 108)의 지적처럼, 모든 나라에서 주체들은 상황을 분석하고 이에 적용이 가능한 해결책을 선택하는 이데올로기적·문화적 토대에 근거를 두면서 사회적 조치를 결정하기 때문에, 특정 시기의 공공성 혹은 공적 관심사는 특정한 사회적 패러다임 안에서 그 의미와 범위가 설정된다. 예를 들면 '자유주의적 공공성' 개념이 그러하다.

'보이지 않는 손(invisible hand)'의 논리에 따라서 사적 이익의 극대화가 결과적으로는 공적 이익도 극대화시킨다는 관점의 자유주의적 입장에서 보면, '사익의 총합' 이외에 또 다른 고차원적인 사회적·공공적 이익을 설정할 필요성은 존재하지 않는다. 즉 공공성에 대한 자유주의적 입장은 기본적으로 공공성의 존재가치를 인정하지만 이것을 '사적 이익의 총합' 이라는 관점에서 이해하는 경향을 가지고 있다(조원희 2006a).

이와 관련하여 '공유지의 비극(tragedy of commons)' 은 자유주의적 입장에서 공공성을 어떻게 이해하고 있는지를 단적으로 나타낸다. 하딘(Hardin 1968)은 '한계비용=한계수익' 의 원칙에 따라서 자원이 최적으로 이용되는 사유지와는 달리, 주인이 없거나 접근이 자유로운 공유지는 이러한 법칙이 작용하지 않아서 반드시 과다하게 이용되는 폐단이 있다고 지적하였다. 이처럼 '공유지의 비극' 은 사익을 벗어난 공익의 존재에 대해서 회의하는 자유주의적 입장을 대변하고 있다.

한편 보다 극단적인 자유주의자들은 이런 식의 사고를 더욱 확장하여 화폐를 주고 거래되는 자원 이외에 다른 아무런 다른 자원도 없는 세계, 즉 오직 사유재산과 이것의 거래시장만이 존재하는 세계를 '유토피아' 로 설명하기도 한다. 이러한 '소유적 개인주의(possesive individualism)의 유토피아' 에서 '사적 영역의 사회화' 는 합리적인 개인의 이익추구 과정에서 발생하는 자연스러운 결과이며, 반면 국가와 같은 공적 영역은 사적 영역의 자유를 보호하기 위한 최소한의 도구로 설정된다.

이러한 관점에서 보면, 공공성의 영역은 자본주의 시장경제를 통해 개인들이 사익을 추구하는 데 있어 필수적인 기본적 공공 서비스(치안, 국방, 사유재산권 등)로 제한된다. 이러한 상황에서만 공공성은 사익과 조화되며, 따라서 국가행정이 추구하는 공익성과 사적 이익은 충돌하지 않게 된다. 물론 공적 영역이 그 이상의 공공성을 추구하게 되면 공공성이 개인의 사익 추구와 모순되는 '바람직하지 못한 사태' 가 발생하게 된다.

이처럼 '자생적 질서(spontaneous order)'[15]의 가치를 추구하는 유형의

---

15) 하이에크(Friedrich A. Hayke)는 사회질서를 개인들 사이의 행위가 조화롭게 조정

사회에서는 결과적으로 사적 이익의 극대화를 위한 공적 영역의 축소와 이에 따른 사회적 공공성의 약화가 정당화되는 경향이 나타난다. 따라서 이러한 사회에서 '공적인 국가'의 개입은 가능한 한 최소화되어야 하며,[16] 단지 사적 이익의 극대화를 추구하는 과정에서 발생하는 불가피한

된 상태로 정의하면서, 이를 인간이 의식적으로 만든 '위계적 질서'와 스스로 기획한 것은 아니지만 인간행위의 자연스러운 산물로서 나타나는 '자생적 질서'로 구분하였다. 그에 따르면 '위계적 질서'는 특정한 논리나 개인에 의해서 창출되었다는 점에서 위계적이다. 그러나 이러한 '위계적 질서'는 소규모 집단이나 원시 씨족사회와 같이 규모가 작아서 그 집단의 전모를 파악하는 데 전혀 어려움이 없는 작은 사회에서나 가능하다. 이러한 관점에서 하이에크는 원시사회에서나 가능했던 '위계적 질서'를 복잡성의 근대사회에 적용시키려 한 사회주의를 원시사회의 잔재 또는 미신에 불과하다고 비판하였다. 한편 '자생적 질서'는 개인들 행위의 결과이기는 하지만 개인차원의 행위로 환원되지 않는 '저절로 생겨난 질서'이다. 그에 따르면 복잡성의 사회에서 형성되는 질서인 '자생적 질서'의 대표적 사례는 '도덕률', '언어', '화폐', '시장' 등이다(김균 1996, 28-29).

16) 엄밀하게 말하면 국가개입에 대한 (신)자유주의의 비판점은 국가개입 일반에 대한 것이 아니라 경제적 자유주의를 위축시키는 개입, 즉 시장의 자율성에 대한 국가의 '과도한' 개입에 국한된다. 현실적으로 사회가 다원화되고 이에 따라 구성원들이 추구하는 가치가 세분화될수록, 따라서 가치의 획득을 둘러싼 사회적인 갈등의 영역이 다각화될수록 사회적 가치를 권위적으로 배분하여 질서를 유지하려는 국가의 개입은 시장의 보호를 위해서도 더욱 요구되고 있다. 이와 관련하여 윌슨은 20세기 후반 정부의 활동범위는 실질적으로 국민들의 모든 생활영역으로 확장되었다는 점을 강조하였다. 그러면서 그는 이러한 정부의 확장은 '권력에 굶주린' 공직자들이 사회에 대한 통제를 확대하려는 시도의 결과가 아니라, 오히려 시민들의 요청에 의한 것이라는 사실을 함께 지적하였다. 즉 정부의 성장에 대한 명백한 반대자를 포함한 모든 구성원들은 실질적으로는 특정한 선호영역에 있어서 국가의 개입을 더 많이 원한다는 것이다(Wilson 1995, 28-29). 국가개입에 대하여 노골적인 반감을 나타내는 신자유주의 역시 특정한 선호영역에 있어서는 국가의 개입을 더 많이 원한다. 신자유주의는 자본과 시장에 대한 정부의 '과도한 개입'에 기초하는 '복지국가'로부터 명백한 퇴행인 동시에, 통합된 세계시장에서 자본의 이윤율을 유지하고 상승시키기 위한 '새로운 형태의 국가개입(최갑수 2001)'이기 때문이다. 실제로도 신자유주의 지향의 정부는 더욱 선택적이고 직접적인 개입정책을 유지하고 있으며, 그 개입은 주로 첨단 과학기술에 대한 투자, 노

사회적 비용은 사회적 · 정치적 안정을 유지하는 선에서 최소한으로 제한될 것을 주장한다(조원희 2006b, 67-68).

한편 공공성이 '구성된다는 것'은 공공성의 '복수성'을 의미하며, 동시에 사회구성원 모두에게 획일적으로 적용될 수 있는 보편타당한 공공성의 존재에 대한 회의를 나타낸다. 또한 이것은 상황의 전개와 여기에 개입하는 주체의 전략에 의해서 언제나 '재구성'될 수 있다는 것을 의미한다.

이러한 논리는 '공화주의적 입장'에서 보다 분명하게 제시되고 있다. 이에 따르면, 공동체주의와는 달리 현대 공화주의의 공공성'들'은 사전에 설정된 것이 아니라 다양한 가치와 시각을 가지는 자율적 시민들의 상호 소통 속에서 '정치적으로 구성'된다(안병진 2006, 94). 이와 관련하여 비롤리(Viroli 2006, 120-122)는 "자유와 관련된 문제들이 언제나 한쪽에서는 환영하고 다른 한쪽에서는 비난하는 방식으로밖에 대답될 수 없는 문제"임을 지적하면서, 공공성은 "모든 이들에게 좋은 것(또는 이익이 되는 것)이 될 수 없으며, 또한 사적 이익을 초월하면서 좋은 것(또는 이익이 되는 것)이 아니라"는 점을 강조하였다. 즉 공공선이라는 것이 모든 사람들에게 환영받을 수 있는 것이 아니라는 점을 분명히 하면서 사회적 · 정치적 갈등이 시민적 삶의 제한범위 안에서만 이루어진다면 그것은 충분히 가능한 것이라고 주장하였다. 또한 그는 개인들 모두가 하나의 공공성을 위하여 봉사하는 '유기적 공동체'의 관념은 오히려 긍정적이지 않으며, 공공성을 추구하는 법률들이 시민들에 의하여 만장일치로

조활동억압, 자치제도 폐지 등 자본의 운동을 더욱 원활하게 하는 데 초점을 맞추고 있다(이나미 2001, 25). 따라서 현대 사회에서 국가 개입과 관련된 문제의 핵심은 '범위의 문제'가 아니라 '대상의 문제'라고 평가할 수 있다.

동의되는 그런 공화국은 결코 바람직하지 않은 환상임을 강조하였다.[17]

'구성되는 것으로서의 공공성'에 대한 보다 '발본적(radical)인 접근'은 '공적인 것과 사적인 것의 전통적 이분법의 해체와 재구성'이라는 주장이라고 볼 수 있다. 이러한 관점은 '근대적 공공성'을 이해하는 상식과 개념에 대한 '인식론적 단절(epistemological break)'을 통한 발본적인 비판이라는 문제의식과 맥락이 닿아 있다.

이것은 공공성이 생성되고 소통되는 사회적 공간인 공공영역에 대한 '단순화된 이해'에 대해서 강하게 비판하고 있다. 즉 공공영역은 처음부터 사회적 구성에 따르는 투쟁의 장소이자 헤게모니의 장소로서, 사적 영역과 이분법적으로 구별되거나 국가와 시민사회 사이에 존재하는 그 무엇이 아니며, 무엇보다도 공공영역은 "중성적인 사회적 공간"으로 이데올로기화되면서 다수성의 논리(공공성)에 따라 지배되는 곳이 아니라는 것이다(고길섶 2000, 34-35).

공적인 것과 사적인 것의 전통적인 이분법에 대한 비판적인 견해는 『성의 역사』(foucault 2004)와 같은 푸코(Michel Foucault)의 '계보학적 연구'에서 발견할 수 있다. 이를 통해서 푸코는 공적인 것과 사적인 것을 분류하는 것은 '권력의 효과'이며, 이러한 분류의 경계는 역사적으로 변해왔다는 점을 분명히 하였다. 그러나 이러한 논리는 사회구조에 대한 직접적인 분석이라는 의미에서 알튀세르(Louis Althusser)의 '이데올로기적 국가장치(ideological state appratuses)론'에 의해서 보다 구체적으로 뒷받침되

17) 공공성을 바라보는 관점은 상이하지만 슘페터(Schumpeter 1950, 251)의 다음과 같은 견해도 형식적으로는 이와 일치하고 있다. "무엇보다 모든 이들이 합의할 수 있거나 합리적인 설득을 통해서 합의할 수 있도록 하는 유일하게 정해진 공공선이라는 것은 없다."

고 있다. 알튀세르(Althusser 1991, 51)는 공적인 것과 사적인 것의 구별은 부르주아의 법률에 따른 내재적인 구별이며, 따라서 이것은 부르주아의 권력을 행사하는 영역에서만 유효하다고 주장하였다. 그러면서 그는 "지배계급의 국가는 공적인 것도 사적인 것도 아니다. 반대로 국가란 공적인 것과 사적인 것 사이의 구별을 위한 선결조건이다. 우리의 이데올로기 장치의 출발점에서도 똑같이 말할 수 있겠다. 국가 이데올로기 장치가 실현되는 기관이 '공적인 것' 이든 '사적인 것' 이든 그건 중요하지 않다. 문제는 그것이 어떻게 기능하는가"라고 강조하였다. 이러한 관점에 따르면 결국 '공/사' 의 구별은 무의미하며, 양자는 '국가 이데올로기 장치' 속에서 기능적으로 통합된다고 볼 수 있다.

전적으로 공적이거나 전적으로 사적인 것은 존재하지 않으며, 따라서 공공영역과 사적 영역의 고정된 영역/경계선은 존재하지 않는다는 '공/사 이분법의 해체' 의 입장은 '재구성' 의 전략이라는 논리적 귀결로 이어진다. 즉 양자 사이의 경계선과 관계망을 새롭게 획정하고 구축하고, 한편으로는 확정적이고 영토적이면서 다른 한편으로는 가변적이고 조합적인 구성에 따라 이것들의 내재적 분절성이 규정된다는 사실을 인지하고, 또한 그것들의 기능과 의미, 사회구성과 주체형성의 맥락을 역동화한다(고길섶 2000, 36-37).

2) 공공성과 시민사회

공공성의 현재적 의미를 검토하기 위해서는 시민사회에 대한 고찰이 필수적이다. 현재 시민사회는 '독재적 국가/민주적 시민사회' 라는 설정 하에서 '공공성의 저수지'로 인식되고 있기 때문이다. 말하자면 '선험적으로 공공적인 시민사회'가 우리 시대의 '상식'으로 받아들여지고 있다. 따라서 공공성의 현재성과 관련하여 시민사회의 위상과 기능에 대해서 보다 엄밀한 검토가 필요하며, 그 핵심은 '시민사회는 선험적으로 공공적인가?'라는 문제로 모아질 것이다.

20세기 후반 이후 시민사회라는 문제의식이 부각되고 있는 것은 고전적인 '토대-상부구조론', '국가-계급론'이 주목하지 못했던 비계급적 · 탈계급적인 사회관계, 그리고 생산관계 내지 토대로 환원될 수 없는 사적 그물망과 결사체의 활동영역이 사회변화의 과정에서 차지하는 중요성을 인식한 결과라고 할 수 있다. 그러나 시민사회를 선험적으로 '공공성의 화신'으로 전제하는 것은 문제의 소지가 있다. 왜냐하면 시민사회는 어떤 단일한 행위주체가 아니라 문자 그대로 계급문제와 비계급적 · 탈계급적 문제를 포함한 다양한 문제영역을 둘러싸고 여러 계급과 계층들이 적대적 또는 비적대적으로 상호 갈등하거나 협력하거나 배제하고 투쟁하는 물리적 · 담론적 공간이자 문제 제기의 영역이기 때문이다.

따라서 시민사회가 성장한다는 것은 그 자체가 공공성의 공고화를 의미하는 것이 아니다. 오히려 시민사회라는 확대된 공간에서 어떤 힘과 세력의 역학이 보다 주도적으로 작용하고 있는가가 문제의 핵심이며, 힘의 역학이 어느 방향으로 치우치는가에 따라서는 시민사회의 양적 팽창이 오히려 공공성의 침해를 가져올 수도 있다. 이러한 이유로 인하여 시민사회는 선험적으로 공공적이거나 민주적이라기보다는 그 자체로 열려진 공간이자 모호한 공간(심광현 1998, 75-76)이라고 볼 수 있다.

이처럼 시민사회는 그 자체로 공공성이 보장되는 영역이 아니며,

따라서 '시민사회는 선험적으로 공공적'이라는 주장에 대해서는 일단 의심해 볼 필요가 있다. 이러한 관점에서 보면 '국가가 해야 할 일을 수행하게 하고 하지 말아야 할 일은 하지 못하게 하는 것'(Christenson 1997, 724)이야말로 시민사회의 '자동적 역할'이라는 인식은 문제의 소지가 있다. 왜냐하면 '침투의 양식(mode of interruption)'[18]이 제도적으로 보장받고 일상에서 실천되는 시민사회만이 '민주적 공공성'을 담보할 수 있기 때문이다.

시민사회가 그 자체로 공공적이라는 가설은 정당하지 않으며, 실제로도 민주적 공공성에 반하는 시민사회의 역사적 사례는 얼마든지 있다. 특히 지역주의와 반공주의, 혈연주의와 같은 비민주적 담론이 시민사회를 지배해 온 한국의 근현대사를 고려하면 '시민사회=민주적 공공성'이라는 논리에는 근본적인 회의가 발생하기도 한다(손호철 1995). 국가가 위기에 처했을 때 시민사회라는 강력한 지원군이 국가를 구출하기 위해서 즉시 출병할 것이라는 그람시(Antonio Gramsci)의 지적처럼, 한국의 근현대사에서 시민사회가 독재국가의 지원군으로 '출병'한 사례를 찾는 것은 그렇게 어려운 일이 아니기 때문이다. 그 단적인 사례는 1987년 6월과 그 이후의 상황에서도 발견된다.

18》 '침투의 양식'은 '해석의 양식(mode of interpretation)'과 대비되는 개념이다. '해석의 양식'은 하나의 폐쇄적인 이데올로기의 총체적 계층구조 속에 이와 상이한 이데올로기적 요소들의 귀속적인 지위를 강제적으로 부과함으로써 상호 대립적이고 적대적인 담론들 사이의 의미 있는 논쟁의 가능성을 배제시키는 방식을 의미한다. 이에 반해 '침투의 양식'은 '상호 담론적(inter-discursive)'으로 구성되는 이데올로기의 영역을 적극적으로 개방하고 이 영역에 개입하여 상대적인 담론의 제 요소를 흡수하고 전유함을 통하여 서로의 차이를 중화시키는 방식을 의미한다(Jessop 1982, 254-279).

즉 1987년 6월 당시, 권위주의 국가라는 상부 구조적 외피가 붕괴의 위기에 직면했을 때, 기존의 지배체제를 보호하는 참호체계로서 '경제발전주의', '지역주의' 그리고 '안보주의'의 형태로 시민사회가 현실화되었다. 각각은 대중들의 내면에서부터 경제적 생활수준의 저하에 대한 불안과 반공주의적 두려움을 조직화하면서 기존의 지배체제와 국가가 동요하는 것에 대한 저항의식을 주조하였다. 그 결과 '상대적으로 급진적인 이슈와 의제(agenda)들은 배제되었고, 계급적 정체성을 조직화하려는 시도는 방해받았으며, 정권과 지배체제에 대한 대중적인 도전은 해체'되었다. 즉 권위주의 국가라는 겉껍질 속에는 양파 속처럼 겹겹이 둘러싸인 완강한 중층적 지배구조가 숨겨져 있었다(박상훈 1996, 187-188).

한편 현대사회의 공공영역은 '공공성의 모태'로서 하버마스가 주목하였던 소유와 교양에 기초하는 '비판적 공중'의 소통망, 즉 '부르주아적 공공영역'과는 구조와 성격에서 상당한 거리가 있는 것이 사실이다. 이를 살펴보면 첫째, 언론매체의 높은 제도화로 인하여 언제든지 '힘있는 세력'에 의한 공공영역의 조작적 개입과 이를 통한 여론조작의 가능성이 존재한다. 이러한 점에서 현대사회의 공공영역과 공공성은 지배적인 세력에 의해서 '관리'되고 있다는 평가도 가능하겠다. 둘째, 부르주아적 공공영역의 발생기에서 '비판적 공중'의 정치적 집결점이자 절대주의 국가에 대항하는 '국가 속의 국가'로 기능하였던 정당은 이제 여론형성과 집결이라는 공공적 기능보다는 제도정치의 핵심적 장치로 체재로 수렴되었다. 셋째, '신자유주의적 세계화'로 상징되는 것처럼 사회 전체가 자유시장과 자본의 논리에 포섭 · 동화되면서 '공적인 것' 역시 이것의 구심력에서 자유로울 수 없게 되었다. 즉 전통적인 생산영역에서뿐만 아니라 시민사회의 공적인 영역에서도, 공적인 것에 특화된 자본

(언론재벌, 문화재벌 등)은 더욱 정교하고 체계적으로 자신들의 특정한 이해와 더 나아가 자본일반의 이해를 '정신적으로' 대변하는 구조를 형성하고 있다(이해영 · 황기돈 1998, 38–39).

이러한 사실을 통하여 우리는 이제 '자본의 놀이터'가 '공장'에서 '일상'으로 확장되고 있음을 인식하는 동시에, "지배이념은 곧 지배계급의 이념이며 사회의 물질적 힘을 지배하는 계급은 동시에 정신적 힘도 지배"(Marx & Engels 1970, 64)한다는 '오래된 교훈'을 보다 현실적으로 확인할 수 있을 것이다. 또한 이러한 가운데 공공성과 시민사회의 관계와 관련하여 '선험적으로 공공적인 시민사회'라는 인식에 대하여 보다 근본적인 성찰의 기회를 얻을 수 있을 것이다.

3) 노동운동에서의 공공성

앞서 지적한 것처럼 현실적으로 공공성은 공공성'들'로 존재한다. 즉 공공성은 복수형으로 존재하고 있다는 것이다. 그 이유는 공공성은 구성되기 때문이며, 또한 공공성을 구성하는 환경과 주체, 패러다임이 다양하기 때문이다. 이러한 상황은 공공성들에 대한 효과적인 분류의 필요성을 제기하고 있는데, 실제로 특정한 관점과 기준을 통해서 복수형으로 존재하는 공공성을 유형적으로 분류하려는 시도는 다양하게 전개되고 있다.

이와 관련하여 김상준(2003, 17–20)은 '직능적(vocational) 공공성/사회적(social) 공공성'이라는 축과 '국가적(national)/초국가적(transnational) 공공성'이라는 축을 상호 교차하여 각각 네 가지 공공성을 유형적으로 분류하였다. 또한 정태석(2001)은 공공선을 '보다 평등하고 정의로운 사회상태'를 의미하는 '적극적 공공선'과 '상대적으로 다수에게 이익이 되는 상태나 목표를 추구'하는 '소극적 공공선'으로 구분하였다. 한편 고길섶(2000, 40-42)은 공공영역의 층위에 따라서 공공성을 '장소-공공성', '제도-공공성', '집단-공공성', '담론-공공성', '표현-공공성', '시장-공공성', '생활-공공성', '생태-공공성'으로 분류하였다. 또한 오건호(2006, 7)는 보다 기능적인 기준을 중심으로 공공성의 영역을 '사회보험', '비사회보험', '사회 서비스', '기간산업', '자연', '기타'로 구분하였다.

한편 이처럼 다양한 유형의 공공성을 관통하는 주요한 사실로서, 이념적으로 볼 때 공공성은 상대적으로 '진보 친화적 개념'이라는 점을 지적할 필요가 있다. 앞서 지적한 것처럼 '자유주의 패러다임'에서 공공성은 사적 이익의 총합으로 이해되거나 혹은 공공성에 대한 최소주의적 주장이 정당화된다. 이것은 소유와 자유경쟁과 같은 사적인 것의 가치를 보다 중요시하는 자유주의와 같은 보수적 이념의 당연한 논리적 귀결이라고 볼 수 있다.

그러나 이와는 대조적으로 사적인 것보다는 공적인 것, 개인적 자유보다는 사회적 평등의 가치에 보다 천착하는 대부분의 진보적 이념의 지향은 공공성의 추구에 관심을 기울이는 경향이 있다. 진보의 의미가 '현존 질서에 대한 변화의 추구'라고 한다면, '신자유주의적 시장사회'로 정리할 수 있는 현존 질서에 대한 다양한 진보적 대안은, 비록 각기 정도의 차이는 있을지라도 궁극적으로는 '공적인 것의 가치'라는 의제를 적극적으로 포함하고 있을 가능성이 높다. 이러한 관점에서 여기에서는 진보적 공공성 담론의 주요한 핵심인 노동운동 진영에서 최근 제기되고 있는 '공공성 강화'에 대한 논의를 살펴보겠다.

현재 '공공성'은 '보다 진보적인 노동운동'[19]을 포함한 진보적 사회운동의 핵심적 의제로 자리를 잡고 있다. 2003년 민주노총은 향후 5년간 추진해야 할 사회적 과제로 '사회 공공성 강화'를 채택하였으며, 이후 공공성은 노동운동의 새로운 전략적 좌표로 설정해야 한다는 주장이 꾸준하게 제기되고 있다. 이처럼 공공성 논의가 본격화된 것은 지난 IMF 경제위기 이후 공공부문에 대한 구조조정이 가속된 이후부터이다. 신자유주의적 세계화라는 새로운 지배질서 구축 차원에서 진행된 구조조정에 맞서서 저항의 담론이자 현장에서 치열한 대중투쟁의 도구로서 '공공성'의 문제가 본격적으로 제기되었던 것이다(박용석 2004, 55).

실제로 자본은 지금까지는 자유롭게 진출할 수 없었던 사회영역인 공공부문을 이윤대상으로 삼고 있으며, 사회복지와 기간산업은 이러한 신자유주의적 자본의 우선 공격대상이 되었다. 이제 '보편적 사회 서비스'[20]들은 일반 시장상품처럼 시장이 요구하는 생산가격을 지불해야만 구입이 가능해지고 있으며, 그 결과로 저소득층의 공공 서비스 이용권은 침해되고 삶의 질은 계급을 축으로 점차 양극화되고 있다(오건호 2004, 104).

이처럼 신자유주의적 세계화가 지배하고 있는 가운데 공공성의 현

[19] '보다 진보적인 노동운동'은 현재 '비정규직 문제'나 '외국인 노동자 문제' 등 공공적인 의제보다는 '정규직 노동자'의 배타적인 개별 근로환경 개선에만 집중하면서, 이를 위하여 오히려 비정규직 노동자나 외국인 노동자의 '탄압'에 동조하는 상당수의 '보수적 노동운동'과 대비하기 위해서 사용한 표현이다.

[20] 보편적 서비스는 누구에게나 무료 혹은 싼 가격으로 경제적 · 정치적 · 사회적 활동에 참여할 수 있는 최소한의 기회를 보장하는 정책적 선택을 의미한다(강명구 1995, 202).

실적인 의미는 주로 '반신자유주의' 혹은 '시장만능주의에 대한 반대'의 맥락에서 제기되고 있는데, 이것의 보다 구체적인 의미는 '탈시장성'과 '탈이윤성'으로 나타나고 있다.

신자유주의는 국가영역에 제도화되어 있던 다양한 갈등을 시장과 사회로 되돌려 보내면서 신자유주의에 의해서 발생하는 사회적 배제를 정치적으로 유지할 만큼 강력하고, 동시에 공공성을 포기할 만큼 작은 국가를 구성하고자 한다. '급진적 시장주의'에 수반되는 '급진적 국가주의'가 기존에는 국가부문에 포함되었던 공공부문과 사회복지의 영역을 시장의 영역에 강제적으로 반환시킴으로써 공공성의 핵심적인 물적 기반을 허물고 있는 것이다.

이처럼 신자유주의는 국가주의 혹은 국가정치 자체를 거부한다기보다는 공공성 혹은 공공성과 국가정치의 결합관계를 재구성하고자 공격하고 있다고 볼 수 있다. 이에 따라 운동의 측면에서 공공성을 정립하고자 하는 진보진영의 노력은 '신자유주의와의 헤게모니 투쟁'이라는 외양을 가질 수밖에 없으며, 따라서 공공성은 그 현대적인 속성으로서 일차적으로 '탈시장성'이라는 성격을 부여받게 된다(이상훈 2006, 150-151).

한편 '탈시장성'의 또 다른 이름인 '탈이윤성'과 관련하여 현재 사회 공공성은 심화되는 빈부격차를 해소하고 사회구성원에게 필요한 기본생활을 사회적으로 보장하는 평등과 연대의 가치를 담고 있음을 지적할 필요가 있다. 모든 사회구성원은 자신의 경제적 능력과 무관하게 사회공공적 서비스를 누려야 할 사회적 기본권을 보유하고 있으며, 따라서 사회공공적 서비스는 개인의 '구입능력'이 아니라 '생활필요'에 맞추어 제공되어야 한다. 이를 위하여 사회공공적 서비스는 비록 자본주의 체제일지라도 시장과 이윤의 논리를 벗어나 생산 · 공급되어야 한다.

이처럼 사회 공공성 활동은 사회복지, 기간산업, 자연과 문화 등 사회구성원들의 필수적 생활 서비스를 시장과 이윤의 대상으로 삼은 신자유주의에 대항하는 속성을 기본으로 하는 운동이다. 따라서 사회 공공성 활동의 기본적인 성격은 '탈시장화 · 탈이윤화' 로 정의할 수 있다(오건호 2006, 5-9).

[표 4-1] 사회 공공성 활동의 특징

기본성격	탈시장화 · 탈이윤화
영역	사회적 필수 서비스
정치경제학적 원리	부등가교환(사회연대교환)
핵심적 요구	사회적 소유, 공공적 재정, 민주적 운영체계

* 출처 : 오건호(2006, 9)에서 인용.

4. 비정규 교수의 공공성

앞서 지적한 것처럼, 비정규 교수는 가장 핵심적인 공적 이슈인 '비정규직 노동' 당사자로서, 또한 가장 중요한 공적 활동인 '교육노동'의 주체로서 공적인 문제가 중첩되어 있는 존재이다. 따라서 공공성 문제와 관련한 비정규 교수의 성격은 '비정규직 노동자' 라는 기준과 '교육노동의 주체' 라는 기준을 통하여 보다 구체적으로 접근할 수 있을 것이다.

1) 비정규직 노동자

비정규 교수는 문자 그대로 '비정규직' 교수이며, 현재 '비정규직' 문제는 다름 아닌 공공성과 관련된 핵심적인 이슈이다. 최근의 연구(김유선 2006)에 따르면 비정규직은 2003년 784만 명, 2004년 816만 명, 2005년 840만 명, 2006년 845만 명으로 꾸준히 증가하고 있으며, 그 비율은 각각 55.4%, 55.9%, 56.1%, 55.0%로, 55-56% 안팎에서 고착화되고 있다. 한편 정규직과 비교했을 때 비정규직의 월 평균임금은 2003년 51.0%, 2006년 51.3%, 시간당 임금은 각각 53.1%와 52.4%로서 양자 사이의 임금격차가 구조화되고 있다.

이러한 상황에서 두 집단 사이의 임금 불평등은 2001년 4.8배에서 2005년 5.4배로 증가한 뒤 2006년에도 동일 수준을 유지하고 있는데, 이는 OECD 국가 중 임금 불평등이 가장 심한 것으로 알려진 미국(2005년 4.5배)보다 더욱 심각한 수치이다. 한편 2006년의 저임금계층은 397만 명(25.8%)으로 나타났는데, 저임금계층을 구성하는 비정규직(352만)과 정규직(45만)의 비율은 '9 : 1' 정도로 나타났다. 이처럼 전체 노동자의 과반수를 차지하고 있는 비정규직 노동자에 관한 문제는 양극화와 같은 공공적인 과제를 야기하는 문제이자 공공적인 수준에서 해결되어야 할 문제, 즉 공공성과 직결된 문제이다.

물론 비정규 교수는 '비정규직' 교수로서 임금을 비롯한 노동환경에서 비정규직의 이러한 일반적인 규정이 관철되고 있다. 그러나 비정규 교수의 주변에는 이러한 일반성을 상쇄하는 작용을 하는 외부적 환경이 존재하면서 비정규직으로서 비정규 교수의 특수성을 구성하고 있다.

이러한 특수성은 '비정규'라는 규정보다는 '교수'라는 규정에서 기인하는 것으로서, 물질적이기보다는 관념적인 성격이 강한 특성이 있다. 즉 비정규 교수는 비정규직으로 인하여 사회적으로 상당한 곤란을 경험하면서도, 동시에 교수라는 지위에서 발생하는 '관념적 자존심'이 비정규직으로서의 현실을 상쇄하는 작용을 하고 있다는 것이다.

비정규 교수의 특수성은 이들이 행하는 노동이 고급노동의 성격을 가지는 '교육', 그것도 최상급 교육기관인 '대학에서의 교육'을 수행한다는 점에서 기인한다. 즉 비정규 교수들은 다른 비정규직에 비해 노동과정이 상대적으로 자율적이며 자기 만족적인 성격이 강한 노동을 수행하는 동시에, 현실적인 상태보다는 상대적으로 월등한 사회적인 시선을 받고 있음으로 인하여 이들의 의식은 비정규직의 일반성과 교수의 특수성이라는 모순적인 규정을 동시에 반영하고 있다.

한편 비정규 교수의 사업장이 동일하지 않고 전공별로 노동조건과 노동시장의 상황이 상이하며, 노동과정이 지극히 개인적이어서 비정규 교수 사이 의식의 공유가 어렵다는 특수성 역시 특히 비정규 교수 노동운동과 관련하여 보다 적극적으로 고려되어야 할 문제이다.

2) 교육노동의 주체

비정규 교수는 비정규직 노동의 당사자인 동시에 교육노동의 주체이다. 비정규 교수가 교육노동의 주체라는 사실은 비정규 교수 문제의 공공성을 강화하는 역할을 한다. 이는 비정규 교수가 행하는 특수한 노동인 '교육'의 공공성에서 기인하고 있다.

교육은 '사회화'의 핵심적인 수단으로서 본질적으로 공공적인 성격이 매우 강한 영역이다. 또한 교육의 장인 학교는 교사와 학생, 그리고 학생 간의 비이기적인 교류를 통하여 소통과 대화의 소양을 연마하고, 궁극적으로는 '공인(public personality)'를 양성하는 곳이다(조원희 2006a).

물론 소비에서의 '비경합성(non-rivalry)'과 '배제 불가능성(non-excludability)'이라는 기준의 엄격한 적용을 통하여 '공공재(public goods)'로서 교육의 의미가 부정(이준구 2004, 76)될 수도 있겠지만 교육의 공공성이 부정될 수는 없다. 교육은 국방이나 전기처럼 '비시장적 기준'에 의해서 생산되는 보편적인 공공 서비스로서 사회적 공공성의 중요한 물질적 기초를 이루고 있기 때문이다(이해영 · 황기돈 1998, 41-42).

이러한 교육의 공공적 속성으로 인하여 비정규 교수에 의해서 수행되는 교육노동은 근본적으로 공공적인 성격을 강하게 내포하고 있다. 형식적인 측면에서는 비정규 교수의 노동과정 그 자체는 앞서 지적한 것처럼 상대적으로 사적인 성격이 강하지만, 내용적인 측면에서는 사회화의 수단으로서 교육노동은 본질적으로 매우 사회적인 성격을 가지고 있다. 따라서 이러한 '공적 노동'을 수행하는 주체인 비정규 교수의 노동운동은 최근 노동운동 진영이 강조하는 공공성투쟁의 성격과 방향, 내용 등을 현실적으로 보다 선명하게 체현하고 있을 가능성이 높다.

그러나 정규직 교수와 비교할 때 비정규 교수의 교육노동은 상대적으로 덜 공공적일 가능성도 존재한다. 비정규 교수는 기본적으로 해당 교과목에 대한 단절적 책임만 가지고 있으며, 학생에 대한 지도의 범위 역시 해당 과목과 관련된 사항으로 한정되는 경향이 있다. 따라서 비정규 교수의 노동은 교육과 관리, 행정의 책임을 겸임하는 정규직 교수의 노동보다는 상대적으로 사적인 성격이 나타나고 있으며, 또한 대외적으로도 그렇게 인식되고 있고 비정규 교수 역시 이에 따라 자신의 교육노동의 범위를 제한하려는 경향이 강하게 존재하고 있다.

5. 정리하며

지금까지 공공성 개념의 다양한 측면과 함께 비정규 교수와 공공성의 문제에 대해서 살펴보았다. 이상을 간략하게 정리하면 다음과 같다. 기본적으로 공공성은 현실적으로 매우 다양하게 개념화되고 있는데, 먼저 '어원적 의미'로서 공공성은 '성숙성'과 공동체의 삶을 영위할 수 있는 인간적인 능력을 내포하였다. 이후 산업혁명과 시민혁명을 통하여 '소통의 공간'인 공공영역과 '소통의 주체'인 시민계급을 확보한 후 공공성은 근대사회의 중심 개념으로 설정되었으며, 또한 근대성의 핵심적인 내용으로 정착되어 '공(公)'과 '공(共)'의 결합체로 나타났다.

'사전적 의미'로서 공공성은 '공공선', '공익', '공적 제도의 행위', '개방성', '민주성', 혹은 'public-minded principle' 등으로 다양하게 해석되고 있다. 한편 사적 자본의 이해관계에 귀속되는 공공성은 주로 국가라는 '공공기관'의 '공공정책'에 의해서 부르주아지의 계급적 이해를 '보편성'이라는 명목으로 보증하는 것에 다름 아니므로, '영합'의 상황 속에서 불평등한 적대적 계급들 간의 '보편적 이익의 구조'가 상시적으로 존재할 가능성은 희박하다는 주장도 존재한다.

'공공성의 현재성'에 대해서는 공공성의 현실적인 의미는 특정한 이해와 의도를 가지고 공공성에 의미를 부여하려는 주체들 사이에서 발생하는 담론투쟁의 경과와 그 결과에 따라서 '상황적으로 혹은 사회적으로 결정' 된다는 점을 주목하면서 공공성 개념에 대한 '구성적 접근'에 강조하였다. 그리고 현재 시민사회가 '공공성의 저수지' 로 인식되고 있는 상황에서 '시민사회는 공공적인가?' 라는 문제를 중심으로 시민사회의 위상과 기능에 대하여 살펴보았다. 또한 이념적으로 볼 때 공공성은 상대적으로 '진보 친화적 개념' 이라는 점을 지적하면서, 진보적 공공성 담론의 주요한 핵심인 노동운동 진영에서 최근 제기되고 있는 '공공성 강화론' 의 '탈시장화' 와 '탈이윤화' 의 내용을 살펴보았다.

한편 공공성 문제와 관련한 비정규 교수의 성격에 대해서 '비정규직 노동자' 라는 기준과 '교육노동 주체' 라는 기준을 통하여 접근하였다. 여기에서 비정규 교수는 '비정규' 라는 일반성과 '교수' 라는 특수성이라는 모순적인 규정을 동시에 반영하고 있음을 확인하였다. 또한 비정규 교수의 교육노동은 교육의 공공적 속성으로 인하여 근본적으로 공공적인 성격을 강하게 내포하고 있다지만 정규직 교수의 노동보다는 상대적으로 사적인 성격이 강하다는 점을 지적하였다.

이제 이상의 논의에 기초하여 비정규 교수의 노동운동과 관련한 몇 가지 첨언을 끝으로 이 글을 정리하겠다. '구조적 측면' 에서 볼 때, 비정규 교수 노동운동은 본질적으로 강한 공공성을 내포하고 있는 교육노동의 주체에 의해서 이루어지는 노동운동이며, 현 시기 가장 공적인 이슈 중 하나인 '비정규직' 이라는 영역에 걸쳐 있는 노동운동이다. 또한 '주체적 측면' 에서 볼 때, 비정규 교수 노동운동은 '공공성에 대한 기여' 라는 인식에서 비롯되는 사회적 지위와 자기 만족을 공유하는 특수한 노동자 집단의 노동운동이다.

이처럼 비정규 교수 노동운동은 다양한 방향에서 공공성의 문제와 접속이 되어 있을 정도로 양자는 매우 내밀화된 관계를 구성하고 있으며, 이것과 공공성 담론의 효과적인 결합은 기대 이상의 시너지 효과를 산출할 수도 있을 것이다. 따라서 비정규 교수 노동운동은 '노동조합'이라는 조합주의적 이해관계를 넘어서 '비정규직'과 '교육'이라는 두 가지 차원의 공공성을 유기적으로 결합시키는 전략의 개발과 실천을 보다 적극적으로 지향해야 할 것이다.

참|고|문|헌

강명구. 2005. "정보통신혁명과 정보 민주주의." 『사상』 제26호.

강정인. 1998. "정보사회의 정치적 함의." 『세계화, 정보화 그리고 민주주의』. 문학과 지성사.

고길섶. "사회운동의 새로운 가로지르기 : 공공영역과 공공성의 정치." 『문화과학』 제23호.

김 균. 1996. "하이에크 자유주의론 재검토 : 자생적 질서론을 중심으로." 『자유주의 비판』. 풀빛.

김동춘. 2006a. "'민주화 이후' 한국사회-'기업사회'로의 변화를 중심으로." 『1997년 이후 한국사회의 성찰』. 길.

______. 2006b. "CEO, 대통령 되려는 건 특이한 현상." http://www.ohmynews.com/articleview/article_view.asp?at_code=392894 (검색일 : 07/02/16).

김상준. 2003. "시민사회 그리고 NGO · NPO의 개념-공공성을 중심으로." 〈한국비영리학회〉 2003년도 춘계 학술대회.

김영수. 2005. "한국 공공부문 노동운동의 투쟁노선에 대한 비판적 고찰 : '민주적 구조조정론'과 '사회 공공성론'을 중심으로." 『한국정치학회보』 제39집 3호.

김유선. 2006. "비정규직 규모와 실태." 『노동사회』 제116호.

박 동. 2001. "한국 노동조합의 '중앙집권 문제'에 관한 연구." 『한국정치학회보』 제35집 3호.

박상훈. 1996. "'문민' 정치, 그 지배의 정치경제학." 『정치비평』 제1호.

박용석. 2004. "시장에 맞선 사회 공공성 투쟁." 『노동사회』 7월호.

백승현. 2002. "한국의 시민단체(NGO)와 공공성 형성." 『시민정치학회보』 제5권.

손호철. 1995. "국가-시민사회론 : 한국정치의 새 대안인가?" 『해방 50년의 한국정치』. 새길.

신광영. 2000. "노동운동과 공공성." 『문화과학』 제23호.

신정완. 2006. "종합토론문 2." 참여사회연구소 창립 10주년 기념 심포지움 자료집. 『공공성과 한국사회의 진로』.

심광현. "신자유주의와 시민사회의 위기 : 문화적 공공영역의 출현." 민주화를 위한 전국교수협의회 편. 『21세기 한국사회와 공공영역 구축의 전망』. 문화과학사.

안병진. 2006. "공화주의적 민주주의." 주성수 · 정상호 편저. 『민주주의 대 민주주의』. 아르케.

오건호. 2004. "신자유주의 시대 사회 공공성 투쟁의 성격과 의의." 『산업노동연구』 제10권 제1호.

______. 2006. "노동운동의 사회 공공성 확대전략 : 요구에서 참여로." 참여사회연구소 창립 10주년 기념 심포지움 자료집. 『공공성과 한국사회의 진로』.

이나미. 2001. 『한국 자유주의의 기원』. 책세상.

이병천. 2006. "한미 FTA와 시장사회로 가는 한국적 길 : 탈공공화와 제2차 신자유주의 보수혁명." 참여사회연구소 창립 10주년 기념 심포지움 자료집. 『공공성과 한국사회의 진로』.

이상훈. 2006. "사회 공공성투쟁의 실천적 개념화를 위하여." 『노동사회』 4월호.

이선미. 2006. "민주주의가 젠더 중립적인가?" 주성수 · 정상호 편저. 『민주주의 대 민주주의』. 아르케.

이선향. 2005. "한국의 근대화 과정과 공공성의 문제." 『담론 201』 제7집 제2호.

이준구. 2004. 『시장과 정부』. 다산출판사.

이해영 · 황기돈. 1998. "시장과 공공영역 : 공공부문 '민영화'와 한국사회 공공성의 위기." 민주화를 위한 전국교수협의회 편. 『21세기 한국사회와 공공영역 구축의 전망』. 문화과학사.

임의영. 2003. "공공성의 개념, 위기, 활성화 조건." 『정부학연구』 제9권 제1호.

정윤석. 2000. "아렌트의 근대 비판과 새로운 정치의 모색." 『철학사상』 제11호.

정태석. 2001. "시민사회와 NGO." 김동춘 외. 『NGO란 무엇인가』. 아르케.
조원희. 2006a. "공공성이란 무엇인가." www.labortoday.co.kr(검색일 : 2006년 11월 5일).
조원희. 2006b. "공공성과 관련된 위기성찰을 위한 일곱 가지 물음." 참여사회연구소 창립 10주년 기념 심포지움 자료집. 『공공성과 한국사회의 진로』.
채장수. 2003. "한국사회에서 좌파 개념의 설정." 『한국정치학회보』 제37집 2호.
최　현. 2006. "한국 사회 공공성의 위기와 시민운동의 진로 모색." 참여사회연구소 창립 10주년 기념 심포지움 자료집. 『공공성과 한국사회의 진로』.
최갑수. 1999. "'제3의 길' 의 정체." 『문화과학』 제17호.

Althusser, Louis. 1991. 『레닌과 철학』. 백의.
Christenson. G. A. 1997. "World Civil Society and the International Rule of Law." *Human Rights Quarterly*, No. 19.
Foucault, Michel. 이규현 역. 2004. 『성의 역사』. 나남출판.
Habermas, J. 1993. *Between Facts and Norms*. Cabbridge : MIT Press.
Hardin, Garret. 1968. "The Tragedy of the Commons." *Science*, Vol. 162, No. 3859.
Jessop, Bob. 1982. *The Capitalist State*. New York : New York University Press.
Marx, Karl. & Engels, Friedrich. 김재기 편역. 1988. "공산당 선언." 『마르크스 · 엥겔스 저작선』. 거름.
______. 1970. *The German Ideology*. New York : International Publishers.
Mathew, David. 1984. "The Public in Practice and Theory." *Public Administration Review*, No. 44.
Merrien, F. 심창학 · 강봉화 역. 2000. 『복지국가』. 한길사.
Schumpeter, Joseph A. 1950. *Capitalism, Socialism and Democracy*. New York : Harper Bros.
Tocqueville, Alexis de. tr. by G. Lawrence, G. and eds. by J. P. Mayer. 1969. *Democracy in America*. Garden City : Anchor.
Viroli, Maurizio. 김경희 · 김동규 역. 2006. 『공화주의』. 인간사랑.
Wilson, Frank L. 안승국 외 편역. 1995. "유럽 민주주의의 위기에 관한 재성찰." 『민주주의론 강의 2』. 인간사랑.

5_ 대학강사의 교원화를 위한 전략적 제언

임순광

진실이 전진하고 있고, 아무 것도 그 발걸음을 멈추게 하지 못하리라

– 에밀 졸라

1. 비극의 발생구조 : 대학 시간강사[1]제도 발생과 재생산의 구조적 원인

"옛날에 대학원생이 연구에 자주 뜻을 두어 정신을 맑게 하고 때를 기다렸다. 대학원생은 학문에 대한 열정, 교육자적 품성, 강의 · 연구 능

1) 이 글에서는 '시간강사'를 시간강사제도나 법 규정과 관련될 때만 사용하고, 나머지 상황에서는 '대학강사'로 바꾸어 쓸 것이다. 앞으로 더 나은 명칭을 개발하여 교수와 강사라는 위계적 구분을 폐지할 날이 오길 기대한다.

력 등의 천부인(天符印) 세 개를 가지고 차차 강사가 되어 강의, 연구, 학과 발전계획 작성, 학생지도, 취업 알선, 동문회 활동 등 수십 가지 일을 수행하며 대학생을 교화시키고 감화시켰다."

대한민국 건국 초에 대학강사와 교수는 별다른 차이가 없었다. 1949년의 「교육법」 제73조에 교원은 '학생을 직접 지도 · 교육하는 자'였고, 제75조에 "대학 교원으로 총 · 학장, 교수, 부교수, 강사, 조교를 둔다"고 되어 있어 강사는 교원이자 교육공무원에 다름없었기 때문이다. 그러나 정통성 없이 쿠데타로 집권한 군부정권이 비판적 지식인의 언로를 통제할 수 있는 '절대반지'를 손에 쥐자 대학강사의 지위는 급락하였다.

1962년 박정희 정권은 「국 · 공립대학및전문대학강사료지급규정」을 만들어 그 제3조 2항에서 '시간강사료는 시간강의를 담당한 자에게 실지로 강의한 시간 수에 의하여 지급한다'는 시간당 강의료 지급 근거를 설치하였다. 1963년에는 「교육공무원법」 제27조를 손질하여 교육공무원에 드는 강사의 범위는 예전대로 두었지만 총 · 학장이 임면하는 강사를 전임강사로 국한시켰다. 10월 유신이 단행된 지 얼마 지나지 않은 1972년 12월 16일에는 「교육공무원법」의 교육공무원 정의에 전임강사란 단서를 달아버렸다. 마침내 1977년 12월 31일, 「교육법」 제75조에서 '교원에 포함되었던 강사를 전임강사로 바꾸어 버려 강사들의 교원지위를 박탈'하였다(홍영경 2003). 지식인을 통제하려는 최고 권력자의 야욕이 오늘날의 시간강사 문제를 야기시킨 것이다. 1980년대에 집권했던 전두환 · 노태우 군부정권은 국민들의 불만을 다른 데로 돌리고자 대학과 대학생의 수를 대폭 늘렸다. 이 과정에서 전임교원을 별로 충원하지 않아도 대학을 운영할 수 있게 해주어 오늘날 부실 대학의 초석을 확고히 다져주었다. 사립대학들은 비용절감을 위해 전임교원보다 대학강사 채용을 선호하였고, 그 결과 1990년대 중반부터는 대학교육의 절반 가까이를 대학강사에게 의존하게 되었다. 점차 대학강사에 대한 처우 개선의 목소리가 점차 높아지고 있음에도 이익추구에 몰두해 있는 대학들은 수조 원의 재단 전입금을 매년 이월시키면서도 '돈이 없어 대학강사를 쓸 수 밖에 없고, 이들의 처우개선을 획기적으로 하기 어렵다', '자꾸 개선을 요구하면 강좌 수를 줄일 수밖에 없다', '대학 자율성을 훼손하지 말라'는 주장을 남발하고 있다.

더욱 놀라운 것은 군부정권이나 사학재단뿐만 아니라 문민, 국민, 참여의 외피를 덮어쓴 민간정부조차 교육의 공공성을 포기하고 대학의 편법을 방치하고 있다는 사실이다. 1997년 12월 13일 문민정부는 「교육법」을 폐지하면서 같은 날 「고등교육법」을 제정하였는데, 그 제14조 2항에서 교원을 전임강사로까지만 한정하고, 제17조에 '시간강사가 교육과 연구를 담당하게 할 수 있다'는 애매한 별도의 규정을 두었다. 시간강사의 자격과 역할의 범위에 대한 세세한 애매한 규정은 「고등교육법」 어디에도 없다. 그 시행령에만 모호하게 언급되어 있을 뿐이다.

국민정부 시절 교육인적자원부가 대통령에게 보고한 「대학 시간강사 문제 해소대책」(2001)에 따르면, "시간강사는 특수한 교과목 운영, 담당 교수 휴직 및 해외 파견 등으로 인한 공백을 보충하기 위한 존재"로 규정되어 있다. 하지만 교육인적자원부는 교원법정충원률이 낮은 대학이 전임교원을 뽑지 않고 전혀 특수하지 않은 상당수의 교과목을 대학강사에게 맡겨도 수십 년간 이를 방조했다. 심지어는 대학강사 3명을 1명의 교원으로 계산해 주는 편법을 쓰기도 했다.

비정규직의 눈물을 닦아주겠다던 참여정부는 12대 국정과제의 하나로 '학문 후속세대 양성대책 및 비정규직대학교수 대책 강구'를 내걸었지만 지금까지 병아리 눈물만큼의 강의료 인상과 국공립대 강사들에 대한 2대 보험(고용보험 및 산재보험) 적용만 겨우 성사시켰다. 정치권은 서울대 모 비정규 교수의 비관자살로 사회적 충격이 컸던 2003년 말에도 시간강사 처우 관련 예산 1천4백여 억 원과 5만여 대학강사 연계망 구축 사업비 3억 원까지 전액 삭감해 버렸다.[2] 사정이 이러하니 교육인적자원부는 2004년에 국가인권위원회가 제출한 「시간강사처우개선권고」에 대한 세부적 공식 답변서조차 2년이 넘도록 제출하지 않았다. 2006년에 한국대학교육협의회(대교협)은 한 술 더 떠 근본적 대책 수립에 반대하는 대학의 의견을 결집시켰다.[3] 노동부는 박사 대학강사가 2년을 초과근무해도 정규직화 대상에서 제외되는 해괴한 시행령까지 2007년에 만들었다. 이들은 '비판적 사유의식의 부재'가 바로 '악'이 될 수 있다는 한나 아렌트의 목소리에 귀 기울일 필요가 있을 것이다.

학문을 홀대하는 사회적 풍토 또한 짙어져 문제 해결을 더욱 어렵게 하고 있다. 자본주의가 고도화되면서 돈 많이 받는 직장이 좋은 곳이고, 그 기업에서 일하는 사람이 능력 있는 자이며, 무한경쟁에서 살아남은 사람은 우대하되 그렇지 못한 사람은 개인이 선택한 것에 스스로 책임을 져야 한다는 사고방식이 팽배해졌다. 이런 생각을 가지고 있는 사

2) 2006년 11월에도 국회는 대학강사에 대한 연구보조비 인상안을 통과시키지 않은 바 있다.

3) 대교협은 이상민 의원의 발의안을 회원 대학들에 문의 · 결집해 부정적 의견을 제출한 바 있다. 2006년 11월 이주호 의원이 주최한 '시간강사 처우 및 제도 개선방안 정책토론회'에 참가한 대교협 토론자는 그 취합한 내용을 알려준 바 있다.

[그림 5-1] 대학 시간강사제도 발생과 재생산의 총체적 원인

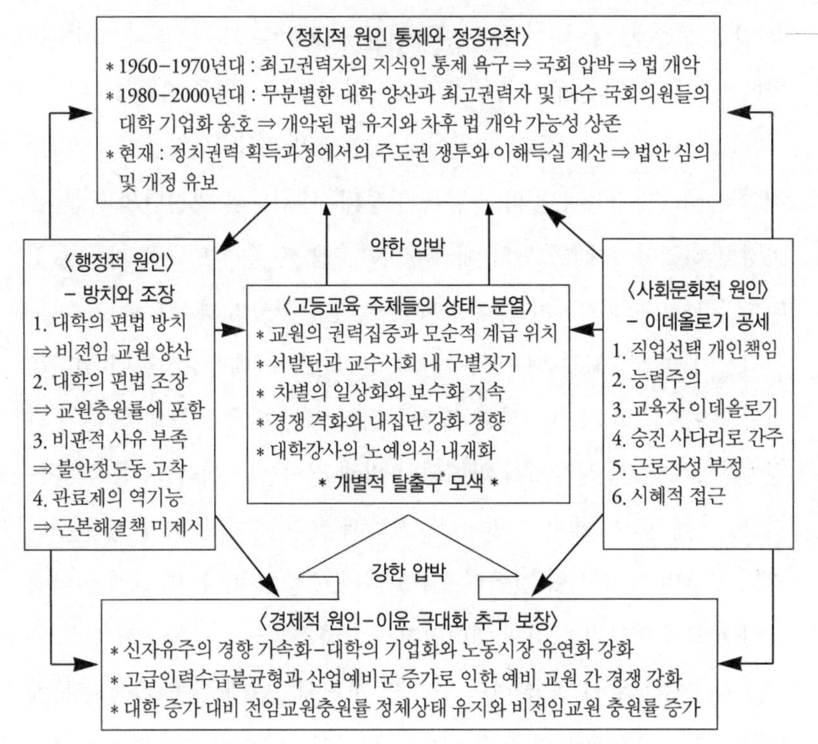

람들에게 대학강사 문제는 '무능하기 때문에 학교에 남은 샌님들의 이야기'로 간주되기 일쑤였다. 그러면서도 동시에 '선생이 무슨 노동자냐? 학생을 볼모로 권리를 주장하지 말라', '잠시 거쳐가는 인턴 코스인데 그냥 참아라', '선생이 무슨 돈을 밝히냐' 등의 '교육자 이데올로기'와 '승진사다리론'으로 대학강사를 옭아매었다.

언론 역시 보도의 초점을 '부당성 극복'과 '미래지향적 대안 수립'에 두기보다 '비참함에 바탕을 둔 가십거리'로 대학강사 문제를 다루어 왔다. 신문이나 우유배달하는 강사를 섭외해 달라거나, 비가 새는 집에 직접 찾아가 촬영을 하겠다거나, 새벽부터 하루에 2-3군데의 대학에서

쉴 틈 없이 강의하는 '좋은 그림'을 찍기 위해 연출을 시도할 뿐, 진정성을 갖고 심층보도를 하는 곳은 민중언론사나 교수신문 등을 제외하고는 찾아보기 힘들었다. 대부분의 경우에는 취재조차 하러 오지 않았다.

교수사회는 자신들의 학벌이나 취향에 맞추어 '구별짓기'를 하고 해외파, SKY파, TK파 등의 파벌을 형성해 '내집단과 외집단의 구분'을 분명히 하였다. 특히 학문의 해외(영미권 중심) 추종적 모습을 자주 보였다.[4] 또한 교수의 권력이 막강할 때는 그 권력행사의 대상으로, 교수 노동시장이 불안정해질 때는 자신들의 안전판으로 대학강사들이 별다른 저항 없이 기능하자 대학사회 내 신분적 질서는 더욱 공고해졌다. 이 과정에서 교수 노동시장에서 판매되기 위해 강사들은 더욱 더 몸을 움츠리고 '노예의식에 젖은 개별자'로 전락해 갔다. 절에 문제가 생겨 무너지고 있으면 고쳐야 할 것인데 '절이 싫다고 중이 떠나는' 선택을 하다 보니 개혁의 일보가 더디게 내디뎌진 것이다.

최근에 상황이 조금 바뀌었다. 몇 사람의 2년에 걸친 희생 덕분에 대학강사도 퇴직금을 받을 수 있다는 판결이 나왔고(서울지법 2003), 120여 일의 한겨울 천막농성 끝에 국공립대에서 최초의 단체협약이 체결되기도 하였다. 2004년 국가인권위 「대학 시간강사제도 개선 검토 결정문」은 이제 대학강사들에게는 권리장전이 되었고, 2007년의 대학강사에 대한 산재보험 적용 대법원 확정 판결(대법원 2007)은 대학강사의 근로자성을 다시 한 번 확인시켜 주었다. 또한 대학사회 내 지나친 차별은 극복되어야 하고 대학 경쟁력 강화를 위해 지금과 같은 시스템으로는 도저히

---

4) 물론 교수노조의 지도부처럼 우리 학문을 강조하는 분들도 분명히 있지만 우리 사회 교수집단은 영미권 추종적인 모습을 너무나 자주 보인다.

안 된다는 주장이 힘을 얻기 시작했다. 민주노동당의 최순영 의원과 열린우리당의 이상민 의원, 그리고 한나라당의 이주호 의원 등 일부 뜻 있는 의원들이 야만적 시간강사제도의 문제점을 지적하며 시간강사의 명칭을 바꾸어 교원 지위를 부여하는 법안을 각각 발의한 것이다.

이것이 대학사회 내의 불평등을 해소하고 진정한 학문발전을 가져올 거대한 변혁의 바람이 될지, 아니면 '찻잔 속의 태풍'에 그칠지 속단하기는 아직 이르다. 그러나 분명한 것은 지식교육의 중요성이 강조되는 이 시대에 교육을 담당하는 교원을 시간강사로 내버려 두어서는 안 된다는 공감대가 문제 해결의 열쇠를 쥐고 있는 정치권에서 형성되고 있다는 점이다. 사회정의의 차원이든, 불안정노동 철폐의 일환이든, 대학 경쟁력 강화의 방편이든 긍정적 변화의 물꼬를 트는 노력이 시작되었다. 국회에서 수차례 진행된 정책 토론회와 이후 노조가 전개하는 여러 활동[5]은 거기에 탄력을 붙이게 될 것이다.

[5] 조만간 관련 법안을 통과시켜달라는 결연한 의지의 표명으로 국회 인근에서 비정규 교수들이 다양한 형태의 집단행동에 돌입할 예정이다. 비정규 교수들의 열정이 학문탐구와 교육에 좀더 집중될 수 있도록 정치권의 올바른 결정이 빠르게 이루어지기를 기대한다.

2. 대학강사의 사회인구학적 특성과 시사점

1) 교육인적자원부가 파악한 규모

대학강사의 사회인구학적 특성(특히 계열별, 성별, 학력별, 직업별, 연령별, 결혼유무별 현황)을 파악하는 것은 이들이 어떤 상태에 놓여 있는지를 이해하고 대책을 수립하는 데 긴요하다. 이 글에서는 기존에 발표된 교육부의 통계자료나 여러 연구결과 및 정책자료집(심경호 외 2002 ; 한국직업능력개발원 2002 ; 진미석 2003 ; 국가인권위 2004 ; 이주호 2006)을 활용하여 실태를 파악[6]했는데, 특히 이주호(2006)가 발간한 『전국 4년제 대학 시간강사 실태 분석』의 내용을 많이 인용하였다.

교육인적자원부가 2006년 9월 발표한 「2006년 고등교육기관 교육통계조사 결과」에 따르면, 고등교육기관 중 전문대학과 4년제 대학에서 2000년에 비해 각각 교원 수가 증가하였음을 알 수 있다. 특히 전문대학에 비해 4년제 대학에서 그 증가율이 높은 편이었다.

하지만 이렇게 교원 수가 늘었음에도 4년제 대학 비전임교원 의존율은 감소하지 않고 오히려 더 증가하였다. 이는 대학과 학생 수가 증가

[6] 하지만 그 어떤 방식도 대학강사의 정확한 수를 보증해 주지는 못하는데, 그 이유는 대학강사 대부분이 여러 대학에서 강의를 할 수밖에 없어 그 수가 중복되어 파악되기 때문이다. 그렇기 때문에 이 글에서 파악하는 대학강사의 규모도 추산에 머무르는 한계를 가지고 있다는 점을 미리 알려둔다. 앞으로 국가 차원에서 '대학강사 등록제' 같은 제도를 시행하고 주민등록번호 등의 자료를 통합적으로 관리하게 된다면 정확한 통계를 낼 수 있을 것이다.

[표 5-1] 연도별 고등교육기관 교원 수 현황

(단위 : 명)

구 분	전문대학	대학	전체 교원 수
2006	11,857	51,859	63,716
2003	11,974	49,014	60,988
2000	11,707	45,190	56,897

* 전임교원 이상(총장, 교수, 부교수, 조교수, 전임강사)의 교원 수를 의미함.
* 자료 : 교육인적자원부, 〈2006년 고등교육기관 교육통계조사 결과〉 보도자료, 25쪽의 표를 재구성함.

[표 5-2] 연도별 4년제 대학 비전임교원 의존율

(단위 : %, 명)

구분	전임교원						비전임교원(C)			비전임교원의존율 (A/B+C)		
	정원(A)			현원(B)								
	전체	국·공립	사립	전체	국·공립	사립	전체	국·공립	사립	전체	국·공립	사립
2006	66,178	13,884	52,334	51,696	13,361	38,335	71,238	14,951	56,287	57.95	52.81	59.49
2003	57,491	13,009	44,482	45,106	11,899	33,207	65,236	13,203	52,033	59.12	52.60	61.04
2000	51,478	11,933	39,545	41,788	11,334	30,454	52,763	11,709	41,054	55.80	50.81	57.41

* 비전임교원은 시간강사, 겸임교수, 명예교수 수의 합임.
* 자료 : 교육인적자원부, 〈2006년 고등교육기관 교육통계조사 결과〉 보도자료, 26쪽의 표를 재구성함.

하여 그 만큼 전임교원이 더 필요함에도 비전임교원을 충원하여 학교를 운영하는 실태를 보여주는 것이라 하겠다. 특히 비전임교원의 대다수를 차지하는 대학강사의 경우 4년제 대학에서만 6만여 명이었고, 전문대학을 포함할 경우 8만 5천명 이상 존재하는 것으로 나타났다.

[표 5-1]에서 보듯 2006년 전문대학과 대학의 교원 수는 63,716명이다. [표 5-2]와 [표 5-3]을 대조해 보면 비전임교원의 대다수가 대학강사라는 사실을 확인할 수 있다. 2006년 기준 4년제 대학 비전임교원

[표 5-3] 2006년 고등교육기관 직위별 교원 수

(단위 : 명)

구 분	전임교원						대학강사(시간강사)		
	정원			현원					
	전 체	국·공립	사 립	전 체	국·공립	사 립	전 체	국·공립	사 립
전문대학	19,951	733	19,218	11,712	585	11,127	21,592	1,000	20,592
교육대학	881	881	–	846	846	–	1,484	1,484	–
대 학	66,178	13,844	52,334	51,696	13,361	38,335	58,994	12,642	46,352
산업대학	3,554	1,418	2,136	2,103	1,200	903	3,693	2,189	1,504
계	90,564	16,876	73,688	66,357	15,992	50,365	85,763	17,315	68,448

* 자료 : 교육인적자원부, 〈2006년 고등교육기관 교육통계조사 결과〉 보도자료, 26쪽의 표를 재구성함.

이 71,238명인데 그 중 적어도 58,994명이 대학강사인 것이다.

진미석(2003)이 밝힌 대로 최초로 대학강사 수를 조사한 1988년 당시에는 4년제 대학의 대학강사가 17,367명(당시 전임교원 수는 22,662명)에 불과했으나 1998년부터 그 수가 전임교원 수와 비슷해졌고, 1999년부터는 전임교원 수보다 훨씬 많아졌다. 이와 같은 경향은 2년제 대학에서도 비슷하다. 1988년의 2년제 대학 대학강사 수는 4,068명(당시 전임교원 수는 5,497명)에 불과했지만 1992년을 기점으로 전임교원 수보다 월등히 많아졌다.

2) 개별 연구자나 국회의원이 파악한 대학강사의 규모

대학강사의 규모와 실태가 국회의 노력에 의해 언론을 통해 널리 알려진 것은 새천년민주당 의원이었던 설훈(2000)에 의해서였다. 그는 2000년 국정감사에 즈음하여 전국 303개 대학(일반대 134개대, 교육대 11개대, 산업대 19개대, 전문대 139개대)으로부터 관련 자료를 제출받아 2000년 1학기에 58,148명의 대학강사가 존재한다고 밝혔다. 하지만 이 수치는 자료를 제출하지 않는 대학이 상당수 빠져 있어 실제보다 적은 것이었다. 진미석(2003)은 연도별 『교육통계연보』를 활용해 2000년에 66,558명의 대학강사가 존재하고 2003년에는 7만 6천 명 이상으로 그 수가 늘었다고 보았다.

[표 5-4] 고등교육기관의 대학강사 현황과 추세

	4년제 전임교원 수	4년제 대학강사 수	4년제 대학강사비율	2년제 전임교원 수	2년제 대학강사 수	2년제 대학강사비율
1988	22,662	17,367	43.4	5,497	4,068	42.5
1991	26,734	23,390	46.7	6,472	6,244	49.1
1992	28,370	24,019	45.8	6,918	7,933	53.4
1998	40,194	40,154	50.0	10,771	16,681	60.8
1999	41,071	45,555	52.6	11,223	17,973	61.6
2000	41,788	46,378	52.6	11,555	20,180	63.6
2003	45,106	55,095	55.0	11,822	21,370	64.4

* 자료 : 연도별 교육통계연보 ; 진미석 2003, "대학의 시간강사의 현황과 실태", 『시간강사 현실과 대책-국가인권위 주최 토론회 자료집』, 9쪽의 표를 편집함.

그러나 이것 또한 대학강사의 정확한 수라고 보기는 어렵다. 한국직업능력개발원(2002)이 700여 명의 대학강사를 대상으로 한 인터넷 설문조사를 통해 밝혔듯, 대학강사 1인은 평균 1.96개의 대학에서 주당 10.8시간의 강의를 하고 있을 가능성이 크기 때문이다. 중복 인원을 제

[표 5-5] 대학강사의 규모

(2002. 4. 1 기준)

구 분	인원(명)	비율(%)
대학 출강 연 인원(A)	52,076	100.0
2개 대학 출강 인원(B)	12,584	23.2
실제 시간강사 인원(A-B)	39,487	100.0

* 자료 : 심경호 외, 2002, 대학의 강사(시간강사제도) 개선을 위한 정책연구, 2쪽의 표를 편집함. 교육대학을 제외한 전국 200개 대학(산업대, 대학원대학 포함) 중 23개 대학(국립 1개교, 사립 22개교)을 제외한 177개 대학에서 자료를 제출함.

외한 실제 대학강사의 수는 심경호(2002)의 연구에서 추산된 바 있다.

이 결과는 2003년 10월 14일에 국가인권위가 주최한 '시간강사현실토론회'의 자료집에 실렸다. 한편 이듬해 6월 2일 국가인권위원회(2004)는 「대학 시간강사제도 개선 검토 결정문」에서 전국 4년제 대학강사의 수를 약 4만여 명으로 추산(2003년 기준 55,095명 중 중복 제외)하였다. 그러나 이 모든 추산은 2만여 명에 달하는 전문대의 대학강사가 제외된 것으로, 이들을 포함할 경우 중복을 감안해도 최소 1만 명 이상이 더 추가되어야 할 것이다. 따라서 전국의 대학강사 수는 최소 5만 명 이상으로 추정할 수 있다.

이주호(2006, 2007)는 독특하게도 '필요전업대학강사'의 개념을 도입해 현재와 같은 강의담당 비중을 전제로 하여 전임교원처럼 주당 9시간을 강의할 경우 전국에 몇 명의 대학강사가 필요한지 추산하였다. 그의 계산법에 따르면 4년제 국공립대와 사립대에서 대학강사가 담당하는 총 강의시간은 2005년을 기준으로 할 때 약 69만 시간이었고 2년제 대학에서는 약 26만 시간이었다. 따라서 필요전업 대학강사 수는 95만 시간 ÷ 주당 9시간 ÷ 2학기 = 52,780명이었다. 4년제 국공립 대학은 약 1

만 1천 명, 4년제 사립대학은 약 2만 7천 명, 2년제 국공립 대학은 약 550명, 2년제 사립대학은 약 1만 4천 명 정도였다.

3) 대학강사의 사회인구학적 특성

이주호(2006)는 대학강사의 계열별, 성별, 학력별, 다른 직업 유무별(전업과 비전업강사), 연령별, 결혼여부별 특성 또한 파악하였다. 좀더 체계적인 양적 분석과 심층적인 질적 접근은 향후 과제로 남기도록 하고[7] 여기서는 이주호의 자료를 중심으로 정리할 것이다.

계열별로 볼 때 국공립대에서는 인문계열, 사립대에서는 예체능계열이 가장 큰 비중을 차지하고 있다. 대학강사 문제를 인문사회계열에 집중해 조명하는 일반적 인식과 달리 예체능계의 비율이 상당히 높은 편이다. 국공립대보다 사립대 모두 이런 점이 두드러진다. 예체능계의 비율이 높은 것은 음악과와 국악과 등의 1 : 1이나 1 : 2 수업에서 알 수 있듯 매우 적은 인원을 대상으로 실기수업을 진행할 수밖에 없는 예술계열의 특수성 때문인 것으로 파악된다. 국공립대에서 가장 많은 대학강사가 있는 계열은 인문계열(27%, 4,973명), 예체능계열(19%, 3,358명), 자연계열(16%, 2,817명), 공학계열(13%, 2,395명), 사회계열(13%, 2,324명), 교육계열(9%, 1,556명), 의약계열(2%, 302명), 기타 계열(1%, 235명) 순이었다. 사

7) 한국비정규교수노조 경북대분회와 대경지부 정책학술국은 2006년 11월과 12월에 노조 조합원에 대한 설문조사를 하였다. 관련 글은 초고의 형태로 경북대분회 워크숍에서 발표되었다. 경북대분회의 자체 조사결과에서 사회인구학적 특성은 대체로 이주호의 자료와 일치하였다.

립대는 예체능계열(32%, 11,288명), 인문계열(24%, 8,660명), 사회계열(15%, 5,136명), 공학계열(10%, 3,630명), 자연계열(9%, 3,296명), 교육계열(4%, 1,557명), 기타 계열(4%, 1,290명), 의약계열(2%, 548명) 순이다.

성별로 볼 때 국공립대나 사립대 모두 남성 대학강사가 여성 대학강사보다 더 많다. 국공립대 대학강사 성비는 모든 계열에서 남성이 높다. 전체 비율은 남성 61.2%, 여성 38.8%였다. 특히 사회계열, 공학계열, 의약계열에서 이 특징이 두드러진다. 사회계열에서 남성이 여성보다 훨씬 더 많은 이유는 범주상 경영학을 비롯한 경상계열 학과들이 사회계열에 포함되었기 때문으로 추정된다. 여성은 예체능계열에서 확연히 많은 비중을 차지하고 있다. 사립대도 남성 대학강사(19,359명, 54.7%)가 여성 대학강사(16,046명, 45.3%)보다 9.4% 정도 더 많다. 사립대에서 남성의 비율이 월등하게 높은 계열은 남녀비율이 3배 이상 차이가 나는 공학계열(남 79.4% : 여 20.6%)이다. 그 다음으로 남녀비율이 큰 차이를 보인 계열은 사회계열(남 67.5% : 여 32.5%)과 의약계열(남 63.7% : 여 36.4%)이었다.

학력별로는 박사학위 소지자와 석사 이하의 학력을 가진 사람들이 각각 35-40% 수준으로 많았다.[8] 인문사회계열에서는 박사학위 소지자가, 예체능계열에서는 석사 이하의 학력 소지자가 많은 강의 를 담당하고 있다. 학력별 특징에서 국공립대와 사립대 간에 유의미한 차이가 나타나는데, 국공립대의 박사비율이 사립대보다 10% 가량 높은 점이 그것

8) 진미석(2003)은 박사강사의 경우 비박사강사에 비해 전문성을 요구하는 대학원 전공 수업을 더 맡고 있고, 전체적으로도 조금 더 많은 강좌를 담당하고 있다고 지적하였다. 그에 따르면 2002년 1학기를 기준으로 할 때 박사강사는 2.85강좌 7.05시간을 맡고 있고, 비박사강사는 2.38 강좌 5.91시간을 담당하고 있었다. 또한 박사강사의 경우 대학원 수업이 담당수업의 21%를 차지하지만 비박사강사는 7%에 그치고 있다.

이다.

진미석(2003)은 학력과 연령을 교차하여 박사학위 소지자와 비소지자의 연령분포를 분석하였다. 대체로 40대 이상에서 박사학위 소지자의 수가 박사학위 비소지자에 비해 훨씬 많았다. 반면, 박사학위를 소지하지 않은 대학강사는 70% 이상이 40세 미만이었다. 통상적으로 40대 이상의 대학강사가 결혼을 하여 자녀를 두고 있을 가능성이 크다고 볼 때, 40대 이상의 박사학위 소지자가 상대적으로 큰 박탈감을 겪으면서 재정적 어려움에 처해 있을 것이라 생각할 수 있다.

[표 5-6] 박사학위 소지자와 비소지자의 연령분포

			연 령 대							전체
			- 29	30-34	35-39	40-44	45-49	50-59	60 -	
박사학위	무	빈도	1,463	7,305	5,731	3,899	2,211	1,311	698	22,618
		비율	6.5	32.3	25.3	17.2	9.8	5.8	3.1	100.0
	유	빈도	128	2,068	4,580	4,643	2,847	1,509	1,020	16,795
		비율	0.8	12.3	27.3	27.6	17.0	9.0	6.1	100.0
전체		빈도	1,591	9,373	10,311	8,542	5,058	2,820	1,718	39,413
		비율	4.0	23.8	26.2	21.7	12.8	7.2	4.4	100.0

* 자료 : 진미석 2003, "대학의 시간강사의 현황과 실태," 『시간강사 현실과 대책 - 국가인권위 주최 토론회 자료집』, p. 14.

대학강사의 다른 직업 보유 여부를 살펴본 결과 전업강사가 비전업강사보다 더 많았다. 특기할 만한 것은 국공립대는 전업강사가 비전업강사에 비해 거의 2배(전업강사 65.4%, 비전업강사 34.6%)나 많지만 사립대에서는 큰 차이가 없었다는 점이다.[9] 국공립대에서 전업강사의 비율은 계열별로 인문계열(73.9%)과 예체능계열(73.2%), 사회계열(65.7%), 자연계열(65.7%)의 순으로 높았다. 반면, 전업강사의 비율이 낮은 계열은 의약계열(9.3%), 공학계열(46.0%), 교육계열(58.8%) 등이었다. 의약계열과 공학계열에서는 비전업강사가 더 많았다. 특히 의약계열은 전업강사 대 비전업강사 비율이 1 : 9로 비전업강사가 압도적으로 많다.

[표 5-7] 국공립대와 사립대 간 전업과 비전업강사 비율

(단위 : %)

구분		전업	비전업
대학	국공립	65.4	34.6
	사립	54.5	45.5

* 대상 : 일반 국공립대 42개교, 일반 사립대 113개교 등 총 155개교.
* 자료 : 이주호, 2006, 전국 4년제대학 시간강사 실태분석.

사립대에서 전업강사와 비전업강사의 비율은 54.5% 대 45.5%로, 국공립대에 비해 전업강사가 차지하는 비중이 10% 정도 낮았다. 전업강사의 비율이 높은 곳은 인문계열(61.9%), 예체능계열(56.2%),[10] 자연계열(52.6%)의 순이었다. 반면, 의약계열은 국공립대와 마찬가지로 비전업의

9) 이와 같은 결과는 심경호(2002)의 연구에서 밝혀진 바와 비교적 거리가 있다. 심경호는 『대학의 강사(시간강사제도) 개선을 위한 정책연구』 2쪽에서 교육대학을 제외한 전국 200개 대학(산업대, 대학원대학 포함) 중 23개 대학(국립 1개교, 사립 22개교)을 제외한 177개 대학의 자료를 분석하여 전업강사가 82.8%, 비전업강사가 17.2%라고 정리한 바 있다. 필자는 이주호(2006)의 조사결과가 좀더 정확한 것으로 간주한다. 그 이유는 교육부가 국공립대들에게 전업과 비전업을 구분하여 강의료를 지급하라는 지침을 내린 시기가 2002년이므로 심경호의 연구 이후부터 전업과 비전업의 구분이 비교적 엄격한 통계가 작성되었을 것이기 때문이다.

10) 언론은 예체능계열의 대학강사가 대부분 풍족한 상황에서 학원을 경영하거나 다른 직업을 가지고 있는 비전업강사인 것처럼 묘사하고 있으나 노조활동을 통해 직접 접촉해 보니 그렇지 않은 사람들의 수도 상당히 많았다.

비율(75.8%)이 월등히 높았다. 교육계열(전업 46.4% : 비전업 53.6%)과 사회계열(전업 47.5% : 비전업 52.5%), 공학계열(전업 48.4% : 비전업 51.6%)에서는 비전업강사의 비율이 약간 더 높게 나타났다.

[표 5-8] 연령대별 대학강사 현황

(단위 : %)

구분		30세 미만	30대	40대	50세 이상
대학	국공립	3.2	47.9	36.6	12.3
	사립	4.7	48.8	34.6	11.9

* 대상 : 일반 국공립대 42개교, 일반 사립대 113개교 등 총 155개교.
* 자료 : 이주호, 2006, 전국 4년제 대학 시간강사 실태분석.

연령별로는 30대와 40대가 전체의 약 85%를 차지하고 있다. 전반적으로 공학계열은 상대적으로 젊은 연령대가 많은데(39세 이하가 62.4%) 비해 인문계열(54.9%)과 사회계열(54.9%), 그리고 교육계열(53.1%)에서는 상대적으로 40세 이상의 대학강사가 과반수였다.

결혼 여부로 볼 경우 약 75%의 대학강사가 결혼한 상태였다. 이 중 약 45-50%가 40대 이상임을 감안할 때, 이들이 학교에 다니는 자녀를 둔 학부모일 가능성이 크다고 유추할 수 있다. 특히 사립대에서는 상대적으로 안정적이면서 비전업의 비율이 다른 계열에 비해 좀더 높은 의학계열(93.3%)과 교육계열(85.0%)의 기혼비율이 매우 높은 특징을 보여주었다.

4) 시사점 : 40대 기혼 유자녀 고학력자에 대한 처우방향 정립 필요

대학강사의 사회인구학적 특성과 시사점을 요약하면 다음과 같다.

먼저, 대학강사는 이미 하나의 직업군으로 자리를 잡았다.[11] 여러 이유로 인해 그 수가 꾸준히 증가하고 있고, 대학교육에서 차지하는 비중도 계속 커지고 있다. 따라서 이들에 대해 '승진 사다리에 잠시 걸쳐 있다가 스쳐가는 자로 인식할 것이 아니라 교육활동에 필수적인 상시적 존재'로 간주해야 할 것이다.

둘째, 매 학기 전임교원처럼 주당 9시간을 담당할 경우 2년제 대학을 포함한다면 약 5만 명 내외의 대학강사가 필요하다. 좀더 면밀한 연구가 필요하겠지만 이 사람들에게 어느 정도 대우를 할 것인가만 결정된다면 소요예산 산정에 큰 무리는 없다.

셋째, 특수성을 비교적 많이 감안해야 하는 예체능계열을 제외한다면 대부분의 대학강사가 박사수료 이상의 학력을 가지고 있었다. 또한 전체의 3/4 정도가 기혼자이고 40대가 다수를 이루었다. 사회통념에 어긋나지 않는 적절한 대우수준을 정함에 있어 40대 유자녀 고학력자라는 사실을 고려해야 할 것이다. 뒤에서 다루겠지만 비슷한 사회인구학적 특성을 보이면서 유사한 노동을 수행하고 있는 전임강사와 비교하여 그 수준을 정하는 것이 타당할 것이다.

마지막으로, 비전업보다는 전업강사가 다수를 이루었다. 비전업강

11) 경북대분회의 자체 조사결과 응답자 83명 중 5년 이상 강의자는 전체의 약 52%였고, 10년 이상 강의하는 사람들도 전체의 18%나 되었다.

사는 현재의 소득으로는 제대로 된 생활을 영위하기 힘들기 때문에 선택하는 경우가 많다고 추정할 수 있다.[12] 앞으로 일정한 수준의 처우개선과 신분보장을 통해 전업으로 교원활동을 할 수 있도록 유도해야 할 것이다.

3. 교원과의 비교와 시사점

1) 노동과정에서의 유사성과 교수 노동시장의 분단성

대학강사가 수행하는 노동의 성격은 앞으로 직무분석 등을 통해 좀 더 면밀한 비교가 있어야 하겠지만(이경호 2007) 전임교원의 그것과 별반 차이가 없다. 대학에서 교원이 수행해야 할 일은 기본적으로 '가르치는 일'이기 때문이다. '교원'이라는 단어는 헌법이나 하위 법령에 그 정의가 따로 없지만 문언대로 하자면 '가르치는 사람'이 될 것이고, 학문적으로 본다면 '국가에서 마련한 교육제도 속에서 가르치는 일을 정기적 · 지속적인 고유의 역할로 삼는 사람' 정도가 될 것이다(김한성 2006b). 가르치는

---

12) 경북대분회의 자체 조사결과 응답자들은 평균 2개 대학에서 8시간 정도를 강의하고 있었다. 이들의 56%는 1,000만 원 미만의 강의 소득을 올리고 있었다. 강의 이외 주소득원으로는 연구 프로젝트 수행(19.5%), 과외 및 학원 강의(18.3%)를 주로 언급하였는데, 강의 이외 주소득원이 없는 사람도 42%에 달했다. 본인을 포함한 가구 총소득은 1,500만 원-2,500만 원의 규모에 해당하는 사람이 전체의 38%였고, 4,000만 원 이상의 가구 총소득을 올리는 응답자도 31%에 이르렀다. 가구 총소득이 많은 응답자는 배우자의 역할이 큰 것으로 보인다. 이러한 결과는 심경호(2002)의 연구와 큰 차이가 없다고 할 수 있다.

일은 크게 연구활동(가르치기 위한 강의준비와 그 심화를 위한 학회활동 및 논문 작성 등을 포함한 각종 노동), 강의 진행활동(강의실에서 수행하는 노동 그 자체), 평가활동(강의 및 연구와 연관된 각종 학생지도를 위한 노동) 등으로 구분할 수 있다. 좀더 확장한다면 제대로 가르치기 위한 역할 모델 수행활동(이 사회의 지식인으로서, 또한 대학의 구성원으로서 마땅히 수행해야 할 각종 교내외 봉사활동 및 사회활동과 관련한 노동) 또한 가르치는 일에 포함시킬 수 있을 것이다. 이런 기능과 역할을 하는 사람들을 교원이라 볼 때 대학강사와 전임교원은 '동질적'인 존재이다(김한성 2006b).

이주호(2006)의 조사결과에 따르면 전체적으로 전임교원이 비전임교원에 비해 조금 더 많은 강의를 담당하고 있었다. 국공립대의 경우 2006년 1학기에 전임교원이 51.7%의 강의를 담당하고, 사립대의 경우도 전체의 52.0%를 담당하여 비슷한 결과를 보였다. 비전임교원 중 가장 많은 강의를 담당하고 있는 집단은 단연 대학강사였다. 대학강사는 국공립대에서 전체 강의의 37.1%를 담당하여 겸임교원(5.0%), 기타 교원(5.5%), 명예교수(0.7%)의 비중을 크게 앞질렀다. 이는 사립대에서도 마찬가지인데, 대학강사가 34.6%의 강의를 담당하여 겸임교원(7.2%), 기타 교원(6.5%), 명예교수(0.6%)보다 훨씬 큰 비중을 차지하고 있었다. 전임교원은 교양, 전공, 교직 중 전공을 많이 담당하고 있다. 국공립대의 경우 전임교원이 전공의 60.2%를 담당하고, 사립대에서는 약 57.2%를 맡고 있다. 전임교원이 교양을 맡는 비중은 국공립대와 사립대 간에 차이가 있었는데, 국공립대의 전임교원이 교양의 20.0%를 담당하는 데 비해 사립대의 경우 37.0%의 교양강좌를 담당하고 있었다. 대학강사는 교양, 전공, 교직 중 교양을 많이 담당한다. 국공립대에서 그런 경향이 더욱 분명한데, 65.5%의 교양강좌를 대학강사가 책임지고 있다. 이는 사립대에서 대학강사의 교양강좌 담당률이 47.1%임을 감안할 때 상당한 차이로 간주될 수 있다. 국공립대와 사립대 간에 전공을 담당하는 대학강사의 비중은 별 차이가 없다. 국공립대와 사립대 각각 29.4%와 30.5%의 전공 강좌를 담당하고 있었다.

강의를 중심으로 한 노동과정의 특성에 있어서도 전임교원과 대학강사의 차이는 별로 없다. 강의계획서를 입력한 뒤 대부분 학교가 정한 기간 동안(보통 15-16주로 정해진 학기) 특정 강의실에서 각종 지침에 의해 확정된 방식에 따라 수업을 진행하고 그 결과를 평가한다. 전임교원이 담당하든 대학강사가 담당하든 특정 교과목의 시수가 3시간이면 똑같이 1주일 당 3시간을 강의한다. 수강인원도 마찬가지이다.[13] 강의평가 역시 같은 적용을 받는다. 개인별 편차는 있어도 전임교원과 대학강사 집단 간 차이는 거의 없다고 할 수 있는 것이다.

대학강사와 전임교원이 수행한 노동에 대한 평가결과 또한 별다른 차이를 발견하기 어렵다(이주호 2006). 강의 평가결과(만족도)를 측정하는 방법은 대학마다 차이가 있다. 국공립대의 경우 5점 만점을 기준으로 하는 것이 일반적이지만 대학에 따라 100점, 10점, 4점, 2.5점, 1.5점을 기준으로 삼은 곳도 각각 있었다. 사립대의 경우 역시 많은 대학에서 5점을 기준으로 하고 있지만 100점, 50점, 30점, 10점, 5점, 4.5점 등을 만점으로 하여 강의평가를 실시하고 있다. 이처럼 강의평가의 만점기준이 다르기

13) 경북대학교의 경우 전임교원과 대학강사 사이에 최대 수강인원의 차이가 발생한 경우가 있었다. 2004년 단체협약 결과 대학강사의 교양과목의 최대 수강인원을 100명에서 80명으로 낮추었는데 학교측이 재정상의 이유 때문에 전임교원의 최대 수강인원을 그대로 100명으로 두었던 것이다. 그런데 이는 학교측이 협약에 따른 비용 부담을 부당하게 전임교원에게 일방적으로 전가한 것이지 전임교원과 대학강사 간의 노동과정상 차이라고 하기는 어렵다.

때문에 평균값은 별 의미가 없다. 따라서 비교를 하기 위해서는 교원별 총점을 내는 것이 더 유용하다. 전임교원과 대학강사만 놓고 비교하였을 경우, 전임교원은 전체적으로 볼 때 국공립대와 사립대 모두에서 미세한 우위를 점하였다. 하지만 100점 만점으로 환산해 보면 국공립대의 경우 대부분 평균 1–2점 정도의 차이로 큰 의미가 없다. 오히려 대학강사가 전반적으로 앞서는 결과를 보인 대학도 상당수 있다. 더욱이 대학강사가 다수를 이루는 교양강좌에서는 대학강사가 자주 우위를 보이기도 하였다. 사립대에서는 전반적으로 전임교원이 약간 더 우위를 점하고 있었다. 특히 전공과 교직의 경우 그 차이가 적게는 평균 3점, 많게는 10점에 달하였다. 그러나 교양과목에서 대학강사의 평가결과가 더 좋은 대학이 수십 개에 달해 교양, 전공을 모두 합한 전체 평가결과는 평균 2점 정도밖에 차이가 나지 않았다. 강의평가는 때에 따라 학교마다 결과가 뒤바뀌기도 하고 그 차이도 극히 미세하여 교양, 전공, 교직 전체 영역에서 전임교원과 대학강사 집단 중 어느 쪽이 크게 앞선다고 보기 어렵다. 적어도 학생을 대상으로 한 평가결과에서는 그렇다.

대학강사는 정해진 강의 담당 이외에도 많은 역할을 대학에서 수행하고 있다. 정확한 통계를 내긴 어렵지만 대학강사가 학술진흥재단이나 BK21 등의 연구과제 수행에서 상당한 역할을 하고, 이것이 해당 대학의 연구성과로 남는다는 것은 자명한 사실이다. 즉 고등교육 부문 전체로 보나 개별 대학으로 보나 대학강사 상당수는 분명히 강의노동 이외의 연구노동을 수행하고 있다. 또한 대학강사들은 단순히 정해진 강좌만 담당하는 것이 아니라, 그 강좌의 강의교안 및 신규 교과목 개발에도 일부 관여하고 있다. 전남대 모 학과의 경우 3명의 대학강사가 전임교원과 함께 전공교과목을 개발하고 그 강의를 전담하고 있다.[14] 이와 같은 사례는 다른 대학에서도 어렵지 않게 찾아볼 수 있을 것이다. 또 다른 측면에서 대학강사는 대학원생을 포함한 학생지도에도 관여하고 있다. 대학원생과 학부생의 학과(학부)내 학회운영에 참여하고 있는 대학강사의 수가 적지 않고, 일부 대학강사의 경우 학생 취업지도에도 직접 관여하고 있다. 대학강사의 역할이 정해진 강의 담당에 국한되지 않음은 학과발전계획을 작성하거나 학술진흥재단 연구과제 신청용 자료집을 만드는 데서도 찾아볼 수 있다. 이와 같은 사실을 구체적으로 나열하는 것은 지금까지 교육인적자원부나 대학이 대학강사의 역할을 단지 시간당 강의에만 국한시켜 그 정당한 대가를 지불하지 않는 부당성을 지적하기 위함이다.

그럼에도 흔히 연구활동의 강제성과 보상 지급의 차이를 노동과정상의 차이로 오해하는 경우가 많다. 예를 들어 전임교원에게는 연구업적평가를 통해 노동력 재생산 비용을 차등 지급하거나 승진에 영향을 주지만 대학강사에게 그 적용이 되지 않는 경우, 노동과정상의 차이가 원인이 아니라 대학이 강사에게 '연구노동 수행에 대한 보상을 하지 않으려' 하는 것이 주원인이다. 즉 '대학강사가 전임교원에 비해 연구활동을 제대로 하지 않기 때문이 아니라, 대학이 대학강사의 연구활동을 전임교원에 준해 인정하지 않으려 하기 때문에' 노동과정에서 차이가 있는 것처럼 보여질 뿐이다. 그런데도 대학과 노조의 교섭과정에서 종종 학교측 교섭위원들은 "전임교원들은 연구활동을 하는데 대학강사들은 강의밖

14) 이것은 2004년 6월, 한국비정규교수노조 전남대분회가 파업에 들어가기 전에 여러 전남대분회원들과 대화를 하면서 얻은 정보이다. 그 학과에서는 3명의 대학강사가 상당부분의 전공강의를 전담하는데, 거기에 필요한 여러 사항을 대학강사들이 준비하였다. 또한 때로는 대학강사들이 학생들에 대한 취업지도까지 수행하고 있었다.

에 안 한다", "전임교원들은 연구활동을 통해 연구비를 학교로 가져오는데 대학강사들은 학교에 주지 않는다"고 주장한다. 이는 단순한 오해에서 비롯된 것이 아니라 의도적 왜곡이다. 주지하다시피 많은 대학강사들은 엄연히 학회활동이나 논문제출 등의 연구활동을 하고 있다. 또한 그 활동을 통해 전임교원이 책임연구원으로 들어가는 각종 프로젝트에 대학강사가 연구원으로 일하고 있다. 차이가 있다면 전임교원에게는 그 보상을 학교 차원에서 물적 급부 부여나 승진의 방식으로 해주지만 대학강사에게는 제대로 안 해주는 것뿐이다. 이러한 상황에서 최근 몇 개 대학에서 도입하고 있는 '강사 위촉시 연구업적 평가 반영'[15]은 전임교원 수준의 보상을 수반할 때라야 그 형평성이 인정될 수 있음을 지적하지 않을 수 없다. 그렇지 않을 경우 그 제도는 대학강사를 통제하기 위한 수단으로 악용되거나 보상기제 없는 노동강도의 강화로 귀결될 가능성이 크다.

노동과정상의 차이가 있다면 노동과정에 대한 차별적 통제권 소유 여부에 있다. 노동과정에 대한 통제권은 어떤 일을 할지, 어느 정도의 강도로 할지, 어떤 방식으로 할지를 결정하는 권한을 의미한다. 이 중 두 번째와 세 번째 사항은 대학강사에게도 (강의계획서를 직접 작성함으로써 강의를 어느 정도 집중력 있게 할지, 수업을 어떻게 진행할지에 대한 결정권은 갖고 있으

[15] 경북대학교의 일부 학과들은 내규로 이와 같은 방식을 정하고 있다. 해당 학과는 2007년 8월 각 강사들에게 이메일을 통해 "시행일 기준으로 지난 2년간 논문(학진 등재후보지 이상), 역서 · 저서 등 연구실적이 100% 미만인 경우(논문100%, 단독 역 · 저서 200%)" 위촉을 제한할 수 있다고 통보하였다. 조선대는 조만간 이 방식을 학교 차원에서 도입할 예정이다. 아직까지 공식적으로 알려지진 않았지만 수많은 유사 사례가 더 존재할 것으로 추정된다. 관심을 가져야 할 지점은 이들이 과연 전임교원에게도 이러한 규정을 똑같이 적용하고 있는가이다.

므로) 어느 정도 자율권이 있지만,[16] 가장 중요한 '강의 개설권' 소유는 대부분 전임교원의 몫이다. 어떤 일을 할지 결정할 수 있는 권한 소유 여부는, 가르치는 일을 하는 교원이 '무엇을 가르칠지'를 규정하기 때문에 대단히 중요하다.[17] 따라서 대학강사가 실질적 교원이 되기 위해서는 현재 전임교원에게 집중되어 있는 강의개설권에 대한 권한을 공유할 수 있어야 할 것이다.

한편, 한국의 대학교수는 크게 '교원성'을 기준으로 하여 정년이 보장되는 전임교원인 정규 교수 집단과 '교원성'을 제대로 인정받지 못하는 대학강사를 중심으로 한 비정규 교수 집단으로 구성돼 있다. 노동시장 역시 정규 교수 노동시장과 비정규 교수 노동시장으로 분단되어 있다.

두 노동시장을 비교하는 항목으로는 법률적 지위, 채용 및 퇴직(혹은 계약종료) 절차, 근속기간(혹은 계약기간), 임금 · 부가급여 · 사회보험의 내용 및 수준과 그 결정방식, 수행할 직무의 결정방식, 승진 및 경력경로, 퇴직(혹은 계약종료) 후 관계, 사회적 평판과 이와 관련된 권력과 부가수입 등을 들 수 있다(조정재 2007). 그리고 이 항목들은 대부분 '교원성'에 따라 정규 교수와 비정규 교수 간에 상이하게 채워진다.

---

16) 많은 경우 학과 회의를 통해 전임교원들이 특정 교과목을 개발하고 그 교과목에서 다룰 강의내용까지 지정해 주는 경우도 많다. 하지만 교과목 담당자의 능력에 따라 상대적 자율성을 활용하는 경우도 많으므로 이 부문에서 대학강사가 어느 정도 권한을 지닌 것으로 간주하였다.

17) 한국비정규교수노조 경북대분회는 2006년 임금 단체협상 과정에서 교양과목 10% 수준에서의 강의개설권을 학생과 비정규 교수에게 배정하라고 요구하였으나 "모든 학과와 단과대학에서 거부하였으므로 수용할 수 없다"는 학교측의 입장을 전달받은 바 있다. 당시의 여러 사정상 노조가 운영하는 학술행사비를 더 확보하는 차원에서 임단협을 마무리지었지만, 앞으로 대학강사를 비롯한 비정규 교수 스스로가 어떤 일을 할 것인가를 결정할 수 있는 권한을 확보하기 위한 노력은 계속되어야 할 것이다.

정규 교수의 임금 및 노동조건은 정부와 대학이 규정한 규칙(법률) 및 제도와 관련 절차에 따라 결정된다. 정규 교수는 최초 임용(신규 입직) 이후 승급(호봉 상승) · 승진을 통해 대체로 정년까지 연속 고용(장기 고용)을 보장받는다. 이에 비해 대학강사의 임금 및 노동조건은 까다로운 법률적 절차를 통해 결정되기보다 대부분 대학의 재량과 판단에 따라 결정되며, 고용기간도 임의적이고 한시적(한 학기 6개월이 기본이나 변형될 수도 있음)일 뿐이다. 그것도 제대로 된 근로계약서 한 장 작성 없이 전화 통보를 받음으로써 계약을 체결하는 방식이 대부분이다. 사전 통보 없이 강의를 그만두게 되는 경우도 다반사이며, 자신의 임금이 정확히 얼마인지도 모르는(심지어는 부담스러워 물어보지도 못하는) 사람들도 많다. 임금이 며칠씩 밀려 제 때 지급되지 않는 경우도 자주 있으며, 임금명세서를 발급받아 확인할 수 있는 사람들은 노조가 있는 경북대나 일부 대학의 강사들 뿐이다.

교수 노동시장의 분단성에 대한 상세한 연구는 이 글의 주목적이 아니므로 조정재(2007)에 의해 최근 수행된 연구를 참조하고 언급하는 것으로 마무리하겠다.

2) 노동력 재생산에서의 차별성

노동시장에서 정규직 교원의 지위를 가지느냐 아니면 비정규직 비교원의 위상을 가지느냐에 따라 임금으로 대표되는 노동력 재생산 비용 지급에 있어 심각한 차별이 발생한다.

이주호(2006)에 따르면 국공립대 대학강사의 시간당 평균 강의료는 약 4만 원에 불과했다. 더욱이 국공립대의 경우 전업강사와 비전업강사의 강의료를 차등 지급하는 것이 일반적이기 때문에(대부분 대학에서 비전업강사의 시간당 강의료는 27,000원이다) 전업강사와 비전업강사의 강의료를 합산한 평균액은 상당히 내려갈 수도 있음을 예상할 수 있다. 국공립대의 경우 사립대와 달리 학위에 따라 강의료를 차등 지급하지는 않고 있었지만, 수강인원 수에 따라 시간당 강의료를 추가 지급하는 규정을 가진 대학들이 절반 가까이(45.2%) 있었다. 국공립대의 경우 (전업 강사에 한해) 사립대에 비해 시간당 강의료가 높고, 시간당 강의료를 차등지급하는 기준이 비교적 간단하다. 국공립대는 기본적으로 전업/비전업강사의 시간당 강의료를 차등지급하면서 수강인원별 차이를 어느 정도 두고 있다. 일부 대학들은 외국인 강사, 저명강사 등에게 강의료를 우대 지급하거나, 교통비나 숙박비를 추가지급하거나 채점료를 정액 지급하는 경우도 있다.

사립대의 경우 시간당 강의료(박사학위자의 주간 학부강의 기준) 평균액은 약 3만 원이었다. 이는 국공립대에 비해 시간당 약 1만 원 정도(약 25%) 적은 것이다. 시간당 강의료가 2만 원 미만인 대학도 2개교(건동대, 진주국제대) 있었지만, 대부분의 대학(85.6%)에서 2만 원 이상-4만 원 미만의 시간당 강의료를 지급하고 있다. 사립대도 국공립대처럼 수강인원별로 차등 지급하는 대학이 상당수(50.4%) 있었다. 다만, 사립대는 전업강사와 비전업강사의 시간당 강의료를 차등 지급하는 국공립대와 달리 학위별 시간당 강의료를 차등 지급하는 경우(18.6%)가 적지 않게 있다. 또한 주간강좌와 야간강좌의 강의료를 차등 지급하는 대학들도 상당수 존재한다. 일부에서 교재개발비, 채점료, 교통비(혹은 숙박비) 등을 지급한다는 점을 제외하더라도 사립대는 국공립대에 비해 강의료 차등 지급 기준이 더 복잡한 경우가 많다.

대학강사는 대부분 학기별 단위로 계약하고, 계약된 기간 중 시간급으로 계산하여 급여를 지급받고 있다(단, 계약기간은 학교마다 차이가 있다). 즉 강의 시작하기 전과 끝난 후에 임금을 받지 못하고 있다. 따라서 강의료 이외의 각종 지원현황을 파악하는 것은 향후 이들에 대한 처우 개선에 필수적이다. 하지만 대부분의 대학은 강의료 이외의 물적 급부를 제공하지 않았다. 강의료 내의 세부항목은 여러 개 있을지 몰라도 실제로는 시간급에 모두 포함시켜 버렸기 때문이고, 퇴직금이나 직장국민연금 및 직장건강보험 등 돈이 많이 드는 것은 아예 보장을 해주지 않기 때문이다.

대부분의 국공립대에서 고용보험과 산재보험은 적용되고 있었지만,[18] 강원대 삼척 캠퍼스와 경인교대, 서울교대는 이것조차 보장되지 않고 있다. 고용보험과 산재보험에 있어 사립대는 아무 것도 적용되지 않는 대학이 과반수를 넘었다. 직장국민연금과 직장건강보험은 국공립대든 사립대든 대부분의 대학에서 적용되지 않고 있다.[19]

18》 경북대분회는 2006년 2학기와 2007년 1학기에 색다른 경험을 한 바 있다. 분회원 2명이 각각 산재보험 적용을 받은 것이다. 수업을 마치고 나오다 계단에서 미끄러져 부상을 입은 한 선생님이 노조에 문의를 하여 여러 절차를 거쳐 결국 산재판정을 받고 치료비를 전액 보상받았는데, 이는 경북대학교 대학강사 최초의 산재판정 사례로 기록될 것이다.

19》 최근 필자는 우연히 2006년 7월의 국민건강보험공단 내부 업무지침에 의해 '겸임교수'에 한해서는 직장건강보험료를 받아낸다는 사실을 알게 되었다. 겸임교수가 아닌 일반 대학강사인데 2005년분 직장건강보험료를 납부하라는 통보를 받은 분에게 문의가 와서 자초지종을 알아보러 대구지역의 한 건강보험공단 지사를 방문해 상세히 문의한 결과 알아낸 사실이다. 필자는 그 자리에서 '겸임교수는 월 80시간 대학에서 강의하지 않는데 왜 적용하느냐', '왜 일반 대학강사는 직장건강보험을 적용해 주지 않느냐', '고용보험은 3개월 이상 근로하면 적용되는데 왜 직장건강보험은 월 80시간이냐', '월 80시간 한 대학에서 강의를 하는 사람이 우리나라에 몇 명이나 있겠느냐, 적용에 문제가 있는 건 아니냐' 고 질의하였고, 제대로 된 답변

이런 상황에서 대학강사의 연봉은 도대체 얼마나 될까? 대학강사 1인이 국공립대, 사립대, 전문대에 모두 나가 강의 소득을 올린다는 가정하에 각각의 평균 강의료와 평균 강의시간을 책정 · 계산하여 연간 강의 소득액을 추정해 보자. 대학강사의 연간 강의 소득액을 알 수 있으면 전임강사와의 연봉 비교가 어느 정도 가능하다. 이주호(2006)의 조사결과에 따르면 국공립대 42개교의 대학강사 1인당 강의시간은 약 5시간, 사립대 113개교의 대학강사 1인당 강의시간은 약 4시간이었다. 이를 기본으로 하면서 전문대에서도 1주일에 2시간을 강의하는 것을 추가하여 주당 11시간 강의기준 연간 강의료를 산정할 수 있다.

앞에서 보았듯이 국공립대 시간당 평균 강의료는 약 4만 원이고 사립대의 경우는 약 3만 원이다. 전문대의 평균 강의료는 조사하지 않았으나 평균 2만 원 수준으로 지급되고 있다고 가정하여 계산하면 [표 5-9]와 같이 연간 강의료를 구할 수 있다.

[표 5-9] 다양한 대학에서 강의하는 경우 – Case I

Case I	대학	강의 (시간)	시간당 강의료 (만 원)	한 학기 (주)	횟수 (2회)	연간 강의료 (만 원)	월평균 강의료 (만 원)
1주 11시간 강의	국공립대	5	4	15	2	600	–
	사립대	4	3	15	2	360	
	전문대	2	2	15	2	120	
	–					1,080	90.0

* 자료 : 이주호, 2006, 전국 4년제 대학 시간강사 실태분석에서 인용함.

은 듣지 못한 채 2시간 동안 논의하다 그 자리를 나왔다.

[표 5-10] 경북대(국공립대 중 최대 강의료 지급 대학) 기준 연간 강의료 - Case II

Case II	시간당 강의료 (만 원)	담당시수 (시간)	한 학기 (주)	횟수 (2회)	연간 강의료 (만 원)	월평균 강의료 (만 원)
1주 11시간 강의	4.6	11	15	2	1,518	126.5

* 자료 : 이주호, 2006, 전국 4년제 대학 시간강사 실태분석에서 편집하여 인용함.

이는 2006년 기준 2인 가구 최저생계비(월평균 700,849원)보다는 많지만 3인 가구 최저생계비(월평균 939,849원)보다는 조금 적은 금액으로, 대학강사의 3/4이 결혼을 하였고 30대 이상이 절대다수를 차지함을 감안해 볼 때 상당히 부족한 소득임을 알 수 있다.

이번에는 국공립대 중 가장 많은 강의료를 지급하는 경북대(2006년 기준 4만 6천 원)를 기준으로 1주일 평균 11시간을 강의한다고 보았을 때의 연간 강의 소득액을 계산해 보자. 국공립대중 소위 전국 최고의 대우를 받는다는 경북대에서 11시간이나 강의해도[20] 그 연봉은 고작 1,518만 원에 불과하다.

대학강사의 연간 강의 소득액은 전임강사의 연봉과 어느 정도 차이가 날까? 2005년 9월, 《교수신문》이 발표한 전국 대학교수 직급별 연봉 현황을 참고하여 국공립대 전임강사와 사립대 전임강사의 평균 연봉을 산출해 보니 각각 약 4,562만 원과 약 4,020만 원 이었다. 이때의 평균값은 국공립대 33개 대학, 사립대 131대 대학에서 산출한 것이다.

전임강사는 비록 대학강사보다 학생지도와 학사업무 등을 좀더 수행하곤 있지만 강의와 연구를 주 업무로 하고 있고, 평균연령이 많은 편

20》 경북대 대학강사들이 담당하고 있는 평균 강의 시수는 3.5시간 내외에 불과하다. 경북대에서 11시간 강의를 한다는 가정은 최고 수준의 소득을 추산하기 위한 것이다.

[표 5-11] 국공립대 전임강사 평균 연봉과 대학강사 평균 연봉-Case III

Case II	시간당 강의료 (만 원)	담당시수 (시간)	한 학기 (주)	횟수 (2회)	연간 강의료 (만 원)	월평균 강의료 (만 원)
대학강사	4	10	15	2	1,200	100.0
전임강사	-	-	-	-	4,562	380.2

* 자료 : 이주호, 2006, 전국 4년제 대학 시간강사 실태분석에서 편집하여 인용함.

이 아니며, 강의경력 기간이 그리 길지도 않으므로 충분히 비교 가능한 집단이 될 수 있다. 여기서는 계산의 단순화를 위해 전임강사가 평균적으로 담당하는 10시간의 강의시수를 기준으로 하여 비교할 것이다.

국공립대 전임강사와 대학강사 간의 격차는 [표 5-11]과 같이 평균 약 3.8배로 나타났다. 국공립대 대학강사의 월평균 강의료 100만 원은 3인 가구 최저생계비(월평균 939,849원)를 겨우 넘기는 것으로, 단신 가구 표준생계비(민주노총 월평균 1,462,944원, 한국노총 1,504, 168원)의 2/3 수준에 불과하다. 이번에는 사립대의 상황을 살펴보자.

[표 5-12] 사립대 전임강사 평균 연봉과 시간강사 평균 연봉-Case IV

Case II	시간당 강의료 (만 원)	담당시수 (시간)	한 학기 (주)	횟수 (2회)	연간 강의료 (만 원)	월평균 강의료 (만 원)
대학강사	3	10	15	2	900	75
전임강사	-	-	-	-	4,020	335

* 자료 : 이주호, 2006, 전국 4년제 대학 시간강사 실태분석에서 편집하여 인용함.

사립대 전임강사와 대학강사 간의 격차는 평균 약 4.47배로 나타났다. 사립대 대학강사의 월평균 강의료 75만 원은 2인 가구 최저생계비(월평균 700,849원)를 겨우 넘기는 것으로 2006년 최저임금(월평균 786,480원)

에도 미치지 못하는 것이다. 또한 단신가구 표준생계비의 절반수준에 불과하다.

3) 시사점 : 대학강사의 대학 내 의사결정구조로의 편입

전임강사와 대학강사 간에는 임금격차 이외에도 학사 참정권, 총장 선출권, 교과목 개설권, 연구실 제공, 각종 복지혜택 등 수많은 격차가 존재한다. 이 모두를 고려할 경우 실질격차는 월등히 커진다. 국가인권위(2004)는 이 점에 대해 불합리한 차별이라 간주하고 '같은 것은 같게, 다른 것은 다르게' 라는 헌법정신에 기초하여 차별을 상당히 해소할 것을 교육부에 권고한 바 있다. 그런데 차별은 임금 몇 푼 인상의 시혜적 차원으로는 결코 극복될 수 없다. 좀더 근본적인 변화가 필요하다. 그것은 대학 운영(지배)구조에 대학강사가 들어가서 활동할 수 있을 때 혁신적으로 가능하다.

현재 대부분의 강좌개설은 학과에서 담당한다. 교수임용 또한 마찬가지이다. 학과나 학부의 변화방향이나 그에 따른 노동조건의 변화 또한 학과에서 결정한 것을 본부가 수용하는 경우가 많다. 따라서 비정규 교수의 노동과정에 대한 통제권 확보를 위해서는 학과회의에 공식적으로 참여(최소한 일정 정도의 결정권 보장)할 수 있는 통로를 마련하는 것이 필수적이다.

노동시장과 노동력 재생산에 대한 통제권은 학과회의보다 대학 본부(국공립대의 경우 본부와 교육부, 사립대의 경우 본부와 궁극적으로 재단이사회)에 있는 경우가 많다. 몇 명의 교원을 더 충원할지, 어떤 계약교수제를 도입할지, 전체적으로 대학강사의 수를 어느 정도 규모로 유지할지, 무슨 자격요건을 내걸고 어떤 임용(위촉)방식을 거칠지, 어느 정도의 대우를 해줄지 등에 대해서 대학 본부가 행사할 수 있는 권한은 상당히 크다. 따라서 대학강사가 실질적 교원이 되기 위해서는 대학 본부의 장(총장)을 선출할 수 있는 권한을 갖는 것이 매우 중요하다. 2005년에 개정된 법에 따라 국공립대의 경우 '교원의 합의에 따라 총장을 선출' 할 수 있다. 이때의 교원에 대학강사가 포함될 수 있다면 지금까지의 불균형을 어느 정도 바로 잡을 수 있을 것이다. 좀더 나아가 '교수회' 나 '대학평의회' 같은 기구에 참여할 수 있느냐 없느냐도 실질적 교원으로 간주되느냐 그렇지 않느냐의 판단기준이 될 것이다.

그러나 지금까지의 경험으로 볼 때 기존의 교원들이 권한과 자원을 스스로 쉽게 공유할 것이라 기대하는 것은 지나치게 낙관적인 태도이다. 상당한 규모의 이윤을 창출하지 못하는 대학의 특성상 외부의 지원이나 학생 등록금의 대폭적 인상이 없다면 한정된 자원을 나누어 써야 하기 때문이다. 그렇기 때문에 변화의 조건은 외부에서 만드는 것이 현실적이다. 그 출발점은 '대학강사에게 법적인 교원 지위를 부여하고 국가가 대부분의 소요 재정을 부담' 하는 것이다.

여기서 한 가지 잊지 말아야 할 점은 이 모든 게 대학강사의 권리만 보장하기 위한 것은 아니라는 점이다. 대학강사도 자신들이 차지하고 있는 대학사회 내 역할과 비중을 감안하여 더 좋은 교육환경을 만들고 더 나은 대학을 건설하는 데 일조해야 할 것이다. 왕성한 연구활동, 충실한 강의, 시대의 흐름을 반영하는 교과목 개발, 대학 내외 봉사활동 참여, 학생과의 긴밀한 소통, 연구자 간의 공동체 결성, 지성인으로서의 역할 모델 수행 등 이 사회가 교원에게 요구하는 책무를 충실히 수행할 때 '실질적 교원'으로 대접받을 수 있을 것이다.

4) 장기적으로는 피해야 할 변화의 준거 집단-기간제 교원

교원들은 국가의 대계를 위해 중요한 업무를 수행하기 때문에 사회적으로 존경받아야 마땅함에도 지난 세월 끊임없이 불안정 노동상태로 내몰려 왔다. 특히, 대학강사들이 그동안 정부와 대학의 자의적 차별로 입은 피해는 고스란히 다른 교원에게로도 이어졌다. 가장 대표적인 피해자가 초·중등학교 현장의 기간제 교원이다. 「교육공무원법」과 「교육공무원임용령」에서는 기간제 교원의 임용사유를 앞과 같이 규정하고 있다.

그런데 앞에서 언급된 기간제 교원 임용사유는 교육인적자원부가 2001년 4월 24일에 대통령에게 보고한 「시간강사 문제 해소대책」에 나오는 시간강사 사용 이유—시간강사제는 특수한 교과목 운영, 담당 교수의 휴직 및 해외 파견 등으로 인한 공백 보충을 위해 필요한 제도—와 매우 흡사하다. 이상달(2006)은 사회 전반적인 노동의 유연화 추세 속에 교육분야에서 비정규 교원의 규모가 점차로 확대되고 있음을 지적하였다. 과거에도 정교사가 군복무, 출산·육아, 학업수행 등의 사유로 휴직을 신청하는 경우, 이들의 휴직으로 인한 공백을 메우기 위해 임시교사들을 활용하는 경우가 있긴 하였다. 하지만 이제는 정부와 시·도교육청 및 사립학교에서 아예 정규 교사를 대신하는 형태로 기간제 교원을 많이 채용하고 있다. 기간제 교원은 교원의 휴직, 파견, 연수기회 확대로 인한 수요증가만이 아니라 교원의 수업결손 보충, 교원정년 단축으로 인한 퇴직교원의 활용, 초등학교 교과전담교원의 수급, 예산절감 등의 이유로 그 채용

교육공무원법 제32조(기간제 교원)

① 고등학교 이하 각급학교 교원의 임용권자는 다음 각호의 1에 해당하는 경우에 예산의 범위안에서 교원의 자격증을 가진 자중에서 기간을 정하여 교원을 임용할 수 있다.〈개정 1996.12.30, 1999.1.29〉

1. 교원이 제44조제1항 각호의 1의 사유로 휴직하게 되어 후임자의 보충이 불가피한 때
2. 교원이 파견 · 연수 · 정직 · 직위해제 등 대통령령이 정하는 사유로 직무를 이탈하게 되어 후임자의 보충이 불가피한 때
3. 특정교과를 한시적으로 담당하도록 할 필요가 있을 때
4. 교육공무원이었던 자의 지식이나 경험을 활용할 필요가 있을 때

교육공무원임용령 제13조(기간제 교원의 임용)

① 법 제32조제1항제2호에서 "대통령령이 정하는 사유"라 함은 다음 각호의 1에 해당하는 경우를 말한다. 〈개정 1999.9.30, 2005.4.15, 2005.7.27〉

1. 교원이 파견 · 연수 · 정직 · 직위해제 · 휴가로 인하여 1월이상 직무에 종사할 수 없어 후임자의 보충이 불가피한 경우
2. 교원이 퇴직하여 신규채용하여야 할 사유가 발생하였음에도 교사임용후보자 명부에 임용대상자가 없어 신규채용을 할 수 없을 경우
3. 파면 · 해임 또는 면직처분을 받은 교원이 「교원지위향상을 위한 특별법」 제9조의 규정에 의하여 교원소청심사위원회에 소청심사를 청구하여 후임자의 보충발령을 하지 못하게 된 경우

② 제1항의 규정에 의하여 임용되는 기간제 교원의 임용기간은 1년이내로 하며, 필요한 경우 3년의 범위안에서 이를 연장할 수 있다. [전문개정 1997.2.25]

이 남용되고 있는 것이다(이상달, 2006). 대학에서도 명예교수, 초빙교원, 겸임교원의 등장 및 증가와 함께 예산절감의 이유로 수많은 대학강사들이 양산되어 왔음을 우리는 지난 수십 년간의 경험을 통해 잘 알고 있다. 이제 그 폐해가 초 · 중등 교육현장에까지 넘어가 버렸다. 따라서 이 시점에서 대학강사에게 좀더 안정적인 위치를 보장하면서 그에 걸맞는 대우를 제공하는 방향으로 교원지위를 회복하는 것은 향후 기간제 교원의 처우 개선에도 도움이 될 것이다.

우리 사회에는 '불안정 노동상태'에 처한 비정규직 노동자들의 수

가 급격히 늘고 있다. 이로 인한 문제가 극심해 비정규직 철폐 또는 정규직과 비정규직 간의 차별해소가 국가적 과제로까지 대두되고 있다. 그런데 대학강사들이 처우개선을 요구하면 정부는 '다른 비정규직 노동자와의 형평성' 운운하며 대책 마련을 거부하곤 한다.[21] 그러면서 그들은 다른 비정규직 노동자들이 신분보장이나 처우개선을 요구할 때 "저기 대학강사들을 봐라. 저 정도 학력과 경력을 가지고 대학에서 강의를 하는 40대들도 3인 가구 최저생계비도 미치지 못하는 박봉을 받으며 전화 한 통으로 해고되어도 별 소리 안 하고 사는데 당신들이 뭐라고 배부른 요구를 하고 있는거냐"라고 윽박지를지도 모른다. 대학강사가 처한 부당한 무참함은 곧 한국 사회 비정규직 노동자 일반의 사회권 실현을 가로막는 걸림돌이 되고 있다고 해도 과언이 아닐 것이다.[22]

대학에서 교육자는 학습자에게 있어 중요한 역할모델이다(김한성 2006b). 만일 교육자가 불안정한 신분에 비참한 처지에 내몰려 있다면 어찌 교육자의 위엄이 제대로 설 수 있겠는가? 그것을 보고 어떤 학습자가 학문탐구를 위해 대학원에 진학하려 하겠는가? 물론 잘 모르고 지낼 수도 있고 안다고 해도 일부는 자신이 원해 이 험한 삶의 현장에 뛰어들겠지만, 그런 것에만 의존하여 고등교육이 올바로 이루어지길 바라는 것은

---

21) 2004년 말 당시 한국비정규교수노조 성균관대분회가 민원을 내었으나 답변 공문에는 타비정규직과의 형평성, 막대한 재정 소요, 사용자 부담 문제 등의 문구만 담겨 돌아온 바 있다.

22) 여러 노동단체 관련자들과 다양한 경로를 통해 만나 대화를 하다 보면 그들은 2가지 점에서 우리들에 대해 놀라곤 한다. 첫째는 대학강사가 처한 현실의 비참함이요, 둘째는 그 상태를 극복하려고 적극적으로 나서지 않는 소극성에 대한 황당함이다. 그러면서 다음과 같은 말을 덧붙이곤 한다. "다른 사람을 위해서라도 열심히 싸워 꼭 많은 성과를 내십시오. 지금 하고 계시는 일을 좀더 잘 하시는게 모두를 도와주는 겁니다."

과도한 요구이다. 대학원 교육 활성화를 위해서도 대학강사에 대한 교원 지위 부여와 합당한 처우개선이 시급히 이루어져야 할 것이다.

이상달(2006)은 기간제 교원이 처한 열악한 현실에 대해서도 상술하고 있다. 기간제 교원들은 방학 중 급여 미지급으로 인한 기초생활 불안정, 일방적인 계약과 중단, 묵시적 노동조건의 강요, 각종 수당 미지급의 문제 등을 겪고 있다. 또한 '기간제이기 때문에' 학생지도가 쉽지 않고 농촌 및 근로조건이 열악한 지역에 채용되는 경우도 많다. 기간제 교원의 처우에 대해서 임금과 노동조건, 그리고 복리후생과 사회보험 가입실태를 중심으로 나누어 좀더 살펴보도록 하자.

첫째, 기간제 교원의 경우 교사 혹은 강사로서의 경력을 제대로 인정받지 못한다는 점을 제외하면 적어도 정규직 교사와 임금에 있어서의 차이는 별로 없다. 근무시간도 동일하게 적용되고 있는 것처럼 보인다. 전교조와 교육청과의 단체협약 진전으로 지역교육청에 따라 다소 차이가 있긴 하지만 2003년부터는 방학 중에도 급여가 지급되고 있다. 이러한 것이 가능했던 이유는 전교조의 노력으로 기간제 교원도 교원으로서의 지위를 보장받았기 때문이었다.

하지만 내막을 좀더 자세히 들여다 보면 여전히 상당한 차별이 존재하고 있음을 알 수 있다. [표 5-13]에서 알 수 있듯 방학 중 급여지급 대상자는 전체 기간제 교원 36,070명 중 15,727명으로 절반수준에도 미치지 못한다. 또한 계약연장을 할 경우 1년 단위에서 하루가 빠지는 날짜로 계약이 되는 경우가 많아 퇴직금도 제대로 받기 힘든 상황이다. 그 결과 퇴직금 지급 대상자가 전체 기간제 교원의 1/4 수준에 불과하다. 더구나 기간제 교원의 경우 14호봉 이상은 승급되지 않기 때문에 아무리 경력이 많아도 임금에서 차별을 받을 수밖에 없다. 더욱이 대부분의 경우

[표 5-13] 전국 기간제 교원 실태(2005년 기준)

(단위 : 명, %)

<table>
<tr><th>내용</th><th colspan="2">구분</th><th>초등학교</th><th>중학교</th><th>고등학교</th><th>계</th></tr>
<tr><td rowspan="4">기간제 교원 현황</td><td colspan="2">학교 수</td><td>5,654</td><td>2,960</td><td>2,128</td><td>8,614</td></tr>
<tr><td colspan="2">총교사 수</td><td>144,253</td><td>132,108</td><td>112,909</td><td>276,361</td></tr>
<tr><td colspan="2">기간제 교사 수</td><td>12,747</td><td>11,573</td><td>11,750</td><td>36,070</td></tr>
<tr><td colspan="2">기간제 교사 비율</td><td>8.8</td><td>8.8</td><td>10.4</td><td>-</td></tr>
<tr><td rowspan="6">기간제 교원 임용기간</td><td colspan="2">1-3개월</td><td>9,403</td><td>4,848</td><td>3,702</td><td>14,251</td></tr>
<tr><td colspan="2">4-6개월</td><td>729</td><td>2,855</td><td>4,585</td><td>3,584</td></tr>
<tr><td colspan="2">7-9개월</td><td>91</td><td>605</td><td>659</td><td>696</td></tr>
<tr><td colspan="2">10-12개월</td><td>866</td><td>3,315</td><td>5,118</td><td>4,181</td></tr>
<tr><td colspan="2">12개월 초과</td><td>117</td><td>666</td><td>714</td><td>783</td></tr>
<tr><td colspan="2">계</td><td>11,206</td><td>12,289</td><td>14,778</td><td>23,495</td></tr>
<tr><td rowspan="8">기간제 교원 임용사유</td><td colspan="2">휴직 대체</td><td>8,497</td><td>6,090</td><td>4,189</td><td>14,587</td></tr>
<tr><td colspan="2">직무이탈</td><td>1,948</td><td>1,370</td><td>1,303</td><td>3,318</td></tr>
<tr><td colspan="2">미발령</td><td>489</td><td>1,958</td><td>3,335</td><td>2,447</td></tr>
<tr><td colspan="2">특정교과</td><td>188</td><td>264</td><td>771</td><td>452</td></tr>
<tr><td colspan="2">초빙교원</td><td>42</td><td>23</td><td>36</td><td>65</td></tr>
<tr><td colspan="2">정원부족</td><td>485</td><td>1,454</td><td>1,770</td><td>1,939</td></tr>
<tr><td colspan="2">기타</td><td>978</td><td>414</td><td>346</td><td>1,392</td></tr>
<tr><td colspan="2">계</td><td>12,627</td><td>11,573</td><td>11,750</td><td>24,200</td></tr>
<tr><td rowspan="6">기간제 교원 교권 관련 사항</td><td rowspan="2">방학 중 급여지급</td><td>대상자</td><td>2,782</td><td>5,527</td><td>7,418</td><td>15,727</td></tr>
<tr><td>지급자 수</td><td>2,660</td><td>5,468</td><td>7,356</td><td>15,484</td></tr>
<tr><td rowspan="2">퇴직금 지급</td><td>대상자</td><td>675</td><td>2,931</td><td>4,507</td><td>8,113</td></tr>
<tr><td>지급자 수</td><td>639</td><td>2,862</td><td>4,421</td><td>7,922</td></tr>
<tr><td rowspan="2">방학 중 동일근무</td><td>대상자</td><td>2,612</td><td>5,380</td><td>7,212</td><td>15,204</td></tr>
<tr><td>교원 수</td><td>2,485</td><td>5,272</td><td>7,166</td><td>14,923</td></tr>
</table>

* 이주호 의원실 내부 자료(2006)를 재편집함.

기간제 교원이라는 이유로 성과급(상여금) 역시도 지급받지 못하고 있는 실정이다. 이런 점 때문에 일부 사립학교에서는 계약서 이면의 묵시적인 노동조건 강요, 노동시간 연장, 방학 중 임금 미지급 등을 쉽게 하기 위해 비정규직을 선호하는 경향마저 보이고 있다. 그럼에도 불구하고 (비록 해당 조합의 규약에 동의하는 교사들은 누구든지 자유롭게 노동조합에 가입할 수 있지만) 신분상의 불안정성 때문에 이들의 노동조합 가입률은 극히 낮은 실정이며, 기간제 교원만의 노동조합은 아직 없다.

다음으로 복리후생과 사회보험 가입 측면을 보자. 기간제 교원은 임시직 교육공무원으로서 신분보장을 받고 있으므로 정규직 교사처럼 사회보장 혜택을 거의 받고 있다. 「공무원연금법」이 한시적이긴 하지만 적용되고 있으며 사고나 재해로부터도 어느 정도 보호받고 있다. 다만 많은 경우 1년 미만의 계약이 이루어지고 있기 때문에 퇴직금과 연차수당의 적용을 받지 못하고 있다는 점에서 정규직과 다르다고 할 수 있다.

요약하면, 기간제 교원과 정규직 교사 간에 차별은 분명히 존재한다. 하지만 기간제 교원은 교원으로서의 법적 지위를 부여받았기 때문에 그 차별의 정도가 일반 사업장 정규직 노동자들과 비정규직 노동자들 간의 그것보다는 작다. 더욱이 대학 내 전임교원과 비정규 교수 간의 격차와는 비교가 되지 않을 정도로 작다. 이는 대학안의 심각한 불평등을 체험하고 있는 대학강사들에게 시사하는 바가 크다. 대학안의 정규직 교수와 비정규직 교수(특히 대학강사) 간의 차별적 요소를 어느 정도 완화시키기 위해 들어서야 할 첫 관문이 바로 '교원 법적 지위 회복'인 것이다. 그런데 교원 법적 지위 회복은 끝이 아니라 또 다른 시작이라는 점도 분명하다. 엄연히 같은 초·중등학교 교원임에도 눈에 띄는 차별을 기간제 교원 또한 상당히 받고 있기 때문이다.

> 제7장 신분보장 · 징계 · 소청
> 제43조(교권의 존중과 신분보장)
> ① 교권은 존중되어야 하며, 교원은 그 전문적 지위나 신분에 영향을 미치는 부당한 간섭을 받지 아니한다.〈개정 1991.3.8〉
> ② 교육공무원은 형의 선고 · 징계처분 또는 이 법에서 정하는 사유에 의하지 아니하고는 그 의사에 반하여 휴직 · 강임 또는 면직을 당하지 아니한다.
> ③ 교육공무원은 권고에 의하여 사직을 당하지 아니한다.

기간제 교원이 다른 교원에 비해 법률적으로 보장받지 못하는 사항들은 「교육공무원법」, 「국가공무원법」, 「사립학교법」 등에 명시되어 있는데, 그 핵심적인 것은 신분과 고용보장 및 중요 직책 수행여부에 대한 것이다. 먼저 「교육공무원법」 제32조 제2항에서는 기간제 교원의 정규교원 임용 우선권을 부정하고 있고, 교육공무원이었던 자가 아닌 경우에는 책임이 중한 감독적 직위에 임용될 수 없다고 명시하고 있다. 또한 제32조 제3항을 통해 제43조(교권의 존중과 신분보장), 제47조(정년), 제49조(고충처리), 제51조(징계의결의 요구)의 적용을 부정하고 있다. 특히 제43조는 다음과 같은 중요한 내용을 담고 있음에도 기간제 교원이 적용대상에서 제외되어 그들 교원 법적 지위의 상대적 열악성을 보여준다.

「국가공무원법」 제70조는 직권면직에 대한 규정으로, 이의 적용은 신분보장에 중요하지만 기간제 교원은 적용대상에서 제외된다. 동법 제73조의 휴직이나 제73조의 4 강임에도 해당사항이 없고 우선임용 대상자도 아니다. 동법 제75조와 제76조의 처분사유설명서 교부, 심사청구, 후임자 보충 발령에 있어서의 제한규정 적용도 받지 못한다. 동법 제76조의 2 고충처리에도 해당 대상자가 아니다.

「사립학교법」 제54조의 4 제2항에 따라 기간제 교원은 제56조(신분보장), 제58조(면직), 제59조(휴직), 제61조(징계), 제64조(징계위원회 회부),

제64조의 2(처분사유설명서 교부), 제66조(본인진술) 등의 신분보장이나 징계에서의 대응기회를 제대로 부여받지 못한다. 더 나아가 제54조의 4 제3항에는 기간제 교원의 임용기간은 1년 이내로 하되, 필요한 경우 3년의 범위 내에서 그 기간을 연장할 수 있다고 되어 있어 최장 3년만 지나면 정든 학교를 떠나야 하는 실정이다.

이상으로 미루어 볼 때 앞으로 좀더 세밀한 연구가 필요하겠지만 처음부터 신분보장을 부정하고, 중요한 업무를 수행할 수도 없으며, (사립대의 경우) 3년이 지나면 무조건 떠나야 하는 기간제 교원을 대학강사의 장기적인 중요 준거집단으로 삼아서는 곤란하다는 판단을 할 수 있을 것이다. 다만, 기간제 교원에 대한 여러 규정이 위헌의 소지가 있어[23] 변화 가능성이 있고, 단계적인 접근을 할 경우에 일정 정도의 한계는 감수할 수도 있다는 점을 감안한다면 단기적인 비교대상으로는 고려할 수 있다고 하겠다.

---

23) 송병춘 변호사는 2007년 2월 22일 개최된 "비정규 교수의 교원 법적지위 확보를 위한 제3차 정책토론회"의 토론문에서 '기간제교원의 신분보장을 배제한 교육공무원법 제32조 제3항 및 사립학교법 제54조의4제2항은 위헌의 소지가 있다' 고 밝힌 바 있다.

4. 최근 동향과 대학강사의 실질적 교원화 전략

1) 비정규직보호법안과 비정규 교수 노동시장

최근 소위 비정규직보호법안이 도마에 오르고 있다. 비정규직을 보호하겠다는 취지가 무색하게, 많은 시민단체와 노동단체가 오래 전부터 우려한 대로 이랜드 사태와 같은 심각한 문제점을 노출하고 있는 것이다. 「기간제및단시간근로자보호등에관한법률」에 따르면 대학강사는 기간제 근로자에 해당하는 대표적 비정규직 노동자라 할 수 있다. 항간에 알려진 관련 법안의 내용을 SWOT 분석하여 대학강사에게 미치는 영향을 살펴보면 다음과 같다.

이전보다 나아진 것으로 간주할 수 있는 사항은 대학강사의 근로자성을 명확히 하고 전문가성을 인정했다는 점이다. 그리고 사업장 내 차별시정이 가능한 점도 주목할 만한 일이다. 가능성이 거의 없긴 하지만 법안의 문구상으로 보았을 때는 2년을 초과하여 연속 근로한 비박사학위자가 정규직이 될 수도 있다.

하지만 전문가임에도 불구하고 전문가다운 대우를 받을 수 있는 장치가 원천적으로 없다. 또한 박사학위자의 경우 전문가이기 때문에 2년을 초과하여 한 사업장에서 연속 근로해도 자동 정규직화 대상에서 제외된다. 다양한 방식의 편법 계약을 막을 수 있는 방법 또한 찾기 어렵다. 차별 시정은 요구할 수 있으나 개인이 신청해야 하므로 탄압을 받을 경우 버티기 어려워 그 실효성이 의심된다.[24] 심지어 부당해고에 대한 처벌

[그림 5-2] 비정규직보호법안과 대학강사 문제 해결의 SWOT 분석

Strengths	Weaknesses
• 근로자성 명확화(기간제), 전문가성 인정 • 법안의 문구대로라면 2년 초과 연속 근로한 비박사학위자는 정규직화 가능 • 2년 초과 후 정당한 사유 없이 해고시 노동위원회에 부당해고구제신청 또는 법원에 해고무효확인의 소제기 가능 • 국가와 지자체도 적용대상이고 별도의 제한규정이 없어 비교대상의 법적 신분을 이유로 적용을 배제할 이유가 없다는 견해 존재	• 초단시간근로자 간주 우려, 전문가 대우 없음 • '대통령령'이나 '합리적 사유'가 있을시 정규직화 대상에서 제외-시행령에서 2년 초과 연속 근로해도 박사는 자동 정규직화 대상에서 제외 • 부당해고 사용자 처벌조항 삭제와 사용자의 일방적 해고 처벌조항 미약(5년 이하 징역 또는 3천만 원 이하 벌금) cf : 근로기간만료 해지는 해고제한규정 비적용 • 정규직=교원은 아님 • 적용에서의 모호성 존재-'합리적 이유', '동종 또는 유사한 업무', '사용자 동일성', 비교대상집단의 법적지위 차이
Opportunities	**Threats**
• 사업장내 기간제근로자 차별시정 가능-차별 아니라는 입증책임을 사용자에게 부과하고, 차별시정명령 불이행시 1억원 이하 과태료 부과 가능 • 전임강사와의 차별 부분적 완화 가능성 존재-비정규법안+국가인권위결정+퇴직금판결+비정규직 차별시정제도의 운영에 관한 연구+비정규직 차별금지 판단기준 및 운영에 관한 연구 등	• 개별적 차별시정 요구시 탄압 가능 • 비박사학위자 배제 또는 연속 계약 거부 우려 • 계약기간 단축, 담당강좌 폐강, Rotation 등으로 연속근로기간 2년 이하 유지 가능성 상존 • 정규직이 되더라도 정규직 내 차별 시정이 어려워 처우개선 없이 의무만 늘 수도 있음 • 파견근로자화의 위협 존재(현행 교육준전문가는 파견대상업무임-군교관, 기술/체육학원강사)
※ 약점과 위협에 대응하기 위해 '교원지위확보'가 필요하고 전임교원과의 비교 연구가 요구됨	

[24] 《한겨레신문》에 따르면 2007년 7월 1일부터 차별시정 제도가 적용되고 있는 사업장은 상시 근로자 300인 이상 사업장 1,892곳과 공공기관 10,326곳 등 1,2218곳에 이르지만 비정규직 노동자들의 차별시정 요구 신청은 단 3건에 그쳤다.

규정까지 완화되었다. 비박사학위자가 정규직이 된다 한들 정규직 간에는 차별시정을 요구할 수 없어 초단시간 정규직에 그칠 가능성이 있다. 그럼에도 불구하고 일부 대학은 사실상 대학강사에 대해서는 유명무실하게 보이는 이 법안조차 신경이 쓰였는지 이전부터 시행하고 있는 조치를 강화하거나 새로운 조치를 단행하려 하고 있다.

가장 대표적인 것이 다양한 형태의 계약교수제 확산이다. 사립대의 경우 강의전담교수제를 실시하고 있는 곳이 다수 존재하나 국립대는 아직 이 제도를 실시하지 않는 곳이 많다. 하지만 경북대의 경우 2008년부터 기초교양원을 설립하여 강의전담교수와 같은 계약교수를 뽑아 강의를 담당시킬 예정이다. 아직 그 구체적 시행안이 공식적으로 제출되지는 않았으나[25] 시간당 강의료 수준에 근접한 임금을 주며 15시간 내외의 강의를 전담시킬 것으로 예상된다.

전임교원의 담당 시수 증가와 강좌 축소는 비교적 재정이 열악한 대학에서 쉽게 관찰될 수 있는 현상이다. 또한 많은 대학에서 기존의 학과 내규를 좀더 강화하여 대학강사에 대한 통제력을 높이려 하고 있다.[26]

---

25) 기초교양원 설립과 운영에 관한 공청회는 2007년 5월에 개최되었으나 그 세부계획안은 당시에 제출되지 않았다.

26) 경북대학교 모 학과의 경우 다음과 같은 내규를 최근 확정하고 대학강사들에게 이메일로 통보하였다. 2의 ①과 3. 및 4.는 대단히 자의적으로 해석될 여지가 있다. 특히 4.는 선별적인 강의연한제로 최악의 독소조항이라 할 수 있다.

1. 강의담당 시간강사의 학력자격은 박사수료 이상으로 한다.
2. 다음에 해당하는 경우에는 강사위촉을 제한할 수 있다.
   ① 학과교육에 불이익을 주거나 강사로서의 품위를 손상한 경우
   ② 시행일 기준 지난 2학기 연이어 강의평가결과가 대학평균보다 1.00이상 낮은 경우
   ③ 시행일 기준 지난 2년간 논문(등재후보지 이상), 역서, 저서등 연구실적이 100%미만인 경우(논문100%, 단독 역 · 저서 200%)

[그림 5-3] 비정규직보호법안과 비정규 교수 노동시장의 변화 예상

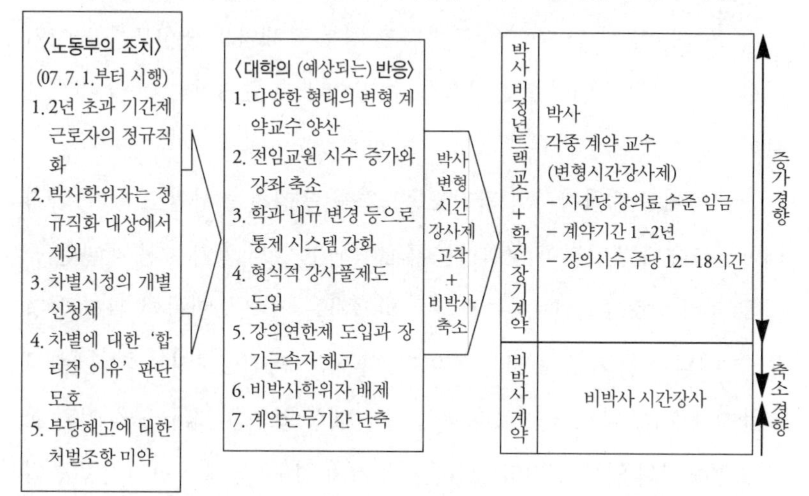

생사여탈권을 좀더 쉽게 장악함으로써 개인이 대학이라는 거대조직에 저항하기 어렵게 만들겠다는 의도를 드러내고 있는 것이다. 상주대학교에서는 대학강사를 연이어 4학기 이상 위촉할 경우 승인절차를 추가하는 공문을 발송하기도 했고, 전남대에서는 2007년 2월과 6월 등, 2차례에 걸쳐 박사학위 미소지자의 위촉을 불허하라는 공문을 각 학과로 발송했다가 노조의 항의를 받기도 하였다.

앞으로 더욱 기승을 부릴 것으로 예상되는 대학측의 행보는 '2년 이하 계약교수제의 확대 도입', '한 학기를 6개월 미만으로 하여 대학강

---

3. 학과교육에 기여도가 크거나 강의평가 우수자는 학과에서 정한 인센티브를 줄 수 있다. 특히 복수강좌배정은 이 원칙을 우선 적용한다.
4. 강의담당년한은 5년을 원칙으로 한다. 다만 년한 초과 후에도 강의력, 연구력 우수자는 공식적인 학과회의의 승인을 거쳐 계속 강의를 담당할 수 있다.
5. 본 규정은 2008년 2학기부터 시행한다.

사로 계약', '학력에 따른 대학강사 간 임금차별' 등이다. '초단시간 정규직'은 대학강사 간 분열을 조장하고 일부 수혜자의 충성도를 높이기 위한 당근 정책의 일환으로 사용할 수 있으나 그 효력이 그리 클 것으로 보이진 않는다.

이외에도 대학강사의 파견노동자화를 우려하는 사람도 있다. 아직 대학강사에게는 법적인 교원신분이 보장되고 있지 않기 때문에 관련 규정을 정비하여 교육 관련 종사자를 파견하는 업체를 만들어 관리할 경우 그 여파가 클 것으로 보는 것이다. 하지만 「파견근로자보호등에관한법률시행령」에 따르면 근로자 파견 가능 대상 업무는 '정규교육 이외 교육 준전문가의 업무', '기타 교육준전문가의 업무' 등에 국한되어 관련법을 바꾸지 않는 한 시행에 무리가 있다. 또한 대학강사의 역할을 정규교육 바깥으로 돌리는 것이 가능한지, 그렇게 하는 것이 사용자 측이나 근로자 측 중 누구에게 유리할지는 좀더 검토가 필요하므로 당장 시행될 수 있는 성질의 사안은 아니라 생각할 수 있다.

2) 교육의 상품화와 교육자 신분의 불안정화 심화경향

[그림 5-1]에서 보았듯이 대학강사 문제는 사회구조적 요인과 주체적 요인이 결합되어 발생하였고 또 유지되고 있다. 따라서 최근에 어떤 사회구조적 요인들이 대학사회, 특히 정규 교수 노동시장을 압박하고 있는지 파악하는 것은 단기적으로 대학강사 문제를 어느 정도 수준에서 풀 것인지에 대한 아이디어를 정립하는 데 도움이 될 것이다.

앞에서 보았듯이 사회구조적 요인은 정치권과 대학 운영자들의 이해관계로부터 나온다. 주체적 요인은 사회구조적 요인의 압박에 대한 교수 사회 구성원들의 반응으로 볼 수 있다. 최근의 강력한 사회구조적 요인으로는 '교육의 공공성 약화'와 '대학의 기업화'를 들 수 있다. 주지하다시피 신자유주의는 공공영역을 사유화하고 개별적 주체의 무한 책임성을 강조하는 특성을 보이고 있다. 교육 또한 예외가 아니다. 노무현 대통령이 '대학은 산업이다'라고 공표하기 훨씬 이전부터 교육은 이미 산업부문처럼 간주되고 있었다. 문제는 그것을 가속화하려는 움직임이 최근 들어 더욱 거세게 일어나고 있다는 점이다. 국공립대 법인화 추진과 대학자율화 계획 등은 그 대표적인 예이다.

국립대를 민영화하겠다는 발상은 전두환 정권 때 시작되어 김영삼 정권, 김대중 정권, 노무현 정권까지 그 명맥을 유지해 오고 있다. 2002년 11월 한나라당 황우여 의원이 「국립대학운영에관한특별법」을 대표발의해 구체화된 후 교육주체들의 반발에 의해 번번히 무산되었으면서도 국립대법인화는 지속적으로 추진되고 있다. 국립대법인화가 교수 노동시장에 가져올 변화는 자명하다. 교원의 경우에는 특허권이나 급여와 직결되는 성과의 달성을 위해 서로 살벌한 경쟁을 하게 될 것이고, 이는 곧 교수사회 내 위계서열이 돈을 중심으로 재편될 수도 있음을 말해 준다. 일정기간 동안 특정 연구를 목적으로 교원을 고용하는 제도로 외부 프로젝트를 담당하는 연구원을 연구용역비로 운영할 수 있게 하는 '임기제'는 대학을 기업의 하청 연구기관으로 만들어버릴 가능성이 농후하고 다양한 형태의 비전임교원을 추가로 양산할 수도 있다. 또한 국공립대법인화는 대학의 재정부담을 격화시켜 헌법에 보장된 교원의 자주성과 국립대학의 자율성을 심각하게 훼손할 것이고, 그 비용부담을 대학생과 학부모에게 전가할 공산이 크므로 안정적 교원수급에 큰 걸림돌이 될 것이다(국립대법인화저지 공투위 2007).

교육인적자원부가 2007년 8월 2일에 발표한 대학자율화 계획은 대학을 아예 기업으로 만들려고 하는 시도를 극명히 보여준다. 대학자율화 계획에 따라 학교기업 금지 업종은 102개에서 21개로 줄었다. 대학들은 이제 숙박이나 노래방, 술집 등을 빼고는 맘만 먹으면 웬만한 도·소매업과 서비스업을 다할 수 있게 된다. 말이 대학이지 기업과 다를 바 없게 되는 것이다. 아예 학교 기업을 일반 회사처럼 학교 밖에 세우는 것도 허용된다(이득재 2007. 8. 4). 대학자율화 계획에서 하나 더 언급해야 할 것이 자발적 교육개방이다. 이에 따라 국내대학과 외국대학이 공동으로 교육과정을 운영할 시 국내에서는 선발만 하고 수업은 외국대학에서 변칙적으로 이루어지더라도 공동학위 수여가 가능해진다. 뿐만 아니라 외국에서 대학 교육과정을 이수하더라도 국내에서 학점 인정을 받을 수 있도록 한 것은 우리 대학생들보고 외국에 나가서 공부하라고 부채질하는 것이나 다름없다(교수노조, 2007. 8. 16). 소위 자발적 개방은 국내 전임교원뿐만 아니라 대학강사의 수를 줄이는 결과를 가져올 공산이 크다.

교육은 오래 전부터 시장의 그물망에 포획당했다. 대학 본부는 소위 교육시장에서 공급자의 역할을 맡게 되고, 상당수의 교육자는 자신의 강의·연구 능력을 최대한 상품화하여 더 나은 조건을 찾아 이리저리 떠다닌다. 교육 수요자 역시 자신이 원하는 일자리에 취업하기 위해 적절한 서비스를 제공할 수 있다고 포장된 대학을 선택하게 된다. 여기에 드는 비용은 규모에 관계없이 대부분 개인의 몫으로 전가된다. 재단 전입금이 남아돌아도 대학등록금은 치솟고, 이에 불복하거나 서비스 구매 능력이 없는 개인은 교육시장에서 퇴출된다. 시장에서 살아남은 개인은 양질의 상품을 요구한다. 상품에 대한 정보를 취득하고(학교정보공개), 평가를 통해 마음에 안 드는 불량품을 제거하려(극단적인 교원 평가제를 실시할 경우) 시도한다. 대학의 교육자도 어느덧 학생과 학부모들에게 하나의 상품으로 전락해 버린 지 오래다.

자본주의에서 인간이나 물건 및 서비스는 교환되어야만 상품으로 살아남을 수 있다. 교환되기 위해서는 끊임없이 자기자신을 포장해야 한다. 연구업적과 프로젝트 성과는 기계적으로 계산되고, 수요자의 주머니를 더 털어내기 위해 유행을 좇아 온갖 구호로 포장된 '신세계와 틈새 시장' 에 선택과 집중을 반복한다. 그러나 아무리 특성화를 부르짖어도 '동질화의 마법' 에서 빠져 나오긴 어려워지고 있다. 소위 인기 학과는 대부분의 대학에 개설되는 반면, 당장 돈 안 되는 학문은 퇴출당하기 일쑤다. 전문성이 하루아침에 길러지지 않는다는 점에서 동질화 과정의 지속은 고등교육자의 '대체 가능성' 을 점차 높여준다. 대체 가능성이 높아진 직무에는 산업예비군이 줄을 서고 노동자 간 경쟁은 더욱 치열해진다. 대학교육자에 대한 대체 가능성이 높아질수록 지식인의 기능을 다하기는 점차 어려워진다.

최소의 비용으로 최대의 산출을 보려는 대학의 입장은 교수 노동시장을 더욱 불안정하게 만들고 이는 대학의 자율성을 재단이나 핵심 관료집단에게 귀속시킴으로써 관철된다. 교수사회 내부의 경쟁을 가속화시키고 그 결과를 차등 적용하여 교수 간 위계를 세우는 것이 점차 미덕으로 간주되고 있다. 대학의 비리를 문제삼거나 비판적 사유를 강조하는 사람들은 영리활동을 저해하거나 시대에 뒤떨어진 자로 간주되고, 이런저런 핑계를 대어 교육과정에서 점차 배제될 수 있다. 대학자율화 계획을 통해 학교 현장에서 교직원 인사운영 및 복지 후생에 관한 계획 등을 삭제할 수도 있게 되어 대학이 구성원들을 길들일 수 있는 수단은 더 강력해졌다.

법은 교육자의 교원신분을 불안정하게 만들어 대학의 요구를 수용한다. 점차 도입되는 교수평가 시스템과 계약제 및 연봉제 등은 그 기술적 도구의 기능을 수행한다. 정년을 자동적으로 보장받는 사람들의 수는 점차 줄어들지만, 진입할 때부터 퇴출의 부담을 안고 당장의 성과를 위해 몸부림쳐야만 하는 사람들의 수는 늘어난다. 정치권과 재단의 이해관계자들은 '평가' 라는 마술의 지팡이로 '많이 배우고 많이 가진 것처럼 보이는'[27] 교육자들을 '불안정 노동' 상태로 내몰고 있다. 피해의식에 찌들어 비판적 사유능력을 상실해 가고 있는 사람들은 간혹 '많이 배운 사람들에 대한 적대감' 을 집단적 · 폭력적으로 발산한다. 영화 한 편 비평하다 수만 명의 사이버 테러를 받는 시대[28]에 우리는 살고 있는 것이다.

이런 상황에서 대학이 자발적으로 안정적 신분을 보장받으며 충분한 물적 급부를 받는 전임교원의 수를 대폭 증가시킬 것이라는 기대를 하는 것은 현실적이지 못하다. 지금보다 더 열악한 조건에서도 일할 교육자가 주변에 남아도는데 영리를 추구하는 대학이 도대체 왜 그렇게 하겠는가? 또한 재정 확보 없이 전임교원을 지금보다 대폭 늘여 자원을 공유하는 데 찬성할 정규 교수가 과연 얼마나 되겠는가?[29] 교육의 상품화와 교수 노동시장의 불안정화는 앞으로 대학강사의 교원화에 드는 비용을 정부에 전가할 가능성이 크다. 따라서 결국 교육부 관계자가 토론

27) 2년제 대학이나 재정상황이 열악한 사립대의 정규 교수들은 그들이 실질적으로 교원의 신분을 가지고 있음에도 교권과 임금수준은 낮은 경우가 많다.

28) 진중권과 디 워(D-War) 일부 팬들 간의 사이버 격투를 떠올려 보라.

29) 이런 표현이 우리 사회의 소금 역할을 하면서 진보적 삶을 살아가는 정규 교수들을 비판하기 위함은 아니라는 점을 분명히 밝혀둔다.

회에서 늘 이야기하는 '문제 해결을 위해서는 대학이 전임교원을 충원해야한다'는 주장은 일면 옳은 것 같지만 현실성은 크게 떨어진다. 적어도 사립대학은 전임교원을 대폭 충원할 의지가 없다. 이런 상황에서는 정부의 직접 지원정책이 효과적이다. 앞서 보았듯 정부의 정책집행은 시장의 문제를 발생시킬 수도 있지만 일부 해소할 수도 있다. 전임교원 충원율을 높이는 대학에 대해서는 더 많은 지원을 해주고 자구책을 내지 않는 대학에 대해서는 통제를 강화하기보다 지원을 하지 않는 전략을 쓴다면 어느 정도의 문제 해결은 가능하다. 그런 의미에서 '지원은 하되 간섭은 말아야 한다'는 말은 여전히 옳다.

3) 고등교육법일부개정법률안 비교와 의미

민주노동당 최순영 의원은 2006년 3월 30일 「학교자치법」을 제안하면서 '시간강사'를 '대학강사'로 개칭하여 교원의 범주에 포함하는 형태로 「고등교육법」 제14조 제2항을 변경하는 「고등교육법일부개정법률안」을 발의하였다. 열린우리당 이상민 의원은 '전임강사와 시간강사를 통합한 연구교수'를 교원의 범주에 포함하는 「고등교육법」 제14조 제2항 개정과 시간강사와 명예교수를 「고등교육법」 제17조에서 제외하는 내용을 포괄하는 「고등교육법일부개정법률안」을 2006년 6월 16일 발의한 바 있다. 또한 2007년 5월 15일 한나라당의 이주호 의원은 '시간강사'를 '강사'로 개칭하여 교원의 범주에 포함시키고, '국가 및 지방자치단체는 보수 등 시간강사의 처우개선과 지위향상에 소요되는 경비의 전부 또는 일부를 지원 · 보조하도록 하는' 단서조항을 「고등교육법」 제7조의 제1항

[표 5-14] 2007년 6월 현재 발의된 고등교육법일부개정법률안 비교

개정대상	현행	발의자	내용	비고
고등 교육법 제14조 제2항	학교에 두는 교원은 총장 및 학장 이외에 교수, 부교수, 조교수 및 전임강사로 구분한다.	최순영 의원 (06. 3. 30)	학교에 두는 교원은 제1항의 규정에 의하여 총장 및 학장 외에 교수, 부교수, 조교수, 전임강사, 대학강사로 구분한다.	교원의 범주에 "대학강사" 추가
		이상민 의원 (06. 6. 16)	학교에 두는 교원은 총장 및 학장 이외에 교수, 부교수, 조교수 및 연구교수(전임강사 및 시간강사를 말한다)로 구분한다.	교원의 범주에서 전임강사와 시간강사를 통합한 "연구교수" 추가
		이주호 의원 (07. 5. 15)	학교에 두는 교원은 총장 및 학장 이외에 교수, 부교수, 조교수, 전임강사 및 강사로 구분한다.	교원의 범주에 "강사" 추가
고등 교육법 제17조	학교에는 대통령령이 정하는 바에 의하여 제14조 제2항의 교원 외에 겸임교원·명예교수 및 시간강사 등을 두어 교육 또는 연구를 담당하게 할 수 있다.	최순영 의원	-	-
		이상민 의원	학교에는 대통령령이 정하는 바에 의하여 제14조 제2항의 교원 외에 겸임교원(명예교수 등)을 두어 교육 또는 연구를 담당하게 할 수 있다.	명예교수와 시간강사 삭제
		이주호 의원		시간강사만 삭제
재정부담 주체	국가, 지방자치단체, 사립대학	이주호 의원	4가지 안(100% 국고, 국공립대 100% 사립대 50%, 국공립대 100% 사립대 40%, 국공립대 100% 사립대 30%) 제출	
재정추계	있음	이주호 의원		

* 자료 : 이주호, 2006, 전국 4년제대학 시간강사 실태분석의 자료를 재구성함.

에 신설하였다.

만일 이 법률안 중 어느 하나라도 통과된다면 「고등교육법시행령」

제7조의 시간강사 관련 규정[30]이나 「국 · 공립대학및전문대학강사료지급규정」 역시 사라질 것으로 전망된다.

이들 세 의원의 발의 취지는 크게 다르지 않은 것으로 보인다. 첫째, 대학강사에게 나름대로 적절한 명칭을 부여하여 고등교육법상 교원의 범주에 포함시킨다. 둘째, 대학강사에게 교원에 걸맞는 대우를 함으로써 고등교육의 질을 향상시킨다. 이러한 입장은 과거의 정치권이 보여온 행태[31]를 감안했을 때 가히 혁신적인 것으로, 국민의 교육권 수호에 대한 열정과 교육자에 대한 존중이 드러난 것이라 평가할 수 있다. 특히 이주호 의원(2007)은 발의안에 재정추계 또한 포함시켰다. 대학강사를 교원으로 하고, 교원에 대한 국가의 지원 규정을 마련하여 주당 9시간을 강의할 경우 국공립대 전임강사 대비 50% 수준에 해당하는 약 2,250만 원의 연봉을 지급하자는 것이 그 골자이다. 또한 그 비용은 국공립대의 경우 정부에서 전액 부담하고 사립대의 경우는 50 : 50의 매칭 펀드제로 마련하자고 제안하고 있다. 이 발의안에 민주노동당 최순영 의원이 서명함

30) 현행 고등교육법시행령 제7조는 다음과 같다.
학교의 장은 법 제17조의 규정에 의하여 다음 각호의 구분에 따라 겸임교원 · 명예교수 · 시간강사 · 초빙교원 등을 각각 임용 또는 위촉할 수 있다.
1. 겸임교원 : 법 제16조의 규정에 의한 자격기준에 해당하는 자로서 관련분야에 전문지식이 있는 자
2. 명예교수 : 교육 또는 학술상의 업적이 현저한 자로서 교육부령이 정하는 자
3. 시간강사 : 교육과정의 운영상 필요한 자
4. 초빙교원 등 : 법 제16조의 규정에 의한 자격기준에 해당하는 자. 다만, 특수한 교과를 교수하게 하기 위하여 초빙교원등을 임용하는 경우에는 그 자격기준에 해당하지 아니하는 자를 임용할 수 있다.

31) 사실 지난날 시간강사를 교원의 범주에서 제외시킨 사람들은 국회의원들이었다. 또한 서울대의 모 비정규 교수가 자살한 2003년, 시간강사 처우개선과 관련된 예산을 전액 삭감한 이들도 그들이었다.

으로써 고등교육법일부개정법률안은 크게 이상민 안과 이주호 안의 두 가지로 압축되었다.

4) 무엇을 할 것인가?

① 이해관계를 둘러싼 논쟁

현재 제출된 이주호 안과 이상민 안에 대한 교육부와 대교협의 반응 및 최근 비정규법안시행령에서 박사학위자를 정규직화 대상에서 제외한 노동부의 입장을 정리하면 다음과 같다. 앞의 [그림 5-1]에서 보았듯 이들은 정부, 대학, 정규 교수 상당수의 이해관계를 대변하고 있는 것으로 보인다.

> "시간강사를 전임교원화할 경우 재정부담이 가중되어 학생 등록금을 올릴 수밖에 없다."
> "시간강사를 쓰지 못하면 탄력적 교과운영에 제약이 온다."
> "시간강사를 교원으로 할 경우 교원 확보율에 포함되어 전임교원보다 비전임교원을 많이 뽑을 것이다."
> "대량해고 사태가 일어날 것이다."
> "사립대학에는 현재 정부 예산 지원이 불가능하다."
> "박사학위자를 정규직화 대상에서 제외한 것은 그들을 보호하기 위한 것이었다."

이런 주장에 대해서는 다음과 같이 답변할 수 있을 것이다.

지금까지 전임교원을 제대로 뽑지 않았기 때문에 이 문제가 생겼으므로 중장기적으로 전임교원 충원율을 OECD 평균수준으로 상승시킨다. 단기간에 그렇게 하기 힘들면 전임교원 충원율에 포함되지 않는 법적 교원을 대량으로 뽑아 전임교원 충원율이 높은 곳부터 정부가 그 비용을 집중 지원한다. 이때 정부 예산 지원이 가능하도록 관련 규정을 손질하고, 전임교원 충원율에 따라 차등 지원한다. 박사학위자는 우선적으로 법적 교원으로 전환시킨다.

대학강사를 교원으로 해도 탄력적 교과운영에는 아무런 지장이 없다. 탄력적 교과운영이 의미하는 바가 마음대로 해고하는 것이 아니라면 말이다. 또한 대량해고 사태는 쉽게 일어나지 못할 것이다. 현재의 대학은 강사 없이 운영되기 어렵다. 물론 단기간 동안 전임교원이 더 많은 시수를 담당할 수 있겠지만 그 기간이 그리 길진 않을 것이다. 만약 전임교원들이 지금보다 약 2배의 강의 시수를 초과 강의료 취득을 위해 계속 담당한다면 이미 대학은 죽은 것이나 다름없다. 그런 곳에서 대학 경쟁력 강화나 지식교육 운운하는 것은 공염불에 불과하다.

논쟁지점은 여기서 머물지 않는다. 교원이 정규직을 의미하는가, 어느 정도의 처우를 보장할 것인가, 재원은 어떻게 마련할 것인가, 권한은 어느 정도 부여할 것인가, 어떻게 뽑을 것인가 등 시행령에서 다루어야 할 과제는 산적해 있다.

② 교원 법적 지위 확보와 단계적 접근

앞에서 살펴보았듯 정규 교수와 비정규 교수 간 차별의 근거는 '교원성 여부'이다. 아무리 교원처럼 일한다고 주장해 봐야 법적으로 교원 신분을 보장받는 것과 그렇지 못한 것은 후속 대책에서 큰 차이를 가져온다. 기간제 교원은 교원이기 때문에 주체적 노력이 부족함에도 불구하고 최소한의 처우개선이 이루어졌다. 따라서 1차적 목표는 교원 법적 지위 확보에 두는 것이 타당할 것이다.

이때의 교원이 전임교원인가 비전임교원인가는 향후 시행령 제정 과정에서 좀더 분명해질 것이다. 현재 제출된 법안에서 대학강사=비전임교원임을 의미할 이유는 없다. 고등교육법 제14조 2항에 명시된 교원의 범주는 총장과 학장 및 교수를 모두 포함하는 것으로 여기에 포함된 교원은 그들과 엇비슷한 수준의 자격과 신분을 가진다고 볼 수 있다. 물론 기간제 교원을 예로 들어 그렇게 안 볼 수도 있다. 특히 교수 노동시장의 불안정화를 도모하면서 각종 계약 교수제를 남발하고 있는 정황을 감안할 때, 대학강사를 선뜻 전임교원으로 간주해 주기를 기대하는 것은 과도하다고 생각할 수도 있을 것이다. 만일 대학강사가 교원이되 (기간제) 비정규직이라면 '비정규직 차별시정' 을 좀더 세부적으로 시도할 수 있을 것이다.[32]

무엇보다 유의할 점은 다양한 형태의 다른 비정규교원이 양산되는 것을 막는 것이다. 대학강사가 비정규 교원이 된다 하더라도 대학 내 다른 형태의 비정규 교원은 최소화하거나 존재하지 않는 것이 좋다. 겸임교수는 가급적 없애고, 명예교수는 최소화하는 것이 바람직하다. 대학사회에는 전임교원과 비전임교원 두 가지 형태의 교원만 남아 있는 것이 좋다. 아래의 [그림 5-4]는 대학강사를 단기적으로 비전임교원으로 하고, 중장기적으로는 전임교원 충원율을 높여 대학강사를 둘러싼 문제를 해결하자는 내용을 담고 있다.

---

32) 물론 필자는 비정규직 차별 시정을 통해 이 문제를 쉽게 해결하리라 낙관하지는 않는다. 앞으로 사용자 동일성, 합리적 이유, 업무의 유사성 등에서 치열한 논쟁이 전개될 것으로 전망한다. 세부적인 이야기는 노조 내부의 입장이 될 수 있으므로 이 글에서 공개하기는 어렵다.

[그림 5-4] 대학강사제도 문제의 해결수준

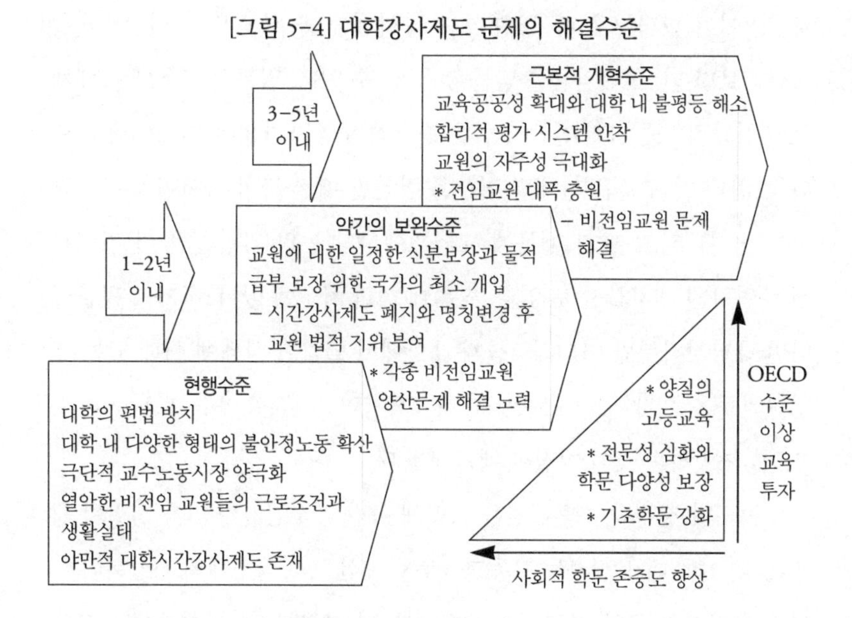

교원 법적 지위를 확보함에 있어 국회의원 누구의 안을 선택할 것인가는 중요한 문제가 아니다. 이상민 안이 채택될 수도, 이주호 안이 선택될 수도, 두 의원의 안이 적절히 절충될 수도 있다. 현재의 각 법안은 나름대로 긍정적 의미를 가지고 있으므로 일단 국회 교육위에서 논의를 시작해 빠른 시일 내에 결론에 도달하는 것이 중요하다. 이 과정에서 우리가 비판해야 할 부류는 지나치게 형식에 매몰된 '반대자'들일 것이다.

③ 재정 확보의 방안 구체화

이에 관해서는 이주호(2007)가 재정추계를 내놓았고, 그 이전에 임순광(2004a, 2007)이 노조의 입장을 강조한 바 있다. 핵심은 대학강사의 임금이 전임강사 대비 1/2(이주호)이냐 2/3 이상(임순광)이냐이다. 필자는 적어도 40대 기혼 유자녀 가장이 3인 가구 표준생계비 정도의 소득은 보장받아야 한다고 본다. 또한 호주의 사례를 볼 경우 일부 비정규직이 정규직보다 더 많은 임금을 받는 것을 알 수 있다. 일본의 경우에도 대체로 비정규직 노동자가 받는 임금은 정규직 노동자의 80% 이상이라고 한다. 그런데 이 수준은 단계별 접근을 감안할 때 정도의 차이이지 본질적 차이는 아니라고 보기 때문에 교육위에서의 논의 과정을 좀더 지켜본 뒤 유연하게 대처할 수도 있다. 교원에 대한 처우에 있어 한 가지 덧붙인다면 대학강사뿐만 아니라 2년제 대학에서 열악한 상태에 처해 있는 전임교원들을 위해서도 교원에 대한 '최저연봉제(3인 가구 표준생계비 수준)'를 도입하는 것이 어떨까 제안해 본다.

논의가 진행될수록 재원을 어떻게 마련할 것인가가 더욱 쟁점이 될 수 있다. 이에 대해 필자는 고등교육부문 예산증액, 국립대의 기성회비 이월과 사립대의 재단 전입금에 대한 정부의 적절한 개입, 기존 고등교육부문 예산조정(예를 들어 학진 예산)과 대학 자원의 합리적 배분, 고등교육기금 조성(종부세의 전환 또는 기업의 사회적 환원 등의 방식) 등을 제시한 바 있다. 이보다 더 좋은 방식도 얼마든지 고민할 수 있을 것이다.

④ 권한 부여와 선발 및 계약조건 결정

대학강사에 대한 권한 부여는 앞의 노동과정 부분에서 충분히 설명했다. 어떤 식으로든 대학 내 의사결정구조에 편입하여 일정 정도의 결정권을 행사할 수 있는 정도의 권한 보장은 되어야 할 것이다.

선발에 있어 투명한 공개채용과 최소한의 평가 시스템 도입은 앞으로 필요하다고 본다. 평가항목에는 강의평가, 연구실적, 사회봉사 및 학회활동, 학위 또는 전문 자격증 보유 여부 등이 단계적으로 포함될 수 있을 것이다. 일단 선발되면 한 대학에 소속되는 것을 원칙으로 하고, 신규

자의 경우 중간점수를 부여한다면 큰 불이익은 없을 것이다.

계약조건에 있어 한국비정규교수노조는 계약제, 최저연봉제, 권역별 순환제 등의 도입 또한 주장한 바 있다(임순광 2004a). 현재의 상황으로 보아 계약기간은 적어도 2년은 보장되어야 할 것이고, 최저연봉은 3인 가구 표준생계비, 그리고 권역별 순환제의 도입을 고려할 수 있을 것이다. 좀더 나아가 이 모든 것을 관장할 수 있는 국가기구를 설립하는 것도 고려해 볼 수 있다.[33] 다만 국가기구를 설립한다면 반드시 권익단체의 참여와 권한 부여가 보장되어야 할 것이다.

⑤ 흔적을 넘어

사회구조적 동향을 감안해 보았을 때 대학강사의 실질적 교원화는 주체의 역량에 달려 있다고 해도 과언이 아니다. 마침 수십 명의 국회의원들이 어떤 식으로든 발의안에 서명을 하고 국회 교육위에서도 전향적인 결론을 내려줄 것이라 기대하지만 무엇보다 스스로의 노력이 더욱 요구된다 하겠다.

지금까지 약 20년간 한국비정규교수노조는 교수노조를 비롯한 여러 교수단체와 시민사회단체 및 노동단체들의 지원을 받으며 대학강사의 교원화를 위해 노력해 왔다. 하지만 그것을 이루어내지 못한 가장 큰 이유 중 하나는 약한 조직력 때문이었다. 전국 대부분의 대학에 분회가 건설되고 이들이 하나로 뭉쳐 조직적으로 대응할 때 '표를 의식할 수밖에 없는' 정치권이 적극적으로 움직이고, 대학 역시 상당한 부담을 안고

33) 이남석은 한국비정규교수노조(2004) 워크숍에서 (가칭)한국고등학술원을 제안한 바 있다.

중장기적인 대책수립을 고민하게 될 것이다. 하버마스의 제자이자 동료인 클라우스 오페는 정치체계가, 이해 당사자들이 가진 '기능적 중요성' 이나 '갈등의 폭발성' 에 영향을 받으며 움직인다는 사실을 이미 오래 전에 지적한 바 있다. 그런 의미에서 대학강사들은 더 이상 스스로에 대해 '희미한 흔적' 이나 '유령' 또는 '파출부' 등으로 자조하는 데 그치지 않고 대학의 일 주체로 서기 위한 행보를 더욱 보여야 할 것이다.

상당수의 정규 교수들은 그동안 본인이 의도했건 그렇지 않았건 비정규 교수에게 가해자로 다가오는 경우가 많았음을 인정하고, 비정규 교수와 함께 교수 노동시장의 불안정성 극복을 위해 연대할 것으로 기대된다. 언론 역시 더 이상 불쌍한 대학강사 생활실태 같은 껍데기만 다룰 것이 아니라 구조적 문제와 대안 모색에 동참해야 할 것이다. 문제 해결의 열쇠를 쥐고 있는 정치권도 주요 3당에서 비슷한 취지의 법안을 발의한 이 호기를 놓치지 말고 더 나은 대학 교육현장을 만드는 결정을 할 때 그 존립근거를 분명히 할 수 있을 것이다. 필자는 우리의 미래를 위해 더 나은 대학건설을 열망하고 불평등 극복을 희망한다. 그 길에 독자들이 동참하길 기대한다

"정의가 지배하지 않는 곳이면 그 어디든 민중은 운명을 바꾼 것이 아니라 사슬을 또 다른 사슬로 바꾸었을 뿐임을 기억하십시오."

– 로베스피에르, 1794년 7월 6일 국민공회에 한 마지막 연설 중에서

— 자료 : 시간강사 관련 주요 일지 —

기관(날짜)	제목	주요 내용
교육인적 자원부 (01. 4. 24)	"대학시간강사 문제 해소대책 보고"	• 대통령 보고자료 • 전업시간강사 강의료 인상, 비전업강사는 고정 • 중장기과제로 "방학기간 중 급여 지원 및 연구비 지급 등 검토, 연금 · 퇴직금 · 직장 의료보험 혜택 부여방안 강구, 시간강사 명칭을 단기교수 · 시간제교수 등으로 변경하고 시간강사의 자격과 지위를 관련법령에 규정 검토, 대학의 시간강사에 대한 처우 개선 노력을 평가하여 행 · 재정 지원에 반영" 등을 제시하였음.
청와대	"12대 국정과제의 세부사항에 비정규직대학 교수 대책" 명시	• 청와대 홈페이지 12대 국정과제의 [교육개혁과 지식문화 강국 실현] 참고 • 학문의 자유와 대학자치 실현을 위한 기반 조성 – 국가 수준의 학문정책 수립 및 학술진흥 기반 확충 – 학문 후속세대 양성대책 및 비정규직 대학교수 대책 강구
서울 지방법원 (03. 10. 30)	"한성대 김동애 퇴직금 지급 판결"	• 대학교 시간강사도 노동자 • 강의라는 노동의 성격상 1시간 수업 위해 적어도 2시간 추가 준비 시간 필요, 이를 노동시간에 산정 • 퇴직금 지급 판결
국가 인권위원회 (04. 6. 16)	"대학시간강사의 차별적 지위 개선"	• 시간강사의 지위와 교육활동의 가치를 인정하고, 전임교원에 비례하는 합리적 대우를 통하여 차별을 개선하여야 할 필요가 있다고 판단 • 교육인적자원부에 대학시간강사에 대한 근무조건, 신분보장, 보수 및 그 밖의 물적 급부 등에 있어서의 차별적 지위를 개선할 것을 권고 • 이번 권고가 대학내에서 강의와 연구를 담당하고 있는 4만여 명에 이르는 시간강사가 대학사회의 일원으로서, 그 역할에 걸맞는 근무조건이나 보수 등을 포함한 합리적 지위를 보장받을 수 있고 아울러 대학교육의 질적 개선도 이룰 수 있는 계기가 될 것으로 기대
국가 인권위원회 (04. 9. 20) (06. 12. 12)	"시간강사 경력 인정"	• 지방공무원보수규정 별표 3『연구직공무원의 경력환산율표』가 연구직공무원의 초임호봉 획정을 위한 유사경력 산정에 있어 대학 등에서 시간강사로 근무한 경력을 유사경력으로 인정하지 않는 것은 합리적인 이유 없이 헌법 제11조에 보장된 평등권을 침해하는 차별행위(2004)

		• 최소한의 업무 연관성을 인정할 수 있는 내부 규정이 있음에도 불구하고 시간강사 경력이 정규직 경력이 아니라는 이유만으로 이를 인정하지 않는 것은 비정규직 경력을 이유로 한 고용상의 차별(2006)
대법원 (07. 3. 29)	"대학 시간강사는 근로자"	• 2004년 10월에 법원이 같은 결정을 내렸으나 대학측이 불복해 2007년 3월 29일에 대법원이 최종 확정 판결함. • 총장 등에 의해 위촉돼 지정 강의실에서 강의를 하면서 학사관리업무를 수행하고 그 대가로 강사료를 보수로 지급받고 불성실하게 업무를 수행하면 해임될 수 있는 점 등을 볼 때 시간강사들은 근로자에 해당 • 대학 시간강사도 근로자이므로 대학이 산재보험료 등을 납부해야 함.
노동부 (07. 4. 19)	"비정규직 관련법안 시행령 입법예고안에서 정규직화대상 예외에 박사시간강사 포함"	• 박사학위를 지닌 시간강사는 정규직 전환 대상에서 제외

참 | 고 | 문 | 헌

강병운 외. 2005. "대학의 강사 및 비정규직 교원 대책 연구." 『교육인적자원부 정책연구 2004-지정과제-37』.

교수노조 성명서. "교육의 상품화와 대학의 시장화만을 부추기는 대학자율화 추진 계획" (2007. 8. 16).

교육인적자원부. 2001.「대학 시간강사 문제 해소대책」. 대통령 보고자료.

______. 2004. "민원회신." 『고등교육정책과-4663』(2004. 10. 19).

______. 2006. "2006 고등교육통계." 「조간보도자료」.

국립대법인화 저지와 교육공공성 강화를 위한 공동투쟁위원회. 2007. 『교육공공성 포기, 대학자치말살, 등록금 인상 초래하는 국립대법인화 이것이 문제입니다』.

국회 법률지식정보시스템 http://likms.assembly.go.kr/law/jsp/main.jsp.

김종서. 2001. "교수계약제 · 연봉제와 대학교육개혁." 『민주법학』 제19호.

______. 2004. "교수계약제 어떻게 볼 것인가." 열린우리당 최재성 의원 주최 『교수 계약제에 대한 토론회 주제발표문』.

김한성. 2006a. "비정규직 교수 관련 현행 법령의 내용 및 문제점." 『비정규 교수의 교원법적지위 확보를 위한 정책토론회 자료집』.

______. 2006b. "비정규직 교수의 법적 지위 개선방안." 한나라당 이주호 의원 주최 『시간강사 처우 및 제도 개선방안 정책토론회 자료집』.

노무법인 참터. 2007. 『2007 비정규직법 '로드맵' 관계법』.

서울지법. 2003. "2003 퇴직금 항소 승소 판결문." (항소인 김동애) www.kangno.com 강노자료실(정책자료).

심경호 외. 2002. “대학의 강사제도 개선을 위한 정책 연구.”

심세광. 2003. “대학강사의 교원법적지위 보장.” 『시간강사 현실과 대책-국가인권위 주최 토론회 자료집』.

영남대학교. 2004. “2004 예산안(지출).” www.yu.ac.kr.

이경호. 2007. “정부의 비정규직보호법안과 비정규 교수노조의 대응 방향에 대한 소고.” 『비정규 교수의 교원법적지위 확보를 위한 제3차 정책토론회 자료집』.

이남석. 2003. “불평등한 대학강사제도를 국가인권위에 제소하며.”

______. 2004a. “대학의 개혁과 비정규직교수제도의 새로운 모델.” 『대학 개혁과 교육의 공공성 확립을 위한 국민 대토론회 자료집』.

______. 2004b. 『대학교수체제 변혁을 위한 제1차 워크샵 자료집』.

이득재. 2005. “신자유주의와 대학 구조조정.” 『제1회 비정규 교수의 교육력 증진을 위한 워크숍 자료집』. 한국비정규 교수노조 경북대 분회.

이득재. 2007. “대학이 기업인가.” 〈참세상〉(2007. 8. 4).

이상달. 2006. “비정규직 교원문제.” working paper.

이재정. 2001. 『한국 대학교육의 현황 진단과 정책 대안』.

이주호. 2006. 『전국 4년제 대학 시간강사 실태분석』. 국정감사 정책보고서.

______. 2007. “고등교육법일부개정법률안”(2007. 5. 15).

임성윤. 2002. “대학강사들의 현재와 대안.”

임순광. 2004a. “대학 시간강사제도의 문제점과 해결방안.” 『충남대 민교협 심포지움 자료집』.

______. 2004b. “비정규 교수와 학생수업권.” 『복현』.

______. 2006a. “2006년, 대학안의 유령이 경북대 구성원들에게 바란다.” 『복현』.

______. 2006b. “대학강사의 현황과 실태.” 『비정규 교수의 교원 법적지위 확보를 위한 정책토론회 자료집』.

______. 2007. “교원 법적지위 부여 고등교육법일부개정법률안 비교와 재정추계안.” 『비정규 교수의 교원법적지위 확보를 위한 제3차 정책토론회 자료집』.

정규환. 2004. “대학강사의 법정 교원 지위 복원-당위성과 법령 개정.” 2004년 7월 오마이TV 출연 원고.

정성기. 2003. “대학사회의 시간강사 노동문제와 (정치)경제학 · 생활현장의 분열에 대한 성찰." 『한국노동경제학회 2003년도 추계학술대회 자료집』.
조우영. 2002. "대학강사관련 법령 검토 : 강사들의 처우 개선을 위하여."
조정재. 2007. "한국 대학교수 노동시장구조 : 분단노동시장 이론의 관점으로 본 현실과 전망." 『한국비정규교수노조 대구경북지부 학술지 발간 집담회 자료집』.
진미석 2003. "대학의 시간강사의 현황과 실태." 『시간강사 현실과 대책-국가인권위 주최 토론회 자료집』.
홍영경. 2003. "대학강사는 교원이다." www.kangno. com 강노자료실(정책자료).
《교수신문》
《페이오픈》 http://payopen.scout.co.kr.
《한겨레신문》

2 비정규 교수의 몇 가지 시선

6_

환경파괴에 따른 대구경북지역 귀화식물의 증가

박태규

1. 서론

어린 시절 잔디밭에서 놀다 보면 잎이 네 개 달린 토끼풀을 발견하면 기분 좋은 일이 생긴다며 책갈피로 꼽아두었던 기억들이 있다. 도심은 물론 한적한 시골길을 가다 보면 도로변을 따라 줄지어 피어 있는 화려한 코스모스, 강변이나 빈터에 노랗게 핀 달맞이꽃과 서양 민들레, 묵밭을 꽉 채우고 있는 망초, 개망초와 같은 식물들은 이미 우리 생활 속에서 친숙하게 받아들여지고 있지만 우리 땅에서 살아가는 자생식물이 아니라 외국에서 도입되어 살고 있는 외래식물이다(박수현 1995).

외국에서 들여온 것이지만 사람들이 씨 뿌리고 거름 주며, 경쟁이 되는 다른 초본류를 제거하는 등 끊임없이 관리를 하지 않으면 자랄 수 없는 벼, 보리, 밀, 양파, 고추, 목화와 같은 작물이나 장미, 백일홍, 코스모스, 아이리스와 같은 화훼류는 외래식물이라고 할 수 있으나 이런 작물, 화훼류는 귀화식물 분류에서는 재외하고 자생식물과 같이 야생화되어 자라고 있는 외래식물을 귀화식물이라고 부르고 있다.

귀화식물은 우리나라 땅에서 자라는 자생식물이 아니고, 외국 원산의 식물들이 자연적 내지는 인위적으로 우리나라에 들어와 살고 있는 모든 식물종을 통칭하는 것이고, 귀화식물은 도입된 외래종이 의도적 또는 무의식적으로 우리나라에 각지로 옮겨져 여러 세대를 반복하면서 야생화되어 마치 자생식물처럼 토착화되어 살아가는 식물들을 통틀어 '귀화식물'이라고 한다(금지돈 외 2001).

외래식물이 도입되면 기후나 토양환경이 낯선 곳에서 살아남기 위해 자생식물에 비해 다양한 생존전략, 뛰어난 번식전력을 통해 살아남게 된다. 또한 도로나 아파트 건설, 쓰레기터, 하천 범람과 같이 자연생태계가 파괴되거나 훼손되면서 자생식물과 귀화식물이 같은 조건에서 경쟁을 하게 되므로 다양한 전력을 가진 귀화식물이 자생식물을 밀어내게 된다. 즉 자연환경이 파괴된 곳에서 주로 귀화식물이 번성하게 되는 것이다(박용하 외 1998, 김준민 외 2001). 자연생태계에서 생물종은 생리적으로 알맞은 환경을 최적의 서식지로 선택하게 된다. 최적의 환경조건에서 살아남기 위해 생물종 간에 치열한 경쟁을 하게 된다(김종원 2006).

대구경북지역의 대표적 산야인 팔공산 동화사와 수태골, 비슬산, 앞산을 비롯하여 금호강 유역을 따라 시민들의 출입이 잦은 곳이나 시멘트로 직선화된 금호강 유역과 공단화되어 버린 주변지역으로는 어김없이 귀화식물 종들이 출현하고 있다. 사람들의 출입이 잦아지면서 귀화식물이 증가하게 되고 생태계가 교란되어 자생식물이 삶의 터전을 잃어가고 있는 실정이다(류승원 외 1999, 박수현 1995).

이런 귀화식물의 증가는 자연생태계의 훼손은 물론이고 자연생태계 속에서 살아가고 있는 시민들이 자신도 모르게 우리의 숲과 자연환경의 영향을 받으며 성장하게 되는데, 자생식물보다는 귀화식물을 보고 자라는 아이들의 정서 또한 우리의 자생식물을 보고 자란 아이들과 동일하다고 보기는 어려울 것이다.

이에 본서에서는 우리 대구경북지역의 산지를 잠식하고 있는 귀화식물 종을 분류하고 귀화식물의 분포를 정리하고자 한다. 먼저, 귀화식물의 도입경로, 생존전략, 생태계에 미치는 식물의 영향 등 귀화식물의 특성에 대해 살펴보고, 이어 팔공산, 비슬산, 앞산 등지에 귀화식물이 얼마나 출현하고 분포하는지 살펴본다. 또 나아가 금호강 상류에서 하류에 이르기까지 귀화식물 종의 분포를 조사하여 대구경북지역의 산지훼손 정도를 살펴 합리적인 생태계 관리방안에 대해 고찰해 보고자 한다.

2. 결과 및 고찰

1) 귀화식물의 도입경로

우리나라에 분포하는 귀화식물은 대체로 개화기를 전후해서 분류하고 있는데, 개항 이전에 들어온 식물을 사전귀화식물이라 하고, 개항 이후 들어온 식물을 신귀화식물이라고 하는데, 대부분의 식물들이 신귀화식물에 속한다고 볼 수 있다. 개화 전에는 교류가 활발하지 못했으므로 주로 중국과 일본에서 도입된 종이 전부이고, 다른 나라를 통한 이입은 거의 없었다고 볼 수 있다(박용하 외 1998).

외래종의 도입은 갓, 삼, 귀리, 뚱단지, 오리새, 자운영과 같이 사람의 필요에 따라 의도적으로 수입하여 재배했던 식물이 뒤에 자연생태계로 탈출하여 야생하는 경우가 있는가 하면, 교역이나 문화교류를 통해 화물이나 사람의 몸에 붙어 무의식적으로 도입되어 우리의 산지에 서식하게 된 경우도 있다. 도입된 귀화식물들은 주로 쓰레기터, 공장주변, 하천변, 도로변 등 자생식물이 잘 자라지 못하거나 파괴되고 오염된 곳에 침투하여 살고 있는데, 현재 국내에 들어와 살고 있는 귀화식물종은 200여 종에 이르고 있고, 도시화에 따라 점차 증가되고 있는 추세에 있다(박수현 1995).

2) 귀화식물의 생존전략

귀화식물이 도입되더라도 우리의 자연환경이 잘 보전되어 있는 곳에 침투하기란 쉽지 않다. 따라서 특별한 기구를 통해 우리의 자연환경 속으로 침투해 들어오게 된다(금지돈 외, 2001).

무엇보다 첫째는 왕성한 번식력을 들 수 있다. 남의 땅에 들어와 생존하기 위해 유사한 자생종에 비해 현저히 많은 종자를 생산하여 상대적으로 생존의 기회를 많이 가지게 된다. 또한 연중 발아되기도 하고, 전 생육기간을 통해 연속적으로 종자를 생산하기도 한다. 또한 서식환경 조건이 불리해지면 성체가 되지 않은 상태에서도 결실을 맺어 종자를 생산하게 된다. 생산된 종자의 산포 역시 뛰어난 분산수단을 가지고 있다. 망초류와 같이 깃털이 있어 바람에 날려 산포되거나, 미국가막사리와 같이 종자에 가시가 있어 사람이나 동물에 붙어 전파되기도 하며, 종자껍질이 터지는 탄력을 이용하여 널리 산포되기도 하는 등 다양한 방법으로 전파되게 된다.

둘째, 빛 조건만 충족되면 장소를 가리지 않고 자랄 수 있다. 쓰레기터, 공장지대, 도로변, 아파트 공사현장, 하천변 등 버려진 땅 어디든지 출현하는 특성을 보이고 있다. 특히 외래종 중 아카시나무, 토끼풀, 자주개자리, 전동싸리, 자운영과 같은 콩과식물들은 척박하여 자생식물이 살아갈 수 없는 토양에서도 공중질소를 고정하여 잘 살아갈 수 있다.

셋째, 빠른 생장을 통해 자생식물과의 경쟁에서 살아남게 된다. 종자에서 발아된 유식물은 자생식물에 비해 현저하게 빠른 영양생장을 보이고, 생식생장 역시 빨라서 자생식물보다 빨리 자라고 빨리 종자를 맺어 번식에서 우위를 점하게 된다.

넷째, 오랜 개화기와 강한 재생능력을 들 수 있다. 꽃이 핀 귀화식물은 한달에서 길게는 6-7개월간 지속적으로 꽃을 피우게 된다. 또한 다년생 식물의 경우 줄기를 자르게 되면 많은 가지들이 재생되거나, 로제트 형식으로 월동하면서 생장하거나, 줄기나 뿌리가 잘 잘려져서 쉽게 번식하고, 재생하는 특성을 가지고 있다.

다섯째, 타가수분뿐만 아니라 단위생식이나 자가수분을 통해 주변에 동일 생물종이 없고 한 개체만 살고 있어도 스스로 번식을 할 수 있는 특성을 가지고 있다. 어떤 상황에서도 자손을 번식하는 데에는 문제가 없다는 것이다.

이외에도 빛과 질소를 좋아하고, 종자의 수명이 길며, 발아되는 데 특별한 조건이 필요 없다든지, 바람을 이용하여 수분을 하는 등 환경에 따라 다양한 생존전략을 가지고 있다고 볼 수 있다.

3) 귀화식물이 생태계에 미치는 영향

귀화식물은 외국에서 도입된 것이기 때문에 무조건 나쁜 점만 있는 것은 아니다. 귀화식물을 도입하여 좋은 점을 살펴보면, 외래 도입종이 식량자원이 될 수 있고, 원예 및 장식용으로 이용되기도 한다. 또한 병충해 방제나 질병관리에 이용될 수도 있다. 나아가 생물종 다양성과 레저용으로도 이용되기도 한다. 자연생태계에 있어서는 자생식물이 잘 자라지 못하는 척박한 토양이나 버려진 곳에서 식물이 서식함으로써 토양유실을 막아주고 생산성을 높이는 효과가 있으며, 환경오염 물질을 여과하는 정화기능을 가지기도 한다.

하지만 도입된 귀화식물은 국내의 자생식물과 자연생태계에 별로 반가운 존재가 아니다. 우리의 자연생태계도 외래종이 도입되면 첫째, 자생생물종의 감소를 들 수 있다. 외래종은 자생식물과 경쟁을 하게 되면서 자생식물의 서식지가 줄어들게 되고, 왕성한 번식력을 가진 외래종은 이내 자생종을 밀어내게 되고 주인행세를 하게 된다. 둘째, 농경지나 목초지에 침입한 귀화식물은 농작물의 생산성과 목초생산에 영향을 미치게 된다. 셋째, 자생생물 중심의 생태계도 종 조성이 바뀌면서 고유의 생태계 모습을 잃어가게 된다. 넷째, 인간에게는 알레르기, 비염 등 건강상 장애를 초래할 수도 있다(박용하 외, 1998).

한편 귀화식물은 자생종이 잘 자라고 있는 곳이나 잘 보전된 생태계에서는 침입하거나 번성하지 못하게 된다. 하지만 인간에 의해 파괴된 환경, 공사현장, 쓰레기터, 도로공사 현장 등에서 잘 자라게 된다. 따라서 자연환경이 오염되거나 파괴되면 자생종에 비해 외래종에 유리한 환경을 제공하게 된다(금지돈 외 2001). 결국, 사람들에 의해 환경이 오염되면 될수록 자생종의 설 자리는 줄어들고 대신 외래종이 많이 출현하게 되는 결과를 초래하게 된다.

4) 팔공산의 귀화식물

팔공산은 대구 시민들이 가장 즐겨 찾는 산지로 산세도 절묘하거니와 도심에 인접해 있어 많은 사람들이 이용하고 사랑을 받고 있는 산이라고 할 수 있다(류승원 외 2001). 하지만 도로가 잘 조성되면서 시민들이 쉽게 접근할 수 있고 놀이시설이나 위락시설이 들어서면서 봉무공원, 동화사, 파계사, 수태골 등 휴일, 평일 할 것 없이 많은 사람들이 출입을 하고 있는 실정이다. 따라서 고유의 자연환경은 이미 많이 훼손되었고, 식물의 종 조성 또한 많은 변화를 겪고 있는 실정이다.

이에 본 조사에서 사람들이 많이 찾는 시설지구나 위락시설지구 등을 중심으로 팔공산에 출현하는 귀화식물을 조사하였다. 조사지역 가운데 봉무공원, 동화사, 파계사, 한티제, 수태골 등 주로 잘 개설된 도로망을 따라 위락시설이나 유흥시설이 잘 조성된 곳에서는 어김없이 외래종이 출현하였고, 등산로를 따라 올라가게 되면 외래종은 찾아보기 어렵게 된다.

팔공산에서 조사된 귀화식물은 총 19과 45속 53종 2변종으로 총 55분류군이 조사되었다([표 6-1]). 대구지역의 총식물종은 44목 137과 539속 1,080종 236변종 3아종 36품종으로 총 1,355종이고, 팔공산의 경우 39목 121과 464속 857종 197변종 3아종 25품종 총 1,082종이었는데, 팔공산의 귀화식물종의 비율은 5.1% 정도이고, 대구지역 식물종의 4.1%에 해당된다. 국내에 소개된 귀화식물 225종(고강석 외 1996)의 24.4%가 출현하고 있는 셈이다. 이 중에서 생태계에 치명적인 영향을 미칠 수 있는 돼지풀과 같은 외래종의 수는 적은 편이나 귀화식물 종수는 증가되고 있다.

비슬산의 귀화식물상은 총 17과 40속 47종 2변종 총 49분류군이 출현하였다([표 6-2]). 조사지역별로는 가창댐과 정대숲 일원에서는 13과 31속 36종 1변종으로 총 37분류군이 출현하여 비슬산에서 가장 많은 외래종이 출현하였고, 창녕쪽 유가사와 자연휴양림에서는 15과 31속 34종 2변종 총 36분류군이 출현하였으며, 청도방면 헐티제 부근에서는 14과 28속 33종 1변종 총 34 분류군이 출현하였다. 환경이 파괴되면서 외래종이 증가되는 것을 방지하기 위해서는 비슬산 전체를 종합적으로 관리하고, 행정적으로 통합 · 관리하여 자연환경이 합리적으로 관리되어져야 한다(류승원 외 2001b).

앞산의 귀화식물상을 보면 총 17과 36속 43종 1변종으로 총 44분류군이 조사되었다([표 6-3]). 조사지역별 출현 귀화식물 종을 살펴보면, 놀이시설이 있는 큰골에는 15과 24속 28종 1변종으로 총 29분류군이 출현하였고, 달서구 청소년 수련원이 있는 달비골 부근에서는 13과 27속 32종 1변종으로 총 33분류군이 출현하였으며, 심신수련장이 있는 파동 고산골에는 17과 32속 36종 1변종으로 총 37분류군이 출현하였다. 고산골은 비교적 일찍 개발되어 아파트 단지와 함께 비교적 사람들의 출입이 많은 곳으로 사람들의 출입으로 인해 자연환경이 상대적으로 많이 훼손되어 귀화식물의 출현이 많은 것으로 보여진다. 큰골에서는 놀이시설과 함께 많은 사람들이 찾고 있으나, 많은 진입로가 포장이 되어 토양이 빈약하고, 끊임없는 관리로 인해 비교적 귀화식물종이 적게 출현한 것으로 여겨진다.

봉무공원의 경우 16과 29속 33종 2변종으로 총 35분류군이 출현했는데, 시내와 아주 가까운 거리에 있어 많은 사람들이 찾고 있어 입구부터 외래종이 출현하였고, 체육시설이 있는 지역까지 쉽게 귀화식물을 찾아볼 수 있었다. 동화사 입구에도 넓은 주차장과 함께 잔디공원이 있어 많은 사람들이 출입하면서 길가, 빈터 곳곳마다 돼지풀, 코스모스, 달맞이꽃 등이 출현하고 있었다. 출현종은 13과 29속 36종 1변종 총 37분류군으로 팔공산 조사지역 중에서 가장 많은 외래종이 출현하였다. 파계사는 14과 28속 33종 1변종 총 34분류군이 출현했는데, 역시 주차장 주변을 중심으로 사람들의 출입이 잦은 곳에는 어김없이 외래종이 따라 나타나고 있었다. 한티제에도 휴게소 주변으로 사람들이 머문 곳에는 족제비싸리, 좀명아주, 토끼풀이 출현하였고, 특히 도로를 따라 오리새가 띠형식으로 군락을 이루고 있었다. 출현종 수는 11과 26속 30종 1변종 총 31분류군으로 팔공산 조사지역 중 가장 작은 외래종이 출현하였다. 수태골 역시 주차장과 출입구 쪽에서 집중적으로 외래종이 출현하였고, 소나무숲이 우거진 산행로를 따라 가게 되면 외래종은 찾아보기 어렵게 된다. 출현한 외래종은 14과 30속 34종 1변종으로 총 35분류군이 출현하였다.

외래종이 가장 많이 출현한 곳은 동화사였고, 한티제에서 비교적 적은 종이 출현하였다. 이는 사람의 출입이 용이한 정도에 따라 차이를 보이는 것으로 여겨진다. 출현종은 국화과가 18종으로 가장 많았고, 벼과와 콩과가 5종이 출현하였으며, 메꽃과, 십자화과, 명아주 순으로 많이 출현하였는데, 좀명아주, 다닥냉이, 족재비싸리, 토끼풀, 달맞이꽃, 돼지풀, 망초, 코스모스 등 20종류(출현종의 36.4%)는 전 조사지점에서 출현하여 이

[표 6-1] 팔공산의 귀화식물 목록(총 19과 45속 53종 2변종 55분류군)

번호	과 명 Family Name	한 국 명 Korean Name	과 학 명 Scientific Name	조사지역				
				동화사	수태골	한티재	파계사	봉무공원
1	소나무과	개잎갈나무	*Cedrus deodara* LOUD.		+			+
2	벼과	메귀리	*Avena fatua* L.		+	+	+	+
3	〃	개보리	*Elymus sibiricus* L		+	+		+
4	〃	오리새	*Dactylis glomerata* L.			+		
5	〃	쥐보리	*Lolium multiflorum* LAM.			+		
6	〃	미국개기장	*Panicum dichotomiflorum* MICHX.	+	+			+
7	마디풀과	소리쟁이	*Rumex crispus* L.	+	+	+	+	+
8	〃	좀소리쟁이	*R. niponicus* FR.	+	+		+	+
9	명아주과	취명아주	*Chnopodium glaucum* L.	+		+	+	
10	〃	흰명아주	*C. album* L.	+	+	+	+	+
11	〃	좀명아주	*C. ficifolium* SMITH	+	+	+	+	+
12	비름과	털비름	*Amaranthus retroflexus* L.			+		
13	〃	개비름	*A. lividus* L.	+	+		+	+
14	자리공과	미국자리공	*Phytolacca americana* L.				+	
15	십자화과	갓	*Brassica Juncea* var. *integrifolia* SINSK					+
16	〃	다닥냉이	*Lepidium apetalum* WILLDENOW	+	+	+	+	+
17	〃	콩다닥냉이	*L. virginicum* L.	+	+			+
18	플라타너스과	양버즘나무	*Platanus occidentalis* L.		+			+
19	장미과	개쇠스랑개비	*Potentilla supina* L.	+		+		+
20	콩과	아카시나무	*Robinia pseudo-acacia* L.	+	+	+	+	+
21	〃	족재비싸리	*Amorpha fruticosa* L.	+	+	+	+	+
22	〃	자주개자리	*Medicaga sativa* L.	+	+	+	+	
23	〃	전동싸리	*Melilotus suaveolens* LEDEB.					+
24	〃	토끼풀	*Trifolium repens* L.	+	+	+	+	+
25	대극과	큰땅빈대	*Euphorbia maculata* L.	+		+	+	
26	〃	애기땅빈대	*E. supina* RAFIN	+	+	+	+	+
27	아욱과	어저귀	*Abutilon avicennae* GAERTN	+				
28	부처꽃과	배롱나무	*Lagerstroemia indica* L.	+	+		+	+
29	바늘꽃과	달맞이꽃	*Oenothera odorata* JACQO.	+	+	+	+	+
30	메꽃과	둥근잎유홍초	*Quamoclit angulata* BOJER					

31	메꽃과	미국나팔꽃	*Ipomoea hederacea* JACQO.				+	
32	〃	둥근잎나팔꽃	*I. purpurea* ROTH				+	
33	〃	나팔꽃	*Pharbitis nil* CHOIS		+			+
34	지치과	컴프리	*Symphytum officinale* L.				+	+
35	가지과	독말풀	*Datura tatura* L.	+				
36	〃	까마중	*Solanum nigrum* L.	+	+	+	+	+
37	질경이과	창질경이	Plantago lanceolata L.	+				
38	국화과	뚱단지	*Helianthus tuverosus* L.			+	+	+
39	〃	돼지풀	*Ambrosia arteisiifolia* var. *elatior* DESCO	+	+	+	+	+
40	〃	도꼬마리	*Xanthium strumarium* L.	+	+	+	+	+
41	〃	개망초	*Erigeron annuus*(L.) PERS.	+	+	+	+	+
42	〃	실망초	*E. bonariensis* L.	+				
43	〃	망초	*E. canadensis* L.	+	+	+	+	+
44	〃	큰망초	*E. sumatrensis* (RETZ) E.WALKER	+	+			
45	〃	개쑥갓	*Senecio vulgaris* L.	+	+			
46	〃	원추천인국	*Rudbeckia bicolor* NUTT	+	+	+	+	+
47	〃	미국가막사리	*Bidens frondosa* L.	+	+	+	+	+
48	〃	기생초	*Coreopsis tinctoria* NUTT.	+				
49	〃	코스모스	*Cosmos bipinnatus* CAV.	+	+	+	+	+
50	〃	천수국	*Tagetes erecta* L.		+			
51	〃	서양민들레	*Taraxacum officinale* WEBER	+	+	+	+	+
52	〃	방가지똥	*Sonchus oleraceus* L.	+	+	+	+	
53	〃	가시상치	*Lactuca scariola* L.	+	+	+	+	+
54	〃	별꽃아재비	*Galinsoga parviflora* CAV	+	+	+	+	+
55	〃	털별꽃아재비	*G. ciliata* (RAF.) BLAKE				+	
	합계		19과 45속 53종 2변종 55분류군	37종	35종	31종	34종	37종

미 많은 귀화식물이 널리 퍼져 있는 것을 알 수 있었다.

결국 팔공산의 경우 도로가 잘 개설되어 있고 주차장이 정비된 위락지구, 산행로에는 원래의 자연환경이 파괴되었고, 동시에 귀화식물종의 출현빈도가 증가되었다. 이런 결과는 해를 거듭할수록, 팔공산이 개발되고 파괴될수록 외래종은 증가되고 있다는 것을 관심 있게 보아야 할 것이다.

[표 6-2] 비슬산의 귀화식물 목록(총 17과 40속 47종 2변종 49분류군)

번호	과 명 Family Name	한 국 명 Korean Name	과 학 명 Scientific Name	조사지역		
				정 대 가창댐	유가사 휴양림	헐티제 청 도
1	소나무과	개잎갈나무	*Cedrus deodara* LOUD.		+	
2	벼과	메귀리	*Avena fatua* L.	+	+	+
3	〃	개보리	*Elymus sibiricus* L			+
4	〃	오리새	*Dactylis glomerata* L.			+
5	〃	미국개기장	*Panicum dichotomiflorum* MICHX	+	+	
6	마디풀과	소리쟁이	*Rumex crispus* L.	+	+	+
7	〃	좀소리쟁이	*R. niponicus* FR.	+		+
8	명아주과	취명아주	*Chnopodium glaucum* L.	+		+
9	〃	흰명아주	*C. album* L.	+	+	+
10	〃	좀명아주	*C. ficifolium* SMITH	+	+	+
11	비름과	털비름	*Amaranthus retroflexus* L.		+	
12	〃	개비름	*A. lividus* L.	+	+	+
13	십자화과	갓	*Brassica Juncea* var. *integrifolia* SINSK		+	
14	〃	다닥냉이	*Lepidium apetalum* WILLDENOW	+	+	+
15	〃	콩다닥냉이	*L. virginicum* L.			+
16	플라타너스과	양버즘나무	*Platanus occidentalis* L.	+	+	+
17	장미과	개쇠스랑개비	*Potentilla supina* L.			+
18	콩과	아카시나무	*Robinia pseudo-acacia* L.	+	+	+
19	〃	족재비싸리	*Amorpha fruticosa* L.	+	+	+
20	〃	자주개자리	*Medicaga sativa* L.	+	+	+
21	〃	전동싸리	*Melilotus suaveolens* LEDEB.	+		
22	〃	토끼풀	*Trifolium repens* L.	+	+	+
23	대극과	큰땅빈대	*Euphorbia maculata* L.	+		+
24	〃	애기땅빈대	*E. supina* RAFIN	+	+	
25	아욱과	어저귀	*Abutilon avicennae* GAERTN		+	
26	부처꽃과	배롱나무	*Lagerstroemia indica* L.	+		+
27	바늘꽃과	달맞이꽃	*Oenothera odorata* JACQP.	+	+	+
28	메꽃과	미국나팔꽃	*Ipomoea hederacea* JACQO.	+	+	+
39	〃	둥근잎나팔꽃	*I. purpurea* ROTH		+	
30	〃	나팔꽃	*Pharbitis nil* CHOIS	+		+

31	지치과	컴프리	*Symphytum officinale* L.		+	
32	가지과	독말풀	*Datura tatura* L.	+	+	+
33	〃	까마중	*Solanum nigrum* L.	+	+	
34	국화과	뚱단지	*Helianthus tuverosus* L.	+	+	
35	〃	돼지풀	*Ambrosia arteisiifolia* var. *elatior* DESCO	+	+	+
36	〃	도꼬마리	*Xanthium strumarium* L.	+		+
37	〃	개망초	*Erigeron annuus*(L.) PERS.	+	+	+
38	〃	실망초	*E. bonariensis* L.	+	+	
39	〃	망초	*E. canadensis* L.	+	+	+
40	〃	원추천인국	*Rudbeckia bicolor* NUTT	+	+	+
41	〃	미국가막사리	*Bidens frondosa* L.	+	+	+
42	〃	데이지	*Chrysanthemum leucanthemum* L.		+	+
43	〃	기생초	*Coreopsis tinctoria* NUTT.	+	+	
44	〃	코스모스	*Cosmos bipinnatus* CAV.	+	+	+
45	〃	만수국아재비	*Tagetes minuta* L.	+	+	
46	〃	서양민들레	*Taraxacum officinale* WEBER	+	+	+
47	〃	방가지똥	*Sonchus oleraceus* L.			+
48	〃	별꽃아재비	*Galinsoga parviflora* CAV	+	+	+
49	〃	털별꽃아재비	*G. ciliata* (RAF.) BLAKE	+		
	합계		13과 40속 47종 2변종 49분류군	37종	36종	34종

[표 6-3] 앞산의 귀화식물 목록(총 17과 36속 43종 1변종 44분류군)

번호	과 명 Family Name	한 국 명 Korean Name	과 학 명 Scientific Name	조사지역		
				큰골	달비골	고산골
1	소나무과	개잎갈나무	*Cedrus deodara* LOUD.	+	+	+
2	벼과	메귀리	*Avena fatua* L.	+	+	+
3	〃	개보리	*Elymus sibiricus* L			+
4	〃	염주	*Coix lachryma-jobi* L.		+	+
5	〃	미국개기장	*Panicum dichotomiflorum* MICHX.	+	+	+
6	마디풀과	소리쟁이	*Rumex crispus* L.	+	+	+
7	〃	좀소리쟁이	*R. niponicus* FR.		+	+
8	명아주과	취명아주	*Chnopodium glaucum* L.	+	+	
9	〃	흰명아주	*C. album* L.	+	+	+
10	〃	좀명아주	*C. ficifolium* SMITH	+	+	+

11	비름과	개비름	*Amaranthus lividus* L.	+	+	+
12	자리공과	미국자리공	*Phytolacca americana* L.			+
13	십자화과	다닥냉이	*Lepidium apetalum* WILLDENOW	+	+	+
14	〃	콩다닥냉이	*L. virginicum* L.		+	+
15	플라타너스과	양버즘나무	*Platanus occidentalis* L.	+		+
16	장미과	개쇠스랑개비	*Potentilla supina* L.	+		+
17	콩과	아카시나무	*Robinia pseudo-acacia* L.	+	+	+
18	〃	족재비싸리	*Amorpha fruticosa* L.	+	+	+
19	〃	자주개자리	*Medicaga sativa* L.		+	
20	〃	전동싸리	*Melilotus suaveolens* LEDEB.			+
21	〃	토끼풀	*Trifolium repens* L.	+	+	+
22	대극과	큰땅빈대	*Euphorbia maculata* L.			+
23	〃	애기땅빈대	*E. supina* Rafin	+	+	+
24	부처꽃과	배롱나무	*Lagerstroemia indica* L.	+		+
25	바늘꽃과	달맞이꽃	*Oenothera odorata* JACQO.	+	+	+
26	메꽃과	미국나팔꽃	*Ipomoea hederacea* JACQO.		+	
27	〃	나팔꽃	*Pharbitis nil* CHOIS	+	+	+
28	지치과	컴프리	*Symphytum officinale* L.		+	+
29	가지과	독말풀	*Datura tatura* L.			+
30	〃	까마중	*Solanum nigrum* L.	+	+	+
31	국화과	뚱단지	*Helianthus tuverosus* L.		+	+
32	〃	돼지풀	*Ambrosia arteisiifolia* var. *elatior* DESCO.	+	+	+
33	〃	도꼬마리	*Xanthium strumarium* L.		+	+
34	〃	개망초	*Erigeron annuus*(L.) PERS.	+	+	+
35	〃	실망초	*E. bonariensis* L.	+		
36	〃	망초	*E. canadensis* L.	+	+	+
37	〃	원추천인국	*Rudbeckia bicolor* NUTT	+		+
38	〃	미국가막사리	*Bidens frondosa* L.	+	+	
39	〃	코스모스	*Cosmos bipinnatus* CAV.	+	+	+
40	〃	서양민들레	*Taraxacum officinale* WEBER	+	+	+
41	〃	방가지똥	*Sonchus oleraceus* L.	+	+	
42	〃	가시상치	*Lactuca scariola* L.			+
43	〃	별꽃아재비	*Galinsoga parviflora* CAV	+	+	+
44	〃	털별꽃아재비	*G. ciliata* (RAF.) BLAKE		+	
	합계		17과 36속 43종 1변종 44분류군	29종	33종	37종

5) 금호강의 귀화식물

금호강 상류에서 하류에 이르기까지 출현한 귀화식물을 살펴보면 총 19과 53속 70종 2변종으로 총72분류군이 출현하였다([표 6-4]).

조사지역별 출현종을 살펴보면, 상류지역인 충효삼거리 지역은 38종, 영천 임고지역은 40종, 영천 충효교 부근에서는 42종이 출현하였다. 중류지점에 해당되는 경산 물띠미에서는 48종의 귀화식물이 출현하였고, 제3아양교(공항교)에서는 51종 및 침산교에서는 44종이 출현하여 상류지역에 비해 많은 귀화식물들이 출현하였다. 한편, 침산교에서는 금호강과 신천이 합류되는 지점으로 신천동로가 건설되면서 하천부지가 많이 잠식되었고, 시멘트 하천관리로 인해 토양환경이 줄어든 영향이 큰 것으로 여겨진다. 하류지역인 염색공단 팔달교 부근에서는 총 60종의 귀화식물이 출현하였고, 달서천-금호대교지역에서는 64종으로 가장 많은 귀화식물이 출현하였다. 세천교에서는 53종이, 그리고 금호강과 낙동강이 합류되는 강창-강정에서는 54종의 귀화식물종이 출현하였다.

전체적으로 금호강 상류지역에서 하류로 내려 갈수록 하천유역의 생태계는 환경오염으로 인해 많이 훼손되고 파괴된 관계로 귀화식물 역시 많이 출현하는 경향을 보였다. 이는 환경이 오염되고 주변 생태계가 파괴됨에 따라 자생식물들과 귀화식물들이 동등한 입장에서 경쟁하게 되므로 오염이 심각한 하류지역으로 갈수록 귀화식물종이 많이 출현하는 것으로 여겨진다(류승원 외 1998, 류승원 외 1999).

[표 6-4] 금호강의 귀화식물 목록(총 19과 53속 70종 2변종 72분류군)

번호	과 명 Family Name	한 국 명 Korean Name	과 학 명 Scientific Name	조사지역									
				충효삼거리	영천 임고	영천충효교	경산물띠미	제3아양교	침산교	팔달교	금호대교	세천교	강창교
1	소나무과	개잎갈나무	*Cedrus deodara* LOUD.	+		+	+	+			+		
2	벼과	털뚝새풀	*Alopecurus japonica* STEUD.				+	+		+	+	+	+
3	〃	메귀리	*Avena fatua* L.	+	+	+	+	+	+	+	+	+	+
4	〃	개보리	*Elymus sibiricus* L					+	+	+	+	+	+
5	〃	나도바랭이	*Chloris virgata* SWARTZ		+	+		+		+	+	+	
6	〃	염주	*Coix lachryma-jobi* L.	+	+		+	+		+		+	+
7	〃	오리새	*Dactylis glomerata* L.			+				+	+		+
8	〃	쥐보리	*Lolium multiflorum* LAM.	+			+	+	+	+	+	+	
9	〃	미국개기장	*Panicum dichotomiflorum* MICHX.			+	+	+	+	+	+	+	+
10	〃	큰참새피	*Paspalum dilatatum* POIR		+	+	+				+	+	+
11	마디풀과	털여뀌	*Poligonum orientale* L.		+					+	+		+
12	〃	애기수영	*Rumex acetosella* L.	+				+			+	+	
13	〃	소리쟁이	*Rumex crispus* L.	+	+	+	+	+	+	+	+	+	+
14	〃	좀소리쟁이	*R. niponicus* FR.	+	+	+	+	+	+	+	+	+	+
15	명아주과	흰명아주	*Chnopodium album* L.	+	+	+	+	+	+	+	+		+
16	〃	양명아주	*C. ambrosioides* L.							+	+	+	+
17	〃	좀양명아주	*C. ficifolium* L.	+	+	+	+	+	+	+	+	+	+
18	〃	취명아주	*C. glaucum* SMITH			+		+	+	+	+	+	+
19 20	비름과 〃	개비름 털비름	Amaranthus lividus L. A. retroflexus L.		+	+	+ +	+ +	+	+	+ +	+	+
21	자리공과	미국자리공	Phytolacca americana L.								+	+	
22	십자화과	유럽나도냉이	*Barbarea vulgaris* R. BR.						+	+	+	+	
23	〃	갓	*Brassica Juncea* var. *integrifolia* SINSK		+		+	+	+	+	+	+	+
24	〃	다닥냉이	*Lepidium apetalum* WILLDENOW	+	+	+	+	+	+	+	+	+	+
25	〃	콩다닥냉이	*L. virginicum* L.		+	+	+				+	+	+
26	플라타너스과	양버즘나무	*Platanus occidentalis* L.	+	+		+	+		+			
27	장미과	개쇠스랑개비	*Potentilla supina* L.	+	+	+	+	+		+	+	+	
28	콩과	족제비싸리	*Amorpha fruticosa* L.										

				1	2	3	4	5	6	7	8	9	10
29	〃	자운영	*Astragalus sinicus* L.				+	+	+	+	+		
30	〃	자주개자리	*Medicaga sativa* L.		+	+	+	+	+	+	+	+	+
31	〃	전동싸리	*Melilotus suaveolens* LEDEB.		+	+		+	+		+		+
32	〃	아카시나무	*Robinia pseudo−acacia* L.	+	+	+	+	+	+	+	+	+	
33	〃	선토끼풀	*Trifolium hybridum* L.							+	+	+	+
34	〃	붉은토끼풀	*T. pratense* L.	+		+	+			+			
35	〃	토끼풀	*Trifolium repens* L.	+	+	+	+	+	+	+	+	+	+
36	대극과	큰땅빈대	*Euphorbia maculata* L.			+			+	+	+	+	+
37	〃	땅빈대	*E. humifusa* RAFIN				+	+			+		
38	〃	애기땅빈대	*E. supina* RAFIN	+	+	+	+		+	+		+	+
39	아욱과	어저귀	*Abutilon avicennae* GAERTN				+	+	+	+	+	+	+
40	〃	수박풀	*Hibiscus trionum* L.			+				+	+		
41	부처꽃과	배롱나무	*Lagerstroemia indica* L.	+			+	+		+	+		+
42	바늘꽃과	왕달맞이꽃	*Oenothera erythrosepala* BORBOS	+	+						+		
43	〃	달맞이꽃	*O. odorata* JACQO.	+	+	+	+	+	+	+	+	+	+
44	메꽃과	미국나팔꽃	*Ipomoea hederacea* JACQO.	+	+	+		+	+	+	+	+	+
45	〃	둥근잎나팔꽃	*I. purpurea* ROTH	+	+	+	+	+	+	+	+	+	+
46	〃	나팔꽃	*Pharbitis nil* CHOIS	+			+		+	+	+	+	+
47	〃	둥근잎유홍초	*Quamoclit angulata* BOJER					+		+			
48	지치과	컴프리	*Symphytum officinale* L.					+		+	+		+
49	가지과	독말풀	*Datura tatura* L.				+		+	+	+	+	+
50	〃	까마중	*Solanum nigrum* L.	+	+	+	+	+	+	+	+	+	+
51	질경이과	창질경이	*Plantago lanceolata* L.					+		+	+	+	
52	국화과	단풍잎돼지풀	*Ambrosia trifida* L.	+	+			+			+		+
53	〃	돼지풀	*A. arteisiifolia* var. *elatior* DESCO	+	+	+	+	+	+	+	+	+	+
54	〃	미국가막사리	*Bidens frondosa* L.	+	+	+	+	+	+	+	+	+	+
55	〃	데이지	*Chrysanthemum leucanthemum* L.			+	+			+		+	+
56	〃	기생초	*Coreopsis tinctoria* NUTT.	+	+	+	+	+	+	+	+	+	+
57	〃	코스모스	*Cosmos bipinnatus* CAV.	+	+	+	+	+	+	+	+	+	+
58	〃	개망초	*Erigeron annuus*(L.) PERS.	+	+	+	+	+	+	+	+	+	+
59	〃	실망초	*E. bonariensis* L.	+			+	+	+	+	+	+	+
60	〃	망초	*E. canadensis* L.	+	+	+	+	+	+	+	+	+	+
61	〃	큰망초	*E. sumatrensis* (RETZ) E.WALKER						+	+			+
62	〃	털별꽃아재비	*Galinsoga ciliata* (RAF.) BLAKE			+		+	+	+	+	+	+
63	〃	별꽃아재비	*G. parviflora* CAV	+	+	+	+		+		+	+	+
64	〃	뚱단지	*Helianthus tuverosus* L.	+	+		+	+		+	+	+	+

65	〃	가시상치	*Lactuca scariola* L.	+	+	+	+		+	+	+	+	a+
66	〃	원추천인국	*Rudbeckia bicolor* NUTT	+	+	+	+	+	+	+	+	+	+
67	〃	개쑥갓	*Senecio vulgaris* L.						+	+	+	+	+
68	〃	방가지똥	*Sonchus oleraceus* L.					+		+			
69	〃	천수국	*Taraxacum officinale* WEBER		+			+		+	+		+
70	〃	만수국아재비	*Tagetes erecta* L.			+	+		+		+	+	+
71	〃	서양민들레	*T. minuta* L.	+	+	+	+	+	+	+	+	+	+
72	〃	도꼬마리	*Xanthium strumarium* L.	+	+	+	+	+	+	+	+	+	+
	합계		19과 53속 70종 2변종 72 분류군	38종	40종	42종	48종	51종	44종	60종	64종	53종	54종

6) 생태계 파괴와 귀화식물의 침입

귀화식물종은 자생식물종이 잘 자라는 환경에서 살아남기가 쉽지 않다. 그래서 척박한 곳이나 공사로 인한 파괴지, 쓰레기터, 도로변 등지에서 발견되어진다. 따라서 귀화식물종이 증가되고 있다는 것은 자연환경이 그만큼 파괴되었다는 것을 알 수 있다. 팔공산의 경우 도로변을 따라 주차장, 놀이시설이나 유흥시설이 있어 사람들의 출입이 빈번한 곳에서 주로 귀화식물을 발견할 수 있었다. 그리고 산행로를 따라 올라가게 되면 점차 외래종의 출현빈도는 감소되게 된다. 동화사 입구나 수태골 주차장 주변, 봉무공원, 파계사의 경우가 유사한 결과를 보이고 있다. 이런 결과는 인근의 비슬산에서도 유사한 결과를 보여주고 있다(류승원 외 2000, 류승원 외 2001b).

결국 팔공산을 이용하기 위해 도로를 만들고, 놀이기구를 설치하고, 주차장이나 위락시설을 만들면서 우리 고유의 자연생태계의 모습은 점차 사라지고 있고, 이와 비례적으로 귀화식물종의 출현이 증가되고 있는 것이다.

우리는 자연환경 속에서 살아가고 있고, 숲과 자연에서 문화를 만들어 가고 있다. 우리나라 산지에는 도토리나무나 소나무가 우점하고 있는데, 자연생태계가 파괴됨에 따라 귀화식물이 증가되고 있어 우리의 정서나 문화도 귀화식물의 영향을 받지 않을 수 없게 된다. 풀 한 포기 나무 한 그루가 우리의 문화에 영향을 미칠 수 있다고 생각한다면 우리의 산과 들이 더 이상 외래식물로 인해 잠식되지 않도록 주의를 기울여야 할 것이다.

이런 귀화식물종의 증가를 막기 위해서는 우선 더 이상의 개발을 막아야 할 것이다. 그리고 현재 출현하는 외래종의 종수와 분포를 파악하여 관리를 철저히 하는 한편, 외래종이 많이 출현하는 지역은 출입을 제한하여 산림을 회복시키는 작업이 필요하다 하겠다.

3. 결론

우리나라 귀화식물은 대체로 개화기를 전후해서 도입되었고, 필요에 따라 도입하거나 수입품에 묻어 오기도 하였는데, 이는 전국적으로 확산되었고 점차 증가추세에 있다

귀화식물은 특별한 기구를 통해 우리의 자연 환경 속으로 침투해 들어오게 된다. 자생식물에 비해 왕성한 번식력, 빛 조건만 충족되면 장소를 가리지 않는 생장력, 빠른 생장, 오랜 개화기와 강한 재생능력, 타가수분뿐만 아니라 단위생식이나 자가수분을 하게 된다. 이외에도 빛과 질소

를 좋아하고, 종자의 수명이 길며, 발아되는 데 특별한 조건이 필요없다든지, 바람을 이용하여 수분을 하는 등 환경에 따라 다양한 생존전략을 가지고 자생식물과 경쟁하고 있다.

본 조사에서는 사람들이 많이 찾는 팔공산의 시설지구나 위락시설지구 등산로를 중심으로 팔공산에 출현하는 귀화식물을 살펴보았다. 봉무공원, 동화사, 파계사, 한티제, 수태골 등 주로 도로망을 따라 위락시설이나 유흥시설이 잘 조성된 곳에서는 어김없이 외래종이 출현하였고, 등산로를 따라 정상부위로 올라가게 되면 외래종은 사라지게 된다.

팔공산에서 조사된 귀화식물은 19과 45속 53종 2변종으로 총 55분류군이 조사되었고, 비슬산에서는 17과 40속 47종 2변종 총 49분류군이 출현하였으며, 앞산의 식물상을 보면 17과 36속 43종 1변종으로 총 44분류군이 조사되었다.

팔공산의 경우, 도로가 잘 개설되어 있고, 주차장이 정비된 위락지구, 산행로에는 원래의 자연환경이 파괴되었고, 동시에 귀화식물종의 출현빈도가 증가되었다. 이런 결과는 해를 거듭할수록 팔공산이 개발되고 파괴될수록 외래종은 증가되고 있는 것으로 나타났다.

금호강 상류에서 하류에 이르기까지 출현한 귀화식물을 살펴보면 19과 53속 70종 2변종으로 총 72분류군이 출현하였다. 금호강 상류지역에서 하류로 내려갈수록 하천유역의 생태계는 환경오염으로 인해 많이 훼손되고 파괴된 관계로 귀화식물 역시 많이 출현하는 경향을 보였다. 이는 환경이 오염되고 주변 생태계가 파괴됨에 따라 자생식물들과 귀화식물들이 동일한 조건에서 경쟁하게 되므로 오염이 심각한 하류지역으로 갈수록 귀화식물종이 많이 출현하는 것으로 여겨진다.

귀화식물종은 자생식물종이 잘 자라는 곳에서 살아남기가 쉽지 않다. 그래서 척박한 곳이나 공사로 인한 파괴지, 쓰레기터, 도로가 등지에서 발견되어진다. 따라서 귀화식물종이 증가되고 있다는 것은 자연환경이 그만큼 파괴되었다는 것을 알 수 있다. 도로변을 따라 주차장, 놀이시설이나 유흥시설이 있어 사람들의 출입이 빈번한 곳에서는 귀화식물을 발견할 수 있었다. 그리고 산행로를 따라 올라가게 되면 점차 외래종의 출현빈도는 감소되게 된다.

이런 귀화식물종의 증가를 막기 위해서는 더 이상의 개발을 막아야 할 것이다. 그리고 현재 출현하는 외래종의 종수와 분포를 파악하여 관리를 철저히 하는 한편, 외래종이 많이 출현하는 지역은 출입을 제한하여 산림을 회복시키는 작업이 필요하다 하겠다.

또한 쾌락 위주의 산행이나 야유회보다는 자연생태계를 감상하고, 느끼고, 체험하는 생태관광으로 바꾸어 갔으면 한다(김종원 2006). 그래서 건강한 자연을 보고 즐길 뿐만 아니라 탐사하는 문화로 바꾸어 가는 노력이 필요하다 하겠다.

베토벤이나 모짜르트 음악이 유럽의 우거진 숲에서 사색하며 얻어진 작품이라면, 한국의 참나무와 소나무가 잘 자라는 자연환경은 우리의 문화를 가꾸어 갈 수 있는 문화의 터전이 될 것이다. 그래서 주변에서 쉽게 만나는 풀 한 포기 나무 한 그루도 고유 식물종이 잘 생육할 수 있는 환경으로 보전하는 것이 필요하다 하겠다.

참 | 고 | 문 | 헌

고강석 · 강인구 · 서민환 · 김정현 · 김기대 · 길지현. 1996.『귀화식물에 의한 생태계 영향 조사 I, II』.

금지돈 · 류승원 · 박태규 · 배정덕 · 손성우 · 오대열 · 이진국 · 조영호 · 채병수. 2001.『팔공산 자연생태연구보고서』.

김종원. 2006.『자연과 인간 제2판』. 월드사이언스.

김준민 · 임양제 · 전의식. 2001.『한국의 귀화식물』. 사이언스북스.

류승원 · 박정원 · 채병수 · 조영호 · 김중락 · 차진열 · 박태규 · 이진국. 1999.『자연생태탐사－금호강을 중심으로』. 자연생태연구소.

류승원 · 박태규 · 조영호. 2001a.『대구경북지역의 외래식물』. 자연생태연구소.

류승원 · 이진국 · 오대열 · 홍성천 · 윤충원 · 조영호 · 박정원 · 석문홍 · 배정덕 · 강영훈 · 금지돈. 2001b.『비슬산 생태계 조사보고서』. 대구시 달성군.

류승원. 1999.『금호강』. 자연생태연구소.

류승원 · 이진국 · 조영호 · 박정원 · 배정덕 · 손성우 · 오대열. 2000.『비슬산 생태계조사보고서』. 영남자연생태보존회.

박수현. 1995.『한국귀화식물원색도감』. 일조각.

박용하 · 이상돈 · 김정원. 1998.『외래종 유입에 대한 환경정책 추진방향』. 한국환경정책평가연구원.

이영노. 1996.『한국식물도감』. 교학사.

이정웅 · 전삼열 · 신백호. 1997.『대구의 식물상』. 대구시 임업시험장.

이창복 · 김윤식 · 김정석. 1992.『신고 식물분류학』. 향문사.

7_

에테르(Ether) 미학

이장우

1. 에테르(Ether)

'에테르'는 공간을 채우는 매질로 우주에 가득한 무형의 물질을 말하는 물리학 용어이다. 그리스어로 상층의 공기를 뜻하는 aither에서 연유되었으며, 라틴어로는 aethēr이다. 공허로 보이는 것도 실은 힘을 전달할 수가 있거나 또는 다른 물리적 효과를 미칠 수 있으므로 어떤 매질로써 채워져 있어야만 하였다. 그것이 눈에 보이지 않는 미립자인 에테르이며, 빛의 전파나 빛과 색의 다양성도 에테르상(像)으로 설명하였다. "데카르트의 에테르 이론은 그의 역학이 비판된 뒤에도, 적어도 광학(光學)에 있어서 큰 영향력을 가지면서 빛의 이론 속에 계속 남아 있었다. R. 훅을 거쳐 1678년 C. 호이겐스에 의해 빛의 탄성파동설(彈性波動說)이 전개되는 과정에서 에테르는 빛이라는 파동을 전파하는 매질이 되었고, 빛은 다른 별로부터도 지구에 도달하므로 그것은 온 우주에 충만한 실체적인 물질이라고 생각되었다. 에테르의 개념에 대한 내용은 시대와 더불어 변천하였고, 최종적으로는 A. 아인슈타인의 상대성 이론이 나옴으로써 부정되었다" (http://kr.dic.yahoo.com/search/enc/result.html?pk=16110850&p=에테르%20&field=id&type=enc 검색일 : 2007/09/14).

에테르를 동양식으로 얘기하자면 기(氣) 같은 것이 되지 않을까? 우주공간에 가득한 기운. 허공은 비어 있는 것 같지만 눈에 보이지 않는 기운(force)으로 가득 차 있다. 그 기운은 우주의 원리와 오묘한 기운을 뜻하기도 한다.

한문의 기(氣)는 숨이 꺾이면서 나오는 모양과 쌀미(米)자를 합쳐놓은 단어이다. 즉 사람이 내뿜는 숨을 포함하여 눈에 보이지 않는 세상 곳곳의 기운을 뜻한다. 기는 우리 생활 곳곳에서 언어표현으로 활용되기도 한다.

'기차다', '기가 막히다', 기후, 기체, 감기, 기질, 기고만장(氣高萬丈) 등이 모두 기와 관련된 말들이다. 기가 차면 기분이 좋아져 카타르시스를 느낄 수 있고, 기가 막히니 답답하여 환장(내장이 회전하여 위치가 바뀌다)하겠다는 말이다. 물리학에서 말하는 에테르는 미시적으로 단지 허공과 우주공간에 물질적으로 존재하는 어떤 매제, 구체적 물질을 뜻한다. 그러나 동양의 기는 허공뿐만 아니라 우주의 사물과 우주원리까지도 포괄하는 우주에 가득한 기운으로서의 거시적인 관념을 지닌다(한흥섭 1999, 149-150).

우리가 눈으로 볼 수는 없지만 우주공간에 가득한 에테르. 기(氣)가 가득한 우주. 눈에 보이지 않지만 영적 눈과 정신세계로 볼 수 있는 어떤 무형의 힘.

에테르와 기는 일반인들의 관념 속에서는 우리 일상 속의 공기 같은 것이다. 우리가 매일 접하는 허공, 공기, 우리 삶 곳곳에 스며 있는 공간. 따라서 에테르는 우리 생활 구석구석, 삶의 공간 여기저기에 속속들이 산포해 있는 기화된 일상이다. 그것은 우리 삶의 필드를 바탕으로 기화된 일상의 공간이다.

2. 청도 용암온천의 기둥

나는 몸속에 열이 많은 편이라 성격이 급하다. 그러다 보니 조급한 마음을 내는 때가 자주 있다. 어떤 일이 머리 속에서 맴돌면 당장 해치워야 하고, 그것도 빨리 끝내야 속이 편하다. 여러 가지 일을 한꺼번에 순발력 있게 후다닥 해치울 때도 있다.

열이 많은 나는 한때 녹용을 먹고 열이 나서 혼난 적이 있다. 그때는 한겨울에도 실내에 들어서면 속에서부터 열이 올라오면서 등이 따끔거리고 가려워 고통스러웠다. 그런데도 평소에 땀을 잘 흘리지는 않는다. 속은 뜨겁고 겉으로는 땀을 흘리지 않아 열이 잘 발산되지 못하는 것도 같다. 술도 소주 같은 열이 많은 독주보다는 한겨울에도 찬 맥주가 편하다. 그런데도 추위는 타고 소심한 면도 많다. 소양체질과 소음체질이 섞여 있는 복합체질인가?

청도 와서 살면서 겨울에 찜질방이나 온천을 자주 이용한다. 인위적으로라도 땀을 내서 몸을 풀어주기 위해서이다. 또 쓸데없이 생각이 많은 머리를 식힐 수 있고, 춥고 습한 곳에서 생활하는 몸이 풀리는 느낌이 들어 자주 간다.

청도에 있는 용암온천에 가면 물이 폭포처럼 쏟아지는 탕이 있다. 그리고 그 앞에는 줄줄이 의자가 놓여 있어서 따뜻한 원적외선 방열기 빛을 쪼이며 등을 기댄 채 편안히 앉아 쉴 수가 있다. 쏟아지는 물소리를 듣고 있으면 마음이 편안해지고 잡념이 사라지면서 눈이 스르르 감긴다. 비몽사몽 나른한 몸을 눕힌 채 쉬곤 한다. 그렇게 무료한 시간이 흐르다 보면 나도 모르게 머리 속에서는 내 의지와 상관없이 작품구상이 시작된다. 머리 속을 종이 삼아 형태를 그리고 지우기를 반복한다. 이런저런 미술 이론들과 현재의 시대상, 가슴을 울렸던 작품들을 떠올리며 작품구상을 하고 또 한다. 미로처럼 복잡한 생각은 꼬리에 꼬리를 물고 이어진다.

그날도 복잡해질 대로 복잡해진 머리 속 스케치북을 접고 생각을 쉬려 할 때였다. 그때까지 무심히 바라보던 눈앞의 기둥에서 불이 번쩍하는 충격을 받았다. 눈을 뗄 수가 없었다. 망치에 머리를 맞은 것처럼 멍해졌다.

그것은 기둥에 붙어 있는 돌이었다.

삼, 사십 센티미터쯤 되는 돌의 한쪽 면을 평평하게 다듬은 다음 심심한 건물기둥에 척하니 붙여놓은 것이었다. 아마도 온천의 내부공사에 사용하던 돌 중의 하나를 골라 붙여놓은 모양이다. 바라보고 있으니 아무생각이 없어지고 복잡한 머리 속이 편안해진다. 그렇다고 아무런 긴장이나 메시지가 없는 것도 아니다. 촌철살인(寸鐵殺人), 한 치의 못으로 사람을 능히 죽일 수 있는 일격의 미학이다.

그때까지 이런 저런 구상과 이론으로 떠들어댄 머리 속 장광설이 쏙 들어가는 한방의 충격이었다. 지자불언(知者不言) 언자부지(言者不知).

통쾌한 미학적 쾌감이 몰려왔다.

침묵이 깨달음.

대지한한 소지한한(大知閑閑 小知閒閒). 크게 아는 사람은 한가하고 적게 아는 사람은 바쁘다.

자기 분야에서 일가를 이룬 사람들은 잡설과 화려한 이론적 배경으로 자신을 치장하지 않는다. 자기 삶의 축적된 경험으로부터 나오는 핵심과 요점을 정확하고 쉽게 표현한다. 군더더기 없는 본질을 쉽고 단순하게 집어낸다. 미니멀(minimalism)과 에센스(essence)이다.

저 돌은 누가 붙여놓았을까?

현대미술의 대가가 와서 붙여놓은 작품은 아니니 아마도 온천을 지을 때 일하던 누군가가 장식을 위해 붙여놓은 것이리라. 예술이나 미학이라는 대단한 이론적 축적 없이 그저 무심히 장식했을 것이다. 의도되지 않은 익명성.

그가 현대미술에 대한 이즘과 사상들을 알고 의도적으로 물성(物性)과 모던(modernism), 미니멀을 표현하기 위해 붙여놓았을 확률은 거의 없다. 일상 속에서 심심한 기둥을 장식한 군더더기 없는 무심함. 의도하지 않았겠지만 돌이 던지는 물성 하나로 군더더기를 한 칼에 날려버린 긴장과 일상 사이.

원래 조선후기의 미학도 그저 무심함으로 익명의 화원과 도공에 의해 구축되었다고 해도 과언이 아니다. 민화와 도자기, 백자 달 항아리와 손때 묻은 민예품 속에 아름다움이 숨어 있다. 근대 서구에서 형성된 아티스트와 예술작품의 개념은 사실 거슬러 올라가면 사소한 일상에서부터 시작되었다고 할 수 있다. 우리가 오늘날 생각하는 미나 예술의 형이상학적 개념은 서구로부터 시작된 근대미학(aesthetics)에 그 뿌리를 두고 있다. 그러나 더 거슬러 올라가 보면 미에 대한 시작은 사소한 일상 속에 녹아있었던 것이다.

3. 예술은 일상 속의 테크닉?

"아트(Art)는 라틴어 아르스(ars)에서 유래하였다. 그리고 아르스는 그리스어 techne(테크네)를 직역한 것이다. 테크네(techne)는 테크닉, 즉 스킬(skill), 기술을 뜻한다. 따라서 서구에서의 초기 예술 개념은 물품, 선박은 물론 침대, 가옥, 조각상 등을 만드는 솜씨와 군대통솔, 토지측량, 심지어 관중을 사로잡는 솜씨 등을 뜻하는 광의의 의미체계이다. 더구나 인류 최초의 미는 모두 주술적 경향을 띠고 있으며, 그 내용은 풍요와 다산에 대한 염원이었다. 현실과 일상을 바탕으로 간절한 주술적 염원들을 형상화한 것이 예술의 시작이다. 그것은 음악과 미술과 춤 등의 구체적 형식으로 표현되기 시작하였다"(키비츠 2005, 60-61).

사실 쉽고 원초적이며 일반적으로 생각하는 예술은 '기가 막히'거나 '기가 찬' 경우여야 한다. 예를 들면 우리는 축구를 하다가도 놀랍도록 정교한 패스와 팀워크로 골을 넣을 경우 '예술이다 예술'이라고 말한다. 정말 아름다운 여성의 몸매를 보고도 예술이라고 한다. 당구에서 고난이도의 기술을 발휘하여 공을 치는 것을 예술당구라고 한다. 솔거의 소나무 그림에 새가 날아와서 부딪힐 때 우리는 예술이라고 한다. 정말 설득력 있는 예술의 특성은 바로 놀라운 기술 속에 있다.

요즘은 이 예술에 대한 단어를 우리는 죽음과 연계시키기도 한다.

위에서 말한 예술들을 죽음이라는 단어로 대입시켜 보자. 우리는 놀라운 축구기술을 보고 '죽인다, 죽여' 라고 한다. 그리고 정말 아름다운 여성의 몸매를 보면 '쥑인다, 쥑여' 라고 한다. 아마도 '죽인다' 보다는 '쥑인다' 가 한번 더 비튼 강조의 의미를 담고 있나 보다. 그리고 예술당구를 보면 '캬, 쥑인다 쥑여' 라고 한다. 솔거처럼 완벽하게 대상을 그려낼 때 '음, 죽음이다' 라고 한다. 어쩌다 예술이 죽음이 되었을까? 그것은 아마도 강조의 의미, 즉 인간에게 가장 강한 충격은 죽음이기 때문이 아닐까? 어쨌든 오늘날 예술은 죽음과도 통한다.

고대 그리스 광장에서 한 철학자가 단 위에 올라가 시민들을 향해 웅변을 한다. 관중을 사로잡는 그의 솜씨는 탁월하다. 그는 예술가이다. 히틀러의 웅변도 유명하다. 그의 손짓과 몸짓, 그리고 악센트의 강약과 발을 구르는 타이밍은 절묘하게 군중심리를 자극하고 선동한다. 그는 예술가이다. 실제로 히틀러는 페인트 공이었으며 그림을 그렸다.

원래 예술이라는 것은 이런 일상 속의 고도의 테크닉으로부터 시작되었다. 그것은 동양에서도 마찬가지이다. 장자에 등장하는 '포정' 이라는 백정은 '문혜군' 을 위해 소를 잡는다. 그의 소 잡는 기술은 가히 예술적이다. "눈으로 보지 않고 온 몸으로 느끼며 뼈와 근육, 살 사이를 칼로 교묘하게 도려낸다. 그의 칼은 19년이 되었지만 금방 숫돌에 간 것처럼 날카롭다. 인대와 뼈, 근육 사이의 틈을 커다란 공간으로 느낄 만큼 숙달되어 무리함 없이 자연스럽게 갈라놓음으로써 칼이 상하지 않는다"(『莊子』「內篇」, 1983, 132-136). 그는 소를 잡는 기술을 마스터한 생활 속의 달인이다. 이런 우화들은 장자 곳곳에서 발견된다. 「양생주」편의 '포정해우(庖丁解牛)', 「천도」편의 '수레바퀴 제작자', 「달생」편의 '귀신같이 매미잡는 꼽추영감' 과 '거를 만드는 명공 재경' 등의 우화들은 모두 진정한 도의 경지, 즉 예술정신을 드러내고 있다. 이들 고사 속에 내포된 내용은 귀신 같은 솜씨의 기교로부터 시작하여 마음과 대상이 융화되고, 이런 기예(技藝)의 고도의 경지는 자유로운 도의 경지와 통하는 것으로 본다. 그리고 이 도는 바로 예술을 의미한다. 이들은 모두 생활 속에서 채득된 놀라운 기술들을 바탕으로 한 예인들이다.[1]

이 위대한 기술들은 그러나 일상이라는 우리의 생활과 밀접하게 연관되어 있음을 위에 든 여러 가지 예에서 알 수 있다. 예술이 현실을 떠나 예술을 위한 테크닉, 개념, 학문으로 고정되고 예술가가 정신활동을 위한 특수한 계층으로 나누어진 시기는 그리 오래되지 않았다. 인류 역사를 통틀어 우리가 생각하는 예술이나 미의 개념은 모두 생활과 일상을 바탕으로 구축된 여러 가지 기술들이다.

요즘은 TV를 통해 우리 생활주변의 달인들을 만나볼 수 있다. 모두 일상 속에서 자연스럽게 고수가 된 경우이다. 예술은 우리 주변의 일상과 삶 속에 녹아 있다.

4. 뒤샹의 변기와 일상의 등장

현대미술의 다다이스트 마르셀 뒤샹은 전시장에 변기를 전시하고 제목을 '샘'이라고 붙였다. 돈을 주고 사온 기성품인 변기가 우리가 생

[1] 한걸음 더 나아가면 기술을 바탕으로 한 몰아일체(沒我一體), 소요유(逍搖遊)의 자유정신이 그 궁극이 되겠지만, 여기서 말하는 기술은 대상과 내가 하나처럼 녹아드는 기술의 마스터를 뜻한다(한홍섭 1999, 165-174).

각하는 아름다운 예술작품의 자리를 대신할 수 있는가? 전시장 안의 변기는 과연 예술작품이 될 수 있는가? 그가 도대체 그 작품을 위해 한 일이 무엇인가? 기성품으로 제작되어 판매되는 변기를 '발견' 하고 전시장으로 옮겨놓은 것밖에 없다. 그것은 예술작품으로 보아야 하는가?

여기서 우리가 생각해야 할 것은 뒤샹의 변기는 예술작품에 대한 형식의 문제가 아니라 예술 개념 자체에 대한 전복을 꾀하고 있다는 사실이다. 그의 변기는 예술작품이 되기 위한 조건에 대해 생각해 보게 한다. 그는 변기뿐만 아니라 자전거 바퀴, 병 건조대로 작품을 제작(?)했으며, 모나리자의 얼굴에 콧수염을 그리고 그녀의 엉덩이는 뜨겁다는 낙서를 했다. 르네상스 이후 고착되어 온 아름다움에 대한 도전이다. 전시장에서 누드의 여인과 체스를 두는 해프닝을 벌이기도 했던 뒤샹은 만년에는 아예 작품활동을 하지 않고 체스를 두며 시간을 보낸다. 그의 활동의 이론적 근간은 다다이즘에 바탕을 두고 있다.[2]

세계대전 이후 유럽과 미국에서는 다다이즘(dadaism)이 시작된다. 다다는 기존의 고정관념과 인습, 이성에 반발하는 문예운동이다. 그동안의 가치체계에 대해 회의하고, 합리적이고 보편적으로 받아들여져 온 예술의 일반개념에 대해 반발을 일으켰다. 다다이즘은 아방가르드(전위)적인 과격함과 파격으로 당시 문화예술계에 엄청난 파장을 불러일으켰다. 다다이즘을 확대해석하면 근대 이성과 문명, 아름다움 전반에 대한 회의와 새로움을 위한 파괴였다고 볼 수 있다.

뒤샹의 오브제뿐만 아니라 해프닝과 퍼포먼스는 연극적 요소의 사

---

2) 해체론 시대의 예술, 즉 예술의 자기 부정성, 의미상실, 예술은 자신의 의미를 스스로 지우고 예술이란 말은 기의 없는 기표로서 떠다니게 된다(김상환 1999, 245).

건을 통해 예술작품에 대한 개념의 변화를 보여주고자 한다. 일상의 삶 속에서 드러나는 예술을 표현하기 위해 그들은 그동안 굳어져 온 예술에 대한 고정관념에 메스를 가한다. 현대예술에서의 민주화와 일상화는 그 이후에도 개념미술, 대지예술, 설치미술, 비디오 아트 등의 갈래를 통해 끊임없이 이어진다.

그러나 뒤샹과 다다가 보여준 파격과 충격은 곰곰이 생각해 보면 새로운 것도 파격적인 것도 아니라는 사실을 알 수 있다. 왜냐하면 우리가 앞에서 살펴보았듯이 그 옛날 백정 포정도, 이름 모를 도공도, 고대 그리스의 이발사도, 침대를 만드는 장인도 사실은 모두 예술가였다.

예술의 분야가 정해지고 예술가의 위상이 드높아진 것은 15세기 르네상스에 와서이며, 그 이전에는 벽돌공과 조각가의 예술적 구분이 없었다. 또한 예술이 미와 연관된 어떤 것으로 구체적으로 개념지워진 것은 18세기에 와서부터이다.

개념으로 묶고 인위적으로 예술을 정의하려는 시도 이전에는 일상의 삶 속에 다양하게 예술의 요소들이 살아 숨쉬고 있었다. 예술을 하나의 개념으로 묶으려 한 치열한 연구들은 서구에서 지속되어 왔다. 15세기에서 18세기까지 서구에서 예술에 대한 개념정의를 내리기 위해 그들이 얼마나 고생을 했었는지 살펴보자.

폴란트 태생의 철학자이자 미학자인 W. 타타르 키비츠의 『미학사』에 의하면 그들이 정의내린 예술에 대한 다양한 특징들은 다음과 같다.

① 총명한 예술(the ingenious arts)

② 뮤즈의 예술(the musical arts)

③ 고상한 예술(the noble arts)

④ 기억의 예술(the memorial arts)

⑤ 회화적인 예술(the pictorial arts)

⑥ 시적인 예술(the poetrial arts)

⑦ 파인 아츠(순수예술,the fine art)

⑧ 우아하며 즐거움을 주는 예술(arts elegantand pleasant) (W.Tatarkiewicz 1986)

위의 여덟 가지 정의들은 예술 개념정의를 위해 진지하게 연구하여 개진된 의견들이다. 이와 같이 예술을 정의하기 위해 무던히도 애쓴 덕에 1747 샤를르 바뜨(Charles Batteux)는 『동일한 한 가지 원리로 귀결되는 아름다운 예술의 제 분야』라는 자신의 저서에서 미술(fine art)라는 용어를 만들어내게 된다. '파인아츠(미술)'는 18세기 보편적 용어로 수용되어 사용된다. 더불어 바뜨는 회화, 조각, 음악, 시, 무용 다섯 가지를 파인아츠로 열거한 다음 건축과 웅변을 이와 유사한 것으로 덧붙였다. 이 파인아츠 개념이 우리가 아직도 고정관념으로 지니고 있는 미술에 대한 보편적 개념이다. 지나치게 이론화하여 개념으로 묶고 고상한 것으로 정의하려 한 미술은 다다 이후 20세기 현대미술로 이어져 오면서 일상적인 것, 우리의 삶속에 함께 하는 것으로 돌아갔다.

5. 천계(天界)의 구슬과 108요괴

옥황상제의 딸은 하늘나라에서 귀하게 자랐다. 그녀의 이름은 선녀이다. 천상의 아름다운 모든 것은 그녀를 위해 존재하는 것 같았다. 찬란하게 빛나는 빛의 궁전과 무지개 다리 건너 보석밭은 눈이 부셔 쳐다보고 있기가 힘들 정도이다. 가볍게 날아다니며 아름다운 천상의 세계를 마음껏 즐긴다. 천도복숭아 과수원과 눈송이 매화밭, 아름다운 사람이 열리는 인목림(人木林)을 지나 색채의 향연이 펼쳐지는 노을 오케스트라를 감상하며 하루를 마감하곤 했다.

선녀는 아름다운 외모만큼이나 마음씨도 따뜻하여 천계의 어느 곳에서나 천인(天人)들은 그녀를 보면 경외심과 함께 사랑스러움을 느끼곤 하였다. 그러나 그녀는 호기심이 많았다. 그리고 장난을 좋아하여 아름다운 외모에 어울리지 않게 옥황상제에게 자주 혼이 나곤 하였다. 인목림에 달려 한참 익어가는 여인들을 에메랄드 가로등 커버를 씌워 뚱뚱한 여인으로 만드는가 하면, 불꽃 반딧불이를 잡아 하늘로 던져올리며 폭죽놀이를 하기도 하였다. 하늘나라의 늙은 천인들은 구름 지팡이를 짚고 다니다가 선녀에게 봉변을 당하곤 했다. 선녀는 그 구름지팡이를 빗물로 변하게 하여 땅으로 쏟아지게 해서 천인들을 앞으로 고꾸라지게 하는 장난을 치곤했던 것이다. 물론 옆에 있던 구름 양탄자가 재빨리 날아가 천인들을 다치지 않게 하긴 했지만 … .

천계는 넓고 넓었다. 이중 삼중의 겹 띠가 주름처럼 겹쳐 있어서 그 공간은 더 넓어보였다. 그리고 하나의 공간은 시간별로 변화하면서 다른 공간과 겹쳐서 새롭고 환상적인 공간연출을 하였다. 정해진 공간의 겹 띠는 기하급수적으로 다른 공간과 만나면서 끝없이 공간이 창출된다. 천계는 한계가 없는 새로운 공간을 낳고 또 낳는다. 그 겹 띠는 중심의 핵을 중심으로 원을 그리면서 뭉쳐 있었는데, 그 중앙에는 누구도 들어갈 수 없는 출입금지 구역이 있었다. 천계의 아름다움과 신비가 이 중앙통제실을 중심으로 화려하게 번져나가면서 그 힘을 바탕으로 유지되고 있었다. 신비한 천상의 에너지원이 그 중앙의 알 수 없는 힘으로부터 얻어지는 것이다. 그러나 신비로운 공간이 자꾸 생겨나 천인들의 접근을 막음으로써 중앙구역은 그들에게 노출되지 않고 보호받을 수 있었다.

선녀의 하루하루는 행복했다. 새로운 공간의 탄생과 그 공간의 신비감과 아름다움을 감상하는 것으로도 하루가 짧았다. 그러던 어느날 선녀는 놀라운 경험을 하게 된다. 파스텔 안개 사라 숲을 지나고 있을 때였다. 머리에 오로라가 없는 남자의 형상이 멀리 비치고 있었다. 몇 겹의 안개 사라 커튼 너머로 그 사람의 그림자는 무언가를 찾아 처절하게 헤매고 있는 것 같았다. 그는 넘어지고 다치면서도 끝없이 무언가를 찾고 있었다. 선녀는 처음 보는 사람에게 호기심과 함께 안타까움을 느꼈다. 그러나 함부로 다가가 말을 걸기에는 그의 모습이 너무 절박해 보였다.

선녀는 며칠 동안 그 남자의 모습을 잊을 수가 없었다. 머리에 오로라가 없는 사람은 처음 보았다. 그리고 그는 무엇 때문에 그렇게 헤매고 있었던 것일까. 안쓰러움과 호기심으로 뒤섞인 채 선녀는 자신의 가슴에서 배어나오는 아린 감정이 무엇인지 도무지 알 수 없었다. 그후로도 선녀는 몇 번인가 그 남자를 멀리서 바라볼 수 있었고, 안타까움에 가슴 졸이며 지켜보곤 하였다. 선녀는 천계에서 가장 오래 산 천인을 찾아갔다. 신선이라 불리는 그 천인은 지혜와 연륜으로 빛나는 은색 오로라를 머리에 두르고 늘 조는 듯 한가롭게 생활하고 있었다. 그는 세월의 무게로 쪼그라들 대로 쪼그라들어 작은 강아지만 했다.

> "신선님, 어떤 낯선 남자를 보았어요. 그 남자는 머리에 오로라가 없었어요. 그런데 그후로 자꾸만 그 사람이 궁금해지고 안타까워 가슴이 졸아드는 것 같아요."

신선은 아무 말 없이 선녀를 바라보다가 이렇게 말했다.

> "선녀님이 본 것은 지상계에 있는 남자입니다. 천계와 달리 지상계는 집착이라는 것이 있어서 현실에는 없는 사랑과 진리라는 망상에 매달려 죽을 때까지 사람들이 이 개념을 찾아 헤매는 것입니다. 그 중에서도 젊고 열정적이며 가슴이 열려 사랑과 아름다움을 찾아 헤매는 사람은 인연이 닿아 꿈속에서 그의 영(靈)이 천계에 올라와 아름다움과 진리의 근원을 찾아 헤매게 되는 것입니다. 그 이유는 오랜 옛날 인목림에서 생긴 두 남녀가 채 익기도 전에 바람에 흔들려 떨어진 적이 있지요. 지금 지상계의 사람들은 모두 그때 떨어진 두 사람이 퍼트려 놓은 종족입니다. 그래서 그들의 마음 깊은 곳에는 천상의 근원을 찾으려는 욕망이 있어 가끔 그 기가 강한 남자들이 꿈에 천계에 올라와 사랑과 진리를 찾아 헤매게 되는 것이랍니다."

인목림으로부터 지상에 떨어진 두 사람은 하늘에서의 완전함에서 멀어져 현실에서는 찾을 수 없는 천계의 완벽한 기운을 간절히 바라며 공허한 사랑과 참된 진리를 찾아 헤매는 것이다. 인목림에서 열린 사람들은 다 익으면 천인이 되어 천계에서 살게 된다. 그러나 지상의 인간들은 자신이 천계에서 내려온 사람이라는 것을 알지 못한다. 그래서 자신의 DNA 속에 남아 있는 천인으로서의 능력을 알지 못하는 것이다. 그러나 무의식적으로 천계를 그리워하게 되며, 정신적 능력이 강한 사람은 자신의 정신적 육체를 띄워 천계에 올라오지만 다음날 일어나면 꿈이었던 것처럼 느끼게 되는 것이다. 밤에는 뇌파가 안정되고 무의식 깊은 곳까지 내려가기 때문에 그들의 잠재되어 있던 초능력이 발휘되기 때문에 일어나는 일들이다.

천인으로 살고자 하는 염원이 간절한 사람은 가끔 그림자처럼 그의 영이 하늘로 올라와 지상으로 내려가기 전 그가 느꼈던 완전한 기운을 찾아 헤매게 된다. 오로라 없는 지상의 남자가 헤매고 다니는 이유는 그 때문이었다. 그러나 그가 아무리 헤매고 다녀도 그의 소원은 이루어지지 않는다. 왜냐하면 그의 몸은 지상에 얽매여 있으며, 지상의 현실에서 천인으로서의 완전함을 이루어야 하는 한계 때문이다. 더구나 천인의 기운을 완전히 얻으려면 천계의 중앙에 있는 힘의 원천으로 들어가야 하는데 그것은 지상의 사람으로서는 불가능한 일이다.

그 이야기를 들은 선녀의 가슴은 알 수 없는 지상의 세계에 대한 호기심으로 가득 차올랐다. 그리고 지상의 남자에 대한 안쓰러움은 사랑의 집착을 닮아가기 시작했다.

얼마 후 선녀는 드디어 그 지상의 남자를 만날 결심을 한다. 그날도 지상의 남자는 무지개 다리 건너 반딧불이 구역에서 새로 생긴 주름의 동굴을 해매고 있었다. 선녀는 다가갔다.

"이것 보셔요."

선녀는 그가 놀라지 않게 작은 소리로 불렀지만 그는 벌써 화들짝 놀라 눈을 크게 뜨고 뒷걸음질치고 있었다. 주름기둥을 잡고 그가 물었다.

"누 … 누구세요?"

"저는 이곳 천계에 살고 있는 선녀라고 해요. 당신은 이름이 무엇인가요?"

"나 … 나는 비류(雨流)라고 해요."

"당신의 눈은 참 맑고 간절하군요. 당신을 가까이서 보고 싶었어요."

"부끄럽군요. 나는 맑고 고요하게 살고 싶지만 사실은 마음 속 깊은 곳에서 끝없이 올라오는 욕망과 매일 싸워야 해요. 그 고통은 무어라 말하기 어려울 정도로 강해요."

선녀는 입술을 달싹거려 '비류 … '라고 낮게 소리내어 불러보았다. 선녀는 비류를 보며 동정심과 애틋함으로 눈시울에 엷은 안개가 맺혔다. 선녀는 자신이 이 남자를 사랑하고 있다는 사실을 확신할 수 있었다.

선녀는 그에게 원래 지상에 살고 있는 사람들은 천계의 사람들이었다는 사실과 지상에서 찾아 헤매고 있는 사랑과 진리에 대한 갈망은 천계의 중앙 통제구역으로 들어가야만 얻을 수 있는 것이라고 말했다.

그러나 … 그곳은 출입이 통제된 곳이었으며, 그곳에 들어가면 어떤 일이 벌어질지는 그 누구도 알 수 없었다. 천인들에게조차도 그곳은 미지의 세계, 두려움의 세계였다. 그러나 선녀는 비류의 생채기 난 얼굴과 큰 눈을 보며 지금까지 한번도 느껴보지 못했던 이상한 감정에 걷잡을 수 없이 빠져들고 있었다. 천상에서는 없는 남, 녀의 사랑과 그 무서운 집착이 지상의 남자를 보는 순간 그녀의 가슴 속에서 폭풍처럼 몰아치고 있었다. 이성의 통제를 넘어서 자신의 보호본능까지도 무너뜨리고 마는 사랑의 불꽃에 휩싸이고 만 것이었다.

선녀는 결심한 듯 그에게 말했다.

"저를 따라오셔요. 당신의 고통을 없애주겠어요."

선녀는 비류의 손을 잡고 날아올랐다. 그녀의 날개옷이 부드럽게 요동치기 시작했다. 비류는 놀란 눈으로 그녀의 손을 꼭 잡았다. 선녀의 비행 솜씨는 천계가 알아주는 날렵함으로 유명했다. 높이 솟구친 선녀는 하강을 시작하여 무서운 속도로 천계의 주름 띠를 훑으며 앞으로 나아갔다. 반투명한 용비늘 나비들이 선녀가 지나가자 그 바람에 휩쓸려 꽃송이처럼 날렸다. 비단의 바다를 지나고 거꾸로 선 안개호수를 지나 얼음나무 숲을 통과하였다.

비류는 눈 아래 펼쳐지는 천계의 아름다운 풍경에 넋을 잃고 있었다. 그의 가슴은 설레임과 감동으로 망아상태에 빠져들고 무서운 속도만큼이나 조용히 침잠하여 자신의 감각이 모두 사라짐을 느꼈다. 아무 소리도 들리지 않았으며 시간과 공간에 대한 감각조차도 모두 사라지는 듯했다. 오로지 눈앞에 펼쳐지는 장관을 바라보며 자신과 천계가 하나 되는 놀라운 경험을 하고 있었다.

선녀는 자신의 모든 것을 희생하더라도 비류를 그가 간절히 원하는 곳으로 데려가야겠다는 일념으로 비행하고 있었다. 그 순간만큼은 다른 생각 없이 오직 하나의 길만을 달려나가는 데 전념하고 있었다.

드디어 눈앞에 천계의 중앙통제실이 은은한 힘의 오로라를 내뿜으며 소용돌이처럼 뭉쳐진 채 모습을 드러냈다. 신비함과 범접 못 할 기운으로 서서히 회전하고 있는 소용돌이는 미지의 두려움으로 버티고 서 있었다. 잠시 주춤하던 선녀는 잠깐 숨을 들이마시는 듯하더니 마지막 스피드를 짜내어 소용돌이의 막을 통과하였다.

아무 소리도 들리지 않았다.

모든 사물과 공간과 시간이 멈추어진 듯 했다. 선녀의 눈에는 비류의 모습이, 비류의 눈에는 선녀의 모습이 있었다. 그러나 무중력 상태의 우주공간처럼 그들의 몸은 가벼운 기운 속에 슬로우 모션으로 둥둥 떠다니고 있었다. 소리와 공간과 시간이 모두 멈춰버린 곳에서 그들은 서로의 모습을 보며 한참을 떠다니다가 정신을 차려 주위를 살펴보기 시작했다. 그들이 갇힌 곳은 둥근 원형이었다. 그리고 그 원 중심에는 호박 크기 만한 투명한 막으로 된 공이 떠 있었다. 선녀는 본능적으로 그 공이 천계의 에너지원이라는 사실을 알 수 있었다. 비류의 지상으로부터의 고통을 구제할 수 있는 힘의 근원.

선녀는 비류와 함께 천천히 그 투명한 공을 향해 몸을 움직였다. 선녀와 비류의 눈에는 이미 서로의 모습이 각인되어 있었다. 그 둘은 간절히 서로의 존재를 원하고 있었다. 하나의 정신에 갈라진 두 개의 육체처럼 그들은 서로가 자신의 일부임을 느끼고 있었다. 서로의 눈을 바라보는 것만으로도 감정의 교류가 일어났다. 입을 움직여 언어를 사용하지 않더라도 서로의 마음을 읽고 있었다. 전율과도 같은 교감이 그들의 몸 속에서 퍼져나갔다. 서로는 서로에게 자신의 모든 것처럼 생각되었다. 자기가 사라지고 편안한 기운이 온몸을 감싸며 말로 표현할 수 없는 행복한 감정이 밀물처럼 밀려들었다.

선녀와 비류는 본능적으로 천천히 두 손을 뻗쳐 그 공을 잡았다. 두 사람의 손이 공에 닿는 순간 그들은 감전된 듯한 벅차오름에 가슴이 터질 것만 같았다. 고통인지 기쁨인지 알 수 없는 강한 에너지가 서로의 가슴과 가슴을 오가며 완전한 기쁨에 몸서리를 치게 했다.

바로 그 순간

투명한 막의 공은 갑자기 쪼그라들었다가 무서운 힘으로 팽창하며 폭발하고 말았다. 순식간에 일어난 일이었다. 공 속에서는 수많은 작은 구슬들이 찬란하게 빛나며 튀어올라 사방으로 흩어지기 시작했다. 형형

색색의 작은 구슬들은 아름다운 불꽃놀이처럼 사방으로 튀어올라 허공을 맴돌다가 지상의 세계로 떨어지기 시작했다.

당황한 비류와 선녀는 정신을 차려 사방을 돌아보기 시작했다. 마치 꿈에서 깨어난 듯 한 눈으로 주위를 살펴보았다. 떨어져 내린 108개의 구슬과 함께 서서히 에너지의 돔이 회색빛으로 물들기 시작했다. 생명을 잃은 무채색은 중앙의 돔으로부터 사방으로 퍼져나가기 시작했다. 천계의 아름다웠던 생명체들과 환상적이었던 풍경들은 모두 타고 난 후의 잿빛처럼 사그라들고 있었다. 천계의 에너지가 모두 걷히고 중앙 돔의 힘의 근원이었던 108개의 구슬들은 모두 지상으로 떨어져 내렸다.

투명한 공 안의 108개 구슬은 지상의 인간이 볼 수 없는 아름다움(美)의 상징이었다. 미는 진리(眞理)와 지극한 선(善)을 모두 드러나게 해주는 힘의 근원이었다. 형체를 갖출 수 없는 진리와 선의 완전함은 '미'라는 불완전하지만 오묘하고 아름다운 감성을 통해서 물질화될 수 있었다. 108개의 아름다움의 구슬은 천계의 완전함과 진실을 구체적 물질의 현현으로 태어나게 해주는 열쇠와 같은 역할을 하고 있었다. 천계의 완전함이 그렇게 아름다운 형상으로 표현된 것도 108개의 아름다움을 상징하는 구슬 때문이었다.

진리와 지극한 선은 추상적이고 개념적이며 완전하였다. 그러나 그것이 구체적 물질로 드러나기 위해서는 불완전하지만 격정적인 미가 있어야 했다. 모순을 동시에 포함할 수 있는 무조건적인 아름다움을 향한 감성, 그리고 격렬한 감정의 엑스터시를 내포한 아름다움의 상징들은 에너지가 된다. 진리와 선은 미와 결합하여 구체적 세계로 태어난다. 그것이 바로 천계의 세계이며, 진리의 완전함은 불완전하고 아름다운 미와 긴장을 이루며 완벽한 평형을 유지하고 있었다.

진리와 미가 완벽한 평형상태를 이루며 서로 보완적인 긴장관계로 유지되어 온 것이 중앙의 돔이었다. 그리고 거기에서 진리와 미에 의해 발생된 에너지는 물질화되어 천계에 퍼져나가는 에너지원으로 작용하였다. 그러나 선녀와 비류의 가슴 속에 교류된 사랑의 에너지는 108개의 구슬과 진리의 돔 사이에 유지된 긴장관계를 미로 기울게 함으로써 균형을 잃은 에너지의 폭발을 가져오게 되었다. 일촉즉발의 긴장관계는 일순간 미의 에너지로 쏠리게 됨으로써 힘의 균형은 무너지고 미는 지상으로 흩어지고 만 것이다.

비류와 선녀는 폭발의 충격으로 멍하니 서서 잿빛으로 변해가는 천계의 모습을 바라보고 있었다. 천계가 모두 잿빛으로 변해 굳어지자 선녀와 비류의 몸도 그들의 비명과 함께 지상으로 떨어지기 시작했다. 두 손을 꼭 쥔 채로 떨어져 내리는 두 사람의 귀에 옥황상제의 음성이 들려왔다.

> "선녀야, 너는 어찌하여 이 천계를 잿빛의 공간으로 뒤덮고 마느냐. 사랑은 공허한 것이고, 진리는 발견되는 순간 사라지고 마는 것을 … 쓸데없는 감정의 노예가 되어 천계의 완전함을 무너뜨리고 말았구나. 너는 지금부터 지상의 사람으로 거듭나서 비류와 함께 인간의 고통을 느끼며 천계의 108구슬을 모두 찾아야 할 것이다. 아름다움은 쉽게 모습을 드러내지 않을 뿐 아니라 희생을 요구하는 것.
>
> 지금 흩어진 108개의 구슬은 지상의 요괴들의 손에 들어가게 될 것이다. 요괴들이 지니고 있는 108가지의 갖은 고통들을 모두 이겨내며 하나하나의 구슬을 회수해야 할 것이다. 지상의 세계에서 느끼는 인간으로서의 고통은 견디기 힘들 것이다. 그러나 그 고통들을 이겨내며 108개의 아름다움을 발견하여 천계를 구원해내야 한다. 천계는 너와 비류가 108개의 아름다움을 다 찾아내는 순간까지 잿빛 세상으로 사그라져 있

을 것이며, 나 또한 육체를 가지지 못한 채 영으로 남아 너희들을 지켜볼 수밖에 없을 것이다. 지상의 세계에서 믿을 것은 너희 둘의 사랑이며, 그 힘으로 세상을 이겨내며 108개의 아름다움을 반드시 찾아내도록 하여라."

암흑 같은 공간을 가로지르며 두 사람은 지상으로 떨어져 내렸고, 이윽고 비류가 눈을 떴을 때 그의 옆에는 그의 손을 꼭 쥔 채로 아름다운 여인이 눈물을 흘리며 누워 있었다. 아마도 비류 옆에 아름다운 그 여인이 누워 있지 않았더라면 그는 자신이 겪은 이 일이 모두 허망한 하룻밤의 호접몽(胡蝶夢)이었다고 생각했을 것이다.

6. 기화된 예술과 김춘수의 꽃

예술은 우리의 생활환경 곳곳에 흩어져 있다. 그것은 공허한 대기처럼, 수증기처럼 우리 주변에 흩어져 있다가 수시로 모습을 드러낸다. 그러나 그 아름다움을 발견하는 순간은 그리 많지 않다. 우리는 일상을 통해 무수히 많은 사물을 바라보지만 진정한 의미에서 그 사물을 바라보았다고 할 수 없다. 왜냐하면 하나의 사물과 내가 만나 교호작용이 이루어지지 않는다면 그것은 본다는 의미를 지니지 못하기 때문이다. 만남의 의미가 없는 것이다. 다시 말해 거들떠보지 않는 것은 의미 없이 지나가고 마는 것이다. 그것은 하나의 의미 없는 몸짓에 불과하다.

미란 무엇인가에 대해 사람들은 열심히 정의내려 보았지만 그것은 너무도 다양하고 폭이 넓은 작업이다. 그것은 지역과 사람에 따라 시시각각 변화하는 살아 움직이는 것이고, 우리의 세상과 더불어 숨쉬고 있는 것이기 때문이다. 털 없는 두 발 짐승이 인간이라고 말한 플라톤에게 디오게네스는 누드의 닭을 집어던졌다고 한다.

르네상스와 근대까지 예술에 대한 아름다운 고정관념이 코끼리 오른쪽 뒷다리로 지속되었다. 그러나 현대미술에 이르러서 반복된 이즘의 홍수는 미를 막다른 골목까지 몰아붙이고 만다. 따지고 드는 디오게네스를 어찌 당할 수 있을까. 미의 개념은 항복하고 만다. 그 이후로 인간의 머리 속에도 미가 있고, 일상의 세계에서도 미를 찾을 수 있으며, 미는 발견하지 못할 뿐 어디에나 존재할 수 있게 되었다.

이러한 예술 개념에 대한 행위는 하루종일 한 사람을 따라다니는 해프닝으로 이어진다. 또는 바위 덩어리 하나를 옮겨놓는다. 수프 깡통을 쌓아올려 작품으로 전시한다. '나는 진짜 예술가다' 라는 문구를 쓴 팻말을 목에 건다. 그리고 아무 것도 설치하지 않은 전시장이 등장하며, 침묵의 피아노 연주 4분 33초가 이어진다. 우리 생활 속의 건물을 천으로 덮어 새로운 느낌을 가질 수 있도록 유도한다. 대지를, 우리 생활공간 자체를 갤러리화한다. 인간의 육체부터 우리가 사용할 수 있는 모든 물질과 개념들은 예술행위로 거듭날 수 있다. 결과적으로 예술은 어디에나 있고, 누구나가 예술가가 될 수 있으며, 우리 삶과 일상 속에서 발견할 수 있는 것이 예술이 되고 말았다.

최근에는 영상과 디지털 가상공간을 활용한 미술작업들도 활발하게 이루어지고 있다. 미 자체의 개념에 매달려 그 개념을 깨거나 확장시킬 수 있는 온갖 기발한 발상들이 난무한다. 이제 미는 너무 많이 확장되었고 너무 민주화되어 수증기처럼 공간 속에 퍼져 있다. 인간이 개념지우기 전에 이미 그것은 진리와 관계를 맺으며 천상에서 혹은 우리 주위에 존재하지 않는 곳이 없었다. 미는 발견하는 것이고, 발견하고 난 후 드러내는 다양한 방법론이 제시되어 왔다.

미는 고정되거나 굳힐 수 없는 흐름처럼, 만지거나 잡아놓을 수 없는 기체로 몽글몽글 솟아올라 세상에 흩어져 버렸다. 예술은 기화해 버린 것이다. 그리고 그것은 예술의 본래 모습이기도 하였다.

김춘수 시인은 꽃을 꽃이라고 불러주었을 때 하나의 의미가 되어 다가온다고 하였다. 미는 사람과 지역, 시대에 따라 다르게 나타날 수 있다. 그 미(꽃)는 그것을 발견하고 그것을 불러주는 사람에게 하나의 의미로 다가온다. 꽃은 인간에 미치는 언어의 역할과 기화하여 세상에 퍼져 버린 미에 대한 의미를 함께 상징한다.

이름 없는 하나의 사물은, 기호가 붙어 있지 않은 사물은 엄밀한 의미에서 존재한다고 할 수 없다. 우리는 모두 언어로 사물을 보고 생각하고 인식하며 의미를 부여한다. 하이데거는 "언어는 존재의 집이다"라고 하였다.

마찬가지로 아름다움도, 본다는 행위도 하나의 의미로 그 대상과 만나지 않고서는 이루어지지 않는다. 우리는 공중에 떠다니는, 컴퓨터 화면 속에 숨어 있는, 가상공간 속에 날아다니는 아름다움을 발견하고 관계맺음으로써 그 아름다움을 인식할 수 있다.

> 내가 그의 이름을 불러주기 전에는
> 그는 다만
> 하나의 몸짓에 지나지 않았다.

우리 생활 곳곳에 있는 아름다움은 한순간 바로 그곳에서 찰나처럼 우리의 존재와 관계맺음으로써 드러난다.

'내가 그 아름다움을 보기 전에는 그는 다만 하나의 몸짓에 지나지 않았' 던 것이다. 우리가 아름다움을 느낄 수 있는 열린 마음으로 그 사물을 대할 때 그는 나에게로 와서 꽃(아름다움)이 된다.

내가 그의 이름을 불러주었을 때
그는 나에게로 와서
꽃이 되었다

시인은 아름다움을 언어를 사용하여 표현한다. 따라서 언어로 구성된 시를 써서 아름다움을 드러낸다. 예술가는 그의 이름(아름다움의 상징)을 불러 꽃(아름다움)을 나에게 오게 한다. 그것은 관계맺음이고, 꽃과 나의 교감이며, 아름다움을 발견하고 인식하는 방법이다.

내가 그의 이름을 불러주기 전에는
그는 다만
하나의 몸짓에 지나지 않았다

우리의 일상 속으로 기화되어 버린 아름다움을 찾아내기 위해 우리는 하나의 몸짓에 지나지 않는 우리의 삶을 사랑하여야 한다. 그리고 그 안에서 하나의 몸짓을 보고, 찰나처럼 지나가는 아름다움을 찾아내고, 기억해 주어야 한다. 대상과 내가 관심을 가짐으로써 진정한 만남이 이루어지고 서로가 존재할 수 있으며 관계를 맺게 된다. 그리고 그 관계맺음에 의해 하나의 아름다움은 인식된다. 그렇게 함으로써 아름다움은 나에게로 다가와 찬란한 구슬로, 아름다운 꽃으로 피어난다.

7. 다시 용암온천으로

물소리가 아득하게 들려온다. 리듬을 타며 반복적으로 들려오는 소리는 이미 소음이 아니다. 그것은 아무리 큰 소리로 내 귀를 자극하여도 더 이상 시끄럽게 들리지 않는다. 마음은 아늑해지고 감정은 차분히 가라앉는다. 내면으로 침잠한 기운은 아래로 가라앉는다. 반복되는 물소리는 자연이 들려주는 자장가이다.

가물가물 들려오는 물소리가 조금씩 귓전에 찰랑이고, 나는 가늘게 눈을 뜬다. 따듯한 원적외선 열광기를 쪼이며 깜빡 잠이 들었던가 보다. 나른한 몸은 생각의 공간에서 감각의 공간으로 돌아오는 중간지대에 있다.

그러고 보니 눈 앞에는 여전히 기둥에 붙은 돌이 하나의 존재로 거듭 태어나 나를 빤히 마주보고 있다. 그동안 용암온천에 와서 수도 없이 보았을 저 돌이 오늘 지금 이 순간 하나의 의미로 나에게 다가와 나와 관계를 맺고, 하나의 존재의미가 되어 내 눈앞에 아름다움으로 태어나고 있다. 온천 안의 뿌옇게 수증기로 가득 찬 공간은 에테르(ether)인가, 기(氣)인가?

그리고 그 속에 존재하는 저 돌은 에테르 미학인가?

눈앞에 보이는 공간은 분명 일상이고, 나는 에테르처럼 퍼져나간 일상 속에서 아름다움을 찾아 헤매고 있나 보다. 선녀님이 옆에 있다면 그 가는 길이 좀 덜 힘들지 않을까? 저 빤히 내려다 보는 돌이 아름다움으로 다가오는 걸 보니 나는 벌써 지상에 흩어져 버린 첫 번째 구슬을 찾은 건 아닐까?

작품에 대한 복잡한 구상과 미학이라는 정체 모를 미로, 현대미술의 복잡하고 난해한 이론적 전개들을 머리 속에 기억하고 다니는 고통. 엉킨 실타래처럼 복잡한 미술의 무의미 속에서 아름다움을 찾으려 안간힘 쓰는 지독한 고통. 그 고뇌의 요괴를 물리치고 나는 첫 번째 천상의 구슬을 찾아낸 것이다. 첫 번째 요괴는 인간의 관념이라는 현학적인 허영심, 지식에 대한 지나친 자만감이었나 보다. 그러고 보니 선녀님은 보이지 않는 미소로 내 곁을 지켜주고 있는 듯한 착각이 인다. 그녀를 그리워하는 이 외로움이 이제 내 일상의 또 다른 요괴 중 한 마리인가? 그리고 그 고통을 이겨내고 이 에테르 가득한 우주에서 새로운 하나의 구슬을 찾아 헤매야 할 시간이 다시 온 것인가?

비류와 선녀를 위한 시가 머리 속에 떠올랐다.

비가 슬프게 오시는 날.
그대 떠나 보내고
꽃신 가슴에 안고
통곡하던 새아기.

안개 자욱한 겨울비
가슴 아리게 오시네.
나는 아마 전생에
그 새아기였나 보다.

인목림에 매달려 익어가던 천상의 기억을 더듬으며 세상과 만나야 한다. 삭막한 세상에 매몰되지 않고 천계의 기억을 더듬어 하나의 의미를 찾아내고 그것이 아름다움으로 다가올 수 있도록 … .

인간이 살면서 느끼는 108가지 번뇌를 이겨내며 살아가다 보면 그 수만큼의 아름다운 구슬을 모두 찾게 되고, 그 구슬을 모두 찾는 순간 선녀와 함께 천계에 올라갈 수 있으리라. 우리 모두의 고향으로 돌아가는 것이다.

완전한 세상에 대한 통로는 나에게 있어서 108개의 아름다운 구슬을 이 에테르 가득한 일상의 우주에서 찾아내는 일이다.

우리 시대의 미학은 에테르 미학이다.

누구나 자신의 선녀와 함께 잃어버린 구슬을 찾기 위해 헤매고 다닌다. 긴 그림자를 끌며 삶의 고통 속에서 찬란하게 피어나는 아름다운 구슬을 찾아 헤맨다. 일상과 공기를 뜻하는 에테르는 우주 속에 퍼져 있지만 열린 눈으로 발견하고 의미와 관계맺음으로 찾아내지 못하면 무의미하게 사라지고 만다. 108요괴가 가지고 있는 천상의 108구슬.

지친 어깨 떨구고 가난한 집으로 들어설 때, 떨어진 잠옷 바람으로 문간에 서서 천진하게 웃으며 반기는 딸아이의 가지런한 이가 그대에겐 몇 번째 구슬인가?

참 | 고 | 문 | 헌

김상환. 1999.『예술가를 위한 형이상학』.민음사.
한용득 역. 1983.『장자(莊子)』「내편(內篇)」. 홍신문화사.
한흥섭. 1999.『장자의 예술정신』. 서광사.
Tatarkiewicz. W. 김종원 역. 1986.『예술개념의 역사』. 열화당.
W. 타타르 키비츠. 손효주 역. 2005.『타타르 키비츠 미학사』. 미술문화.

8_ 동서 미술에 나타난 준마도의 표현 연구

조덕연

1. 들어가는 말

시간과 공간적으로 상이한 미술작품들을 비교해 보는 것은 언제나 새로운 해석의 가능성을 열어준다. 각각의 실례들은 서로 조응되어 그 작품들을 낳은 각 문화의 숨겨진 모습을 비춰 보여주게 된다. 동양과 서양의 미술을 비교하는 과정에서 양자가 보여주는 유사성은 우연적인 것이다. 왜냐하면 그것들은 각기 공통되는 배경, 즉 작품이 형성되는 과정에서 유사한 사회적 · 예술적 · 기술적 환경에 영향을 받기 때문이다.

고대부터 중국의 미술감식가들은 주제가 무엇인가에 따라 그림의 등급을 매겨 왔었고, 그 중 인물 그림을 언제나 으뜸으로 쳤었다. 그러나 이러한 위계에서 꽃의 그림과 새의 그림은 한데 묶여 일정한 자리를 차지하지 못하고 각기 별도로 취급되어서 그 등급도 달랐다. 10세기에는 새와 짐승의 그림이 바로 인물화 다음으로 꼽혔고, 장차 산수화로 발전하게 될 종류의 그림들보다는 더 높이 평가되었다. 그러나 꽃과 식물의 그림은 일반적으로 새나 동물, 즉 '영모(翎毛)'의 그림보다 떨어지는 것으로 생각되었다.

유럽인들은 동양화가의 기억에 의한 묘사방식을 마치 서양의 중세 및 르네상스 화가들의 묘사방식과 흡사한 것으로 생각하고 있다. 그러나 동양인들이 실물을 직접 보고 그리는 것을 결코 모를 리 없었다. 중국어에는 문자 그대로 살아 있는 실물을 보고 그린다는 뜻의 '사생(寫生)'이라는 용어가 있으며, 동물, 새, 꽃 등을 묘사한다는 뜻으로 사용되고 있다(로울랜드 · 최경택 1996, 152-153).

동서양이 묘사방식에 대한 용어는 서로 다르게 사용되고 있으나 대상을 묘사함에 있어서는 제각기 나름대로의 기준을 가지고 그려지고 있다. 따라서 동서양이 나름으로 엄격하게 정해진 범주의 주제를 그려내는 데 있어서 표준적인 제작방법을 비교 · 분석해 보는 것은 이제까지의 비교방법과는 다소 다른 유형의 비교라고 할 수 있다. 이러한 비교는 동양과 서양의 기법 및 이상(理想)의 본질적인 유사성과 차이점을 명백히 부각시켜 줄 것이다. 이러한 비교를 위해 동양과 서양의 전통에 있어서 다양하게 그려진 말(馬)그림을 검토해 보고자 한다. 이러한 말 그림들을 중심으로 중국 당나라 한간의 「조야백도(照夜白圖)」를 시작으로 송대 이공린의 「오마도(五馬圖)」와 18세기 청대 낭세령의 「준마도(駿馬圖)」에 나타난 묘사법과 형상성을 작품을 통해 살펴보기로 한다. 또한 르네상스의 레오나르도 다 빈치와 18세기 영국 화가 조지 스터브스, 그리고 프랑스의 테오도르 제리코가 그린 말의 묘사와 동세, 표현방법 등을 중심으로 동 · 서양의 준마도를 비교 · 분석해 보고자 한다. 본 연구는 이러한 분석을 토대로 동 · 서양의 준마도에 대한 시각적 인식을 밝혀봄으로써 준마도에 대한 새로운 해석 가능성을 열어두고자 한다.

2. 동 · 서양의 준마도

1) 동양의 준마도

[그림 8-1] 한간-「조야백도(照夜白圖)」

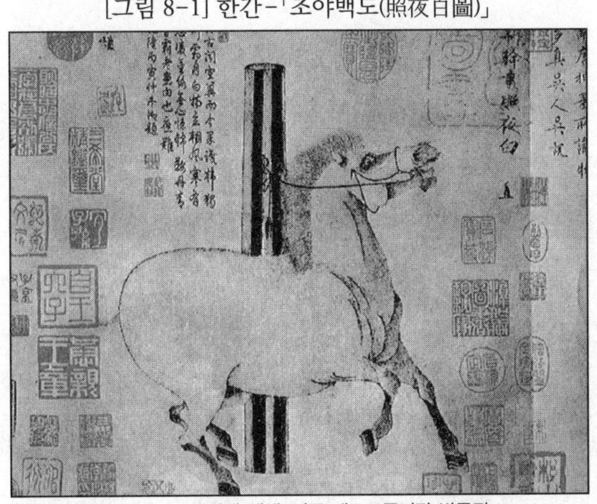

당나라 30.8×33.5cm, 종이에 채색, 미국 메트로폴리탄 박물관

고대로부터 중국에서는 준마도를 주제로 한 다양한 그림들이 그려졌다. 8세기 중엽에 활동한 당대(唐代)의 화가 한간(韓幹)은 불교와 도교를 주제로 한 벽화를 그린 것으로 기록되어 있지만 말(馬) 그림으로 가장 장 알려져 있다. 그의 「조야백도(照夜白圖)」[1]([그림 8-1])는 현종의 어마

[그림 8-2] 이공린-「오마도(五馬圖)」

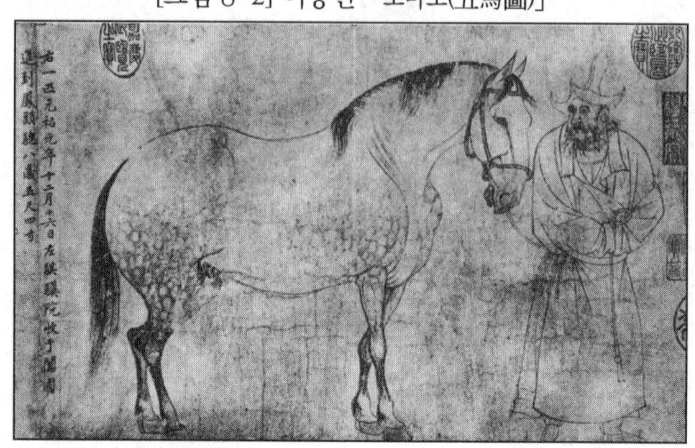

북송, 대북 고궁박물관소장

(御馬)를 그린 것으로, 말의 형상은 형사를 추구하였을 뿐만 아니라 힘차게 뛰어오르는 듯한 모습은 고매하고 격렬한 성격까지 표현하였다(중국미술사교연실, 박은화 1998, 135). 흐트러짐 없는 필선과 대단히 명확한 구도로 당나라 말들의 힘과 고귀함을 강조했다.

이 그림을 볼 때 우선 눈에 띄는 것은 말이라는 주제의 기백을 표의문자식으로 전달하는 타오르는 듯한 물결 모양의 갈기, 힘 있게 휘어진 목, 정방형의 부리부리한 눈과 불룩한 콧구멍이다. 그리고 앞발굽의 끊임없는 발길질을 탄력성 있는 윤곽선으로 표현하고 있다. 말의 모습은 매우 날카로운 선으로 그려져 있어서 거의 종이 표면에 예리하게 새겨져 있는 것처럼 생각될 정도이다. 이들 윤곽선들은 부드럽게 선염(渲染)된 그늘로 엷게 보완되어 있기 때문에 그 효과는 환조(丸彫)와 같은 형태

---

1) 조야백은 밤에도 하얀색의 윤기가 눈부실 정도로 빛나는 말에 명명(命名)하는 이름인데 당대(唐代)에 사용된 호칭으로 보인다.

라기보다는 몇 개의 면이 중첩된 저부조(底浮彫)와 같다. 완전히 텅 빈 공간을 배경으로 덩그렇게 놓여 있는 한간의 말은, 중국의 화가가 어떻게 자기의 주제를 삼차원의 공간과 입체를 암시하기 위한 여러 개의 면을 도입하지 않고서 단일평면 안에 의도적으로 한정할 수 있는가를 보여주는 하나의 예이다. 이러한 수단에 의해 화가는 감동적이고 생기 있는 실루엣으로 주제를 투사해 보여주려는 것 같다(로울랜드 · 최경택 1996, 164-165).

한간 이후 말을 그림의 소재로 삼는 것은 송대(宋代)의 이공린(李公麟, 1049?-1106), 원대(元代, 1279-1368)의 조맹부(趙孟)를 비롯한 여러 화가들에 의해 제작되었다. 북송(北宋)의 백묘대사(白描大師)라 일컬어지는 이공린의 「오마도(五馬圖)」([그림 8-2])는 그의 회화에서 오늘날 최고의 걸작으로 평가되는데, 이러한 말 그림은 소위 백묘법(白描法)[2]으로 그려져 있다. 이처럼 백묘법으로 그려진 「오마도(五馬圖)」는 변방지역에서 황제에게 바칠 다섯 필의 준마와 말을 끄는 종이나 혹은 말을 사육하는 사람을 그린 것이다. 말들은 모두가 정지하거나 서서히 걷고 있는 모습이다. 이 말들은 모두 건장하고 총기 있는 말들로서, 다섯 말을 끄는 사람들이 모두 다른 민족이고 신분에 차이가 있음을 알 수 있을 정도로 명확하게 잘 표현되어 있다. 이처럼 이공린은 말을 그림으로써 유명해지기 시작했다. 그가 처음 말 그림을 그릴 때는 한간(韓幹)의 말 그림을 임모했었다. 그가 그린 말 그림에는 미려한 필치의 선묘가 사용되기 때문인지 선

2) 색채의 사용 없이 붓을 빨리 움직여 고른 선만으로 그리는 백묘법(白描法)은 남북조시대부터 대두되어 당나라의 오도자(吳道子)에 의해 전통이 확립되었다. 당나라 중기 이후 발묵풍(潑墨風)과 파묵풍(破墨風) 수묵화의 유행에 의해 백묘화는 일시 후퇴했다가 북송말 이공린(李公麟)에 의해 다시 부흥되었다.

[그림 8-3] 낭세령-「백준도(百駿圖)」

1728년, 94×789.3cm, 대북고궁박물원 소장

의 사용이나 진행에 많은 변화가 있지는 않다. 더 나아가 많은 색을 사용하지도 않았다. 전체적으로 말의 날렵한 특징을 이공린은 예리한 선의 윤곽으로 묘사해냈다(장준석 2002).

청대(淸代)의 궁중 화원으로 서양화 기법을 전한 낭세령(郎世寧, Giuseppe Castiglione 1688-1766)은 1688년 이탈리아 밀라노에서 태어나 강희 54년(1715) 11월 22일 북경에 와서 건륭 31년 6월 10일 북경에서 타계한 화가이다. 그는 중국 생활 51년 동안 천주교 전파의 방편을 얻기 위해서 시종 청 궁정에서 황제를 위해 그림을 그리면서 황제의 관심과 비호를 얻는다. 그는 중국과 서양의 예술적인 가교를 터놓는 데 중요한 공헌을 하였으며, 양 대륙 간 서로 상이한 화법의 절충에 대해서 장기간에 걸친 모색의 결과 새로운 기법, 즉 낭세령의 신화풍인 낭체(郎體)를 창출해냈다.

그의 중기 대표작인 「백준도(百駿圖)」([그림 8-3])는 약 4년간에 걸쳐 제작하여 옹정 6년 40세에 완성된 것으로 일 백 마리의 준마가 방목되어 있는 정경을 그린 것이다.

너른 들판에 파노라마처럼 펼쳐져 있는 산, 수목, 시냇물, 화초, 말 먹이는 사람 등의 그 섬세한 묘사나 현실적인 시각으로 잡은 원근법 등에서는 서양화법이 강하게 배어 있다. 그러나 일반 유화처럼 명암에 의한 사물의 전체적이고 면적인 파악이 아니라, 그 명암법은 빛의 존재를 최대한 약화시켜서 대상을 세부적이고 섬세하게 파악하는 수단으로 교

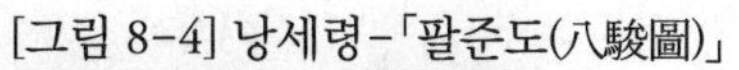
[그림 8-4] 낭세령-「팔준도(八駿圖)」

1758년,
139.3×80.2cm,
대북 고궁박물원

묘하게 환원하고 있다. 또 원경을 희미하고 연하게 처리하여 여백처럼 느끼게 하는 수법 등은 가급적 동양 산수의 묘법을 흉내내자는 그 지향을 보이고 있는 것이라 간주된다.

역시 말을 소재로 한 이와 유사한 그림으로 낭세령이 건륭 23년에 그린 「팔준도(八駿圖)」([그림 8-4])가 있다. 이들 준마 8두는 말과 떨어져서 살 수 없는 유목민인 카자흐 부족이 귀순할 때 헌상한 것이다. 이 그림의 특색도 「백준도」와 거의 마찬가지인데, 우선 시선을 끄는 것은 말의 다양한 동작이나 자세를 정확하게 포착하고 있는 점이다. 중국에는 전통적으로 말 그림이 많지만, 이 그림은 의식적으로 말의 동작을 제각기 달리하여 묘사력의 자신감을 과시하려는 듯한 인상마저 받을 만큼 말의 기름진 피부의 질감과 동작표출이 정확하다. 그리고 이 그림을 일반 서양화와 대비해 봤을 때, 우선 강한 빛의 존재를 거의 찾아볼 수 없

[그림 8-5] 낭세령-「십준도(十駿圖)」

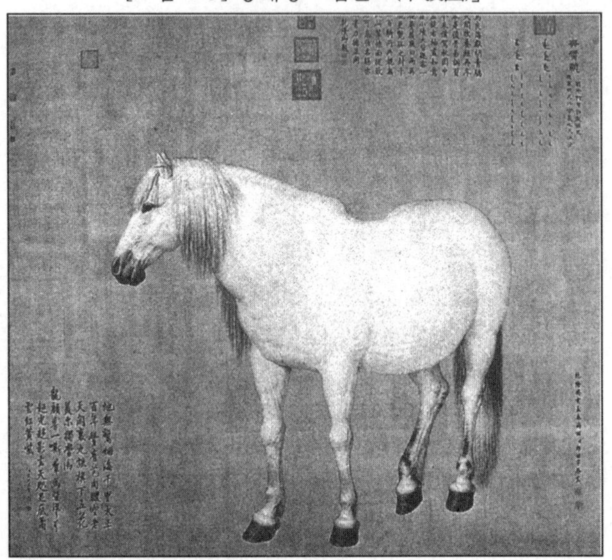

1743년, 238×270cm, 북경 고궁박물원

을 만큼 명암 대비 효과가 억제되어 말이나 버드나무 등의 입체감을 겨우 살리는 정도로만 작용하고 있다. 뿐만 아니라 배경에는 흰 안개가 피어올라 마치 전통 동양화의 여백과 같은 효과를 자아내게 하고 있다. 그러므로 낭세령은 중국의 지견(紙絹), 필묵, 안료를 사용하여 가급적 본래의 중국화다운 화풍을 최대한 추종하고 있다는 것을 엿볼 수 있다. 그러나 동물이나 사람과 같은 생동적인 대상을 표현할 때는 실재감을 살리는 과학적인 묘사력을 한껏 발휘하여 본래 서양화다운 시각을 굳건히 견지하고 있다.

이상의 검토에 의해 사람, 동물 등 특히 생명 있는 대상에 대해서는 과학적인 시각의 실재다운 묘사에 대한 지향을 보이는데, 이것은 곧 건륭 자신의 의도이자 취향이라고도 볼 수 있다. 그러한 생명체 표현의 뒤

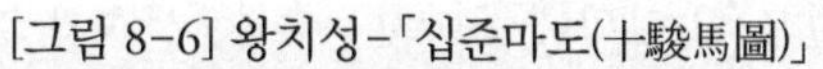
[그림 8-6] 왕치성-「십준마도(十駿馬圖)」

24.2×29.1cm, 북경 고궁박물원

어난 사실력이야말로 서양인 화가를 화원에 자리 잡게 한 중요 동인이 아닌가 생각된다(이중희 2003, 56-58).

실제적인 사실감을 살린 10폭의 말을 그린 건륭 8년의 「십준도(十駿圖)」([그림 8-5])는 놀랄 만하게도 각 폭에다 말의 등신대 크기로 한 마리씩을 그려넣어 말다운 피부감과 입체감, 해부학적인 정확성은 물론 그 크기에서도 보는 이들을 압도할 만큼 실제 말을 방불케 하고 있다. 이 열 마리의 준마도 몽고 외번(外藩)의 친왕(親王), 군왕(郡王), 태길(台吉), 패륵(貝勒) 등으로부터 헌상받은 것으로서 역시 기념성을 가진 그림이라 할 수 있다. 낭세령이 이룩한 동태(動態)적인 표현의 정확성과 실재다운 묘사력, 이른바 낭체(郎體)는 청 화원의 대표양식으로 애호되어 변방 소수민족의 왕공이나 지방관, 외국 사신 등으로부터 헌상 받은 말, 개, 원숭이, 사슴 등 수많은 진기한 금수(禽獸), 화훼를 사생하여 남기고 있다.

이 낭체는 그후 청 화원에 들어오는 서양 선교사 왕치성(王致誠), 애계몽(艾啓蒙) 등도 그대로 답습하여 일관되게 원체로서 정착해 간다. 예를 들면 왕치성이 그린 「십준마도(十駿馬圖)」([그림 8-6])에서도 실재감 있는 말의 묘사에서 마치 낭세령의 그림으로 착각될 만큼 흡사하며, 말과 나무에서 보이는 묘사의 차이도 앞서 기술한 것과 마찬가지이다(이중희 2003, p. 62). 낭세령의 그림은 서양의 재료·화법을 그대로 사용한 것이 아니라 중국 고유의 재료를 사용하여 그렸고, 그가 사용한 음영법(陰影法)은 새로운 수법으로서 중국화에 큰 영향을 끼치게 된다.

2) 서양의 준마도

[그림 8-7] 레오나르도 다 빈치-「앙기아리 전투_말들의 연구」

1503-1504년

일반적으로 15세기경부터 서양의 미술가들은 정확한 신체묘사나 동물의 동세, 특히 근육운동의 정확한 묘사에 관심을 기울이기 시작했다.

[그림 8-8] 레오나르도 다 빈치-「말의 동세 연구」

1503년

미술가들은 종종 해부학적 구조의 위치와 기능을 판별하기 위해 시체해부 과정을 관찰(때로는 직접 해부)하면서 입체적인 에코르셰(ecorche)모형을 만들었다. 이 모형들의 대부분은 미술가들의 작업실에서 빼놓을 수 없는 필수품이 되었으며 이것을 바탕으로 많은 소묘가 그려졌다.

에코르셰(econiche) 소묘는 동물이나 인간을 그릴 때 근육의 모양과 상호작용을 묘사하기 위해 외피를 벗겨내고 그린 해부학적 표현으로 레오나르도 다 빈치(Leonard da Vinci 1452-1519)의 인체묘사와 말들의 동세 연구([그림 8-7])에 잘 나타나 있다. 레오나르도가 그린 모든 말의 소묘는 그가 평생 동안 연구한 인체의 구조와 움직임에 다음가는 완전한 규범에 도달하기 위한 끈질긴 탐구를 보여주고 있다. 레오나르도는 말의 해부학적인 구조에 대한 완벽한 비례규준을 발전시켰다고 전해진다. 레오나르도의 양식에 있어서 보다 의미심장한 것은 장식적인 목적에서뿐

[그림 8-9] 조지 스터브스-「말의 해부학적 구조」

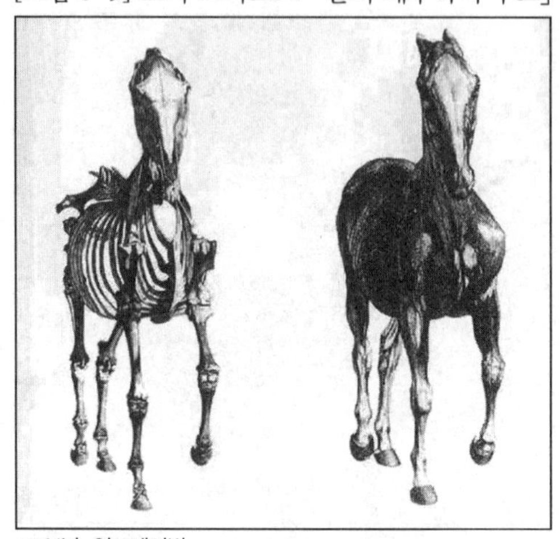

1766년, 인그레이빙

만 아니라 그가 동물의 신체구조에서 발견한 동물 특유의 생명력과 정신세계를 드러내 놓기 위해 어지러운 선적(線的) 리듬을 지닌 곡선 [그림 8-8]이나 역(逆)곡선에 의해 해부학적인 구조를 즐겨 왜곡시키거나 비틀어 그리는 것이다. 이러한 변형은 말의 위풍당당함과 격렬한 동작, 이를 테면 레오나르도가 말만의 고유한 특성으로 여겼던 온순하면서도 강철과도 같은 힘을 상기시키기 위해 사용한 방법이다. 레오나르도의 작품에서 항상 볼 수 있듯이, 이러한 실현은 해부학적인 기능에 대한 완전히 과학적인 지식에 철저하게 바탕을 두고 있다(로울랜드 · 최경택 1996, 162-163). 그 결과 실제 구조 형태를 상상적으로만 강조할 뿐이다.

영국의 동물화가 조지 스터브스(George Stubbs 1724-1806)는 「말의 해부학(The Anatomy of the Horse 1766)」([그림 8-9])에서 삽화 판화로 말들의 세부 묘사를 장식해 놓고 있다. 그는 1760년대에 런던에서 완성한 「말의 해부학」을 위한 에칭 도판을 제작하기 전에 링컨셔의 한 농장을 세내어

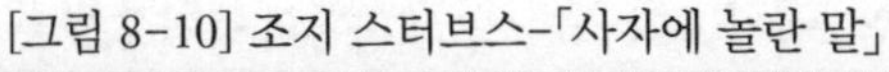
[그림 8-10] 조지 스터브스-「사자에 놀란 말」

1770년, 101.5×127.5cm, 리버풀 워커 아트 갤러리

실제로 해부를 하면서 말에 관한 연구를 했다. 스터브스가 활동한 18세기에는 거의 모든 장르의 회화에서 표현영역이 확대되기 시작했다. 동물화에서도 싸우고 있는 야생동물이라는 전통적인 주제가 새로운 차원의 표현법을 개척했다. 스터브스는 처음에는 초상화가로 출발했으나 1754년 로마에 가서 '자연은 예술보다 뛰어나다'는 자신의 지론(持論)이 옳다는 것을 다시 인식하고, 고대나 이탈리아의 미술연구보다도 자연관찰이 중요하다는 회화관(繪畵觀)을 굳혀나간다. 그는 1760년대 들어 극적이고 공격적으로 주제를 드러내는 작품들을 그리기 시작했다. 아마도 이런 놀라운 그림들은 영국 낭만주의 화가 헨리 퓨즐리(Henry Fuseli 1741-1825)의 그림처럼 고상한 감정의 영역을 표현할 수 있는 역사화가로서의 명성을 얻기 위한 시도였을 것이다. 이런 주제의 출현은 그가 정기적으로 출품했던 예술가협회가 개최한 1760년 전시회 개막과 일치하고 있다. 그는 정확성을 위해서 고전을 존중했을 뿐만 아니라 자연을 철저하

[그림 8-11] 조지 스터브스-「사자의 공격을 받은 말」

1765년, 66×97cm, 멜버른 빅토리아 내셔널 갤러리

게 연구했다. 스터브스는 정확한 관찰만이 정교하고 섬세한 표현을 가능하게 한다고 생각한 예술가 중의 한 사람이었다. 그가 반짝이는 풍경을 배경으로 그린 동물들의 형상은 흠잡을 데 없이 경이롭다. 그러나 전반적으로 그 형상들은 공감을 불러일으키지 못한다. 그가 그린 싸우는 말들과 맹수에는 제임스 워드나 테오도르 제리코의 동물표현에서 볼 수 있는 인간성을 대신할 만한 어떤 특징도 없다. 단지 헬레니즘이나 바로크 미술에서 보이던 동물의 싸움처럼 폭력은 자세히 보여줄 뿐이다. 스터브스의 작품 가운데 단 한 작품 「사자에 놀란 말(Horse Frightened by a Lion)」([그림 8-10])은 낭만적 비애감을 자아낸다. 이 작품은 그가 여러 번 그린 「사자의 공격을 받은 말」([그림 8-11])에 영감을 준 헬레니즘파의 영향이 아직 남아있다. 그러나 「사자의 공격을 받은 말」이 행동을 묘사하고 있는 반면, 「사자에 놀란 말」은 위협을 내포하고 있다. 이 그림의 풍경을 조지 배럿이 그렸던 아니든 간에 분위기의 통일감은 완벽하다. 팽팽한 활처럼 굽은 말의 등 모양이 주변 바위들의 거친 윤곽에 그대로 반복되고 있다.

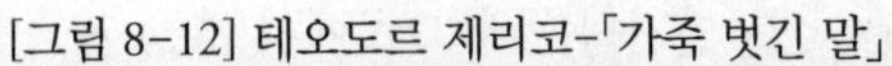
[그림 8-12] 테오도르 제리코-「가죽 벗긴 말」

1820-1824년

놀란 말의 헐떡거림은 위협적이면서도 놀라울 정도로 조심성 있는 사자가 기다리고 있는 어두운 협곡 속으로 증발하고 있다(W. 본 · 마순자 2003, 55-56). 스터브스는 영국의 전통적인 말 그림을 전례를 찾을 수 없을 정도로 전문적이고 우아한 경지로 끌어올림으로써 큰 명성을 얻게 된다.

프랑스의 화가 테오도르 제리코(Theodore Gericault 1791-1824)는 훌륭한 부르주아 가문 출신으로서 일찍이 어머니 쪽의 유산을 물려받아 부유했던 그는 일찍부터 데생에 재능을 보였으며, 말(馬)에 대한 열정을 나타냈다. 당시에는 나폴레옹 미술관이었던 루브르에서 열정적으로 '채색화가들'의 작품을 모사했고, 저부조에 감탄했다. 1812년부터 살롱전에 출품을 하지만, 왕의 군대에 호기심이 일어 루이 18세의 붉은 근위병들 사이에서 100일 동안 훈련을 받기도 한다. 그후 1816년 이탈리아로 여행을 하던 중 자신의 소명을 완전히 깨닫게 된다. 로마에서는 거리풍경을 스케치하고, 라파엘로(Sanzio Raffaello 1483-1520)와 미켈란젤로(Michelangelo

Buonarroti 1475-1564)를 발견하는데, 그곳에서 평생 지속될 기념물에 대한 취향을 가지게 된다. 또한 선명하고 강렬한 이탈리아 회화의 빛을 보고는 형식의 문제에 관해 다시 생각하게 된다. 그는 파리로 돌아오자 수많은 석판화와 몇 점의 조각품([그림 8-12])을 제작했으며, 이후 몇 개월 후에 경마의 순간적인 움직임을 표현한 「엡섬의 경주」를 작업하던 중 그만 낙마하여 심각한 부상을 입고 다시는 회복하지 못하게 된다(르그랑 · 박혜정 2004, 117). 유화작품으로는 얼마 되지 않으나 그리스 독립전쟁, 노예제 반대 등 시국적인 것을 주제로 한 소묘에 뛰어났고, 석판화를 참다운 예술품으로 끌어올렸다. 특히 그의 말 그림은 경마를 관람하면서 느낀 감각을 표현하게 되는데, 이는 시각적 느낌을 묘사한 것이라고 할 수 있다.

3. 준마도의 표현과 동세 비교

앞서 언급한 중국 청대의 낭세령은 이탈리아 예수회 선교사로 강희제 치세에 중국에 와서 건륭제 치세까지 51년간 중국에 머물렀던 화가이다. 그는 이탈리아에서 기초를 닦은 서양화 기법을 바탕으로 중국에 와서 다시 중국화를 배워 최초로 두 가지 스타일을 혼합해 새로운 형태의 그림([그림 8-13])을 만들어냈다. 그의 이러한 스타일은 사실적인 그림을 중시한 궁정의 양식에 맞아 황제들의 사랑을 받았으며, 궁정 소속의 화원화가들이 한때 그의 화풍을 본받기도 하였다. 그의 그림은 투시, 즉 엄격한 원근법 적용과 사생을 서구식으로 사실적인 선명한 윤곽과

[그림 8-13] 낭세령-「십준도(十駿圖)」

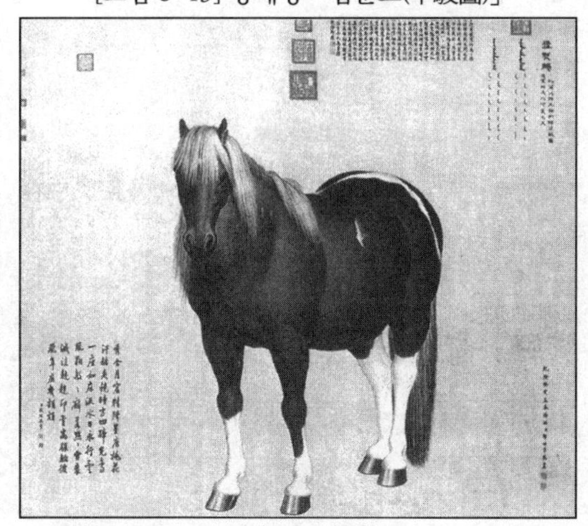

1743년, 238×270cm, 북경대북고궁박물원

색상으로 표현하였으며, 전통 중국 그림과 달리 외곽선(선묘)을 강조하지 않았다. 그러나 전체적인 구도라든가, 묘사대상의 배치(어울림)라든가, 글씨를 화제로 넣는다든가 하는 데서는 중국식을 따랐다. 그는 서양화법, 특히 로코코 화풍으로 중국적인 사실적 채색으로 중 · 서 혼합화풍의 그림을 그렸다. 그러나 당시 중국의 전통화법을 강조하는 많은 화가들은 그의 그림을 이단시하고 비난하였다.

18세기 영국 대중들은 자신들의 집이나 정원을 배경으로 평범한 사람들이 등장하고 고상함보다는 솔직함이 있는 그림을 더 좋아했다. 이러한 보통 사람들은 조지 스터브스의 작품에 등장하는데, 사람보다는 멋진 말의 모습이 훨씬 강조된 경우가 많았다. 그는 '자연은 과거에도 현재에도 예술보다 우월하다'는 신념을 가지고 있었으며, 생명체, 특히 말에 대한 연구는 그의 주장이 무엇을 의미하는가를 이해하는 데 도움을 준다. 스터브스의 그림에 담겨진 심오한 해부학적 지식이 최근에 와서야 재평

[그림 8-14] 조지 스터브스-「준 남작이 탄 사무엘 치프네이」

1791년, 영국 로열 컬렉션

가 되었다(리비 · 양정무 2000, 246). 진지한 과학성을 지녔다는 측면에서 스터브스는 전형적인 18세기 인으로 평가받는다. 그러나 그의 해부학적 지식과 과학적인 표현에도 불구하고 달리는 말을 표현한 준 남작이 타고 있는 그림([그림 8-14])에서는 시각적인 오류를 나타내기도 한다.

제리코는 1820년 영국으로 건너간 후 영국의 풍경을 수많은 석판화로 묘사하고, 또 말을 좋아하고 빠르게 달리는 동물의 속도를 좋아하여 그 동작을 예리하게 묘사하였다. 그의 작품 「엡섬의 경마」([그림 8-15])는 영국 엡섬에서 매년 열리는 경마대회를 그린 것이다. 그러나 사진기의 발명으로 그의 그림에서도 오류가 발견된다. 그림 속의 말들이 날고 있기 때문인데, 달리는 말은 네 다리가 각각 움직인다는 것을 사진기가 증명했다. 영국 출신의 머이브리지(Edward Muybridge 1830-1904)는 동물의 동작 연구로 대표되는 일련의 사진들을 제작하여 인간이 육안으로 관찰하기 어려운 한순간의 움직임을 아주 세밀하게 찍은 최초의 사진가

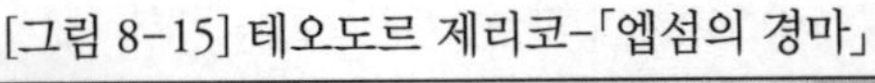

[그림 8-15] 테오도르 제리코-「엡섬의 경마」

1821년, 92×122cm, 파리 루브르 미술관

이다. 1872년 머이브리지는 스탠퍼드가 소유한 가장 좋은 말 옥시던트(Occident)를 대상으로 말이 달릴 때 네 개의 다리가 어떤 모양인지를 보여주는 최초의 순간을 찍은 사진([그림 8-16])을 만들었다. 이 사진을 본 많은 사람들은 이제까지 화가가 그린 달리는 말(馬) 그림과 전혀 다른 모습을 보고 놀랐다.

이에 반해 중국의 감숙성(甘肅省) 무위(武威) 뇌대(雷臺)의 동한묘에서는 마답비연(馬踏飛燕, 나는 제비를 밟고 있는 말)이라 불리는 동마식(銅馬式)이 하나 출토되었는데, 높이는 34.5cm이며, 제작자는 독특한 방법으로 씩씩하고 힘차게 달리는 준마의 모습을 만들어냈다. 세 발이 공중에 떠 있고 한 발로 날개를 펴고 날아오르는 제비를 밟고 있으며, 옆을 향한 기본 구도는 삼각형을 이루고 강렬한 운동감을 나타내어 청동조상의 진기한 예로 평가된다(중국미술사교연실 · 박은화 1998, 77).

「마답비연」([그림 8-17])은 한무제가 갖고 싶어했던 명마로 알려졌

[그림 8-16] 에드워드 머이브릿지-「달리는 경주마의 연속 장면」

1887년

다. 이 동마상(銅馬像)은 머리를 약간 왼쪽으로 돌리고 꼬리를 나부끼면서 질주하는 듯하며, 두 앞발과 한 개의 뒷발은 하늘을 날고 있는 모습이다. 나머지 하나의 뒷발은 나는 제비의 등을 낚아채고 있으며, 그 제비는 고개를 돌려 놀란 표정으로 말을 응시하고 있다. 작품 이름처럼 서역을 분방하게 달리며 금방이라도 하늘을 날아 올라갈 듯한 이 준마는 2천여 년 전 한 무명의 작가에 의해 만들어졌다는 사실에 신비로워 하고 있다. 이 작품은 한 다리를 축으로 했는데도 역학적으로 균형이 잡힌 그 조형력은 세계 조각가와 건축가에게 불가사의한 일로 여긴다.

4. 나오는 말

지금까지 고대 중국 한간의 그림과 이공린의 그림, 그리고 청대 낭

[그림 8-17] 동한(A.D 25-220년)-「마답비연(馬踏飛燕)」

45×34.5cm, 청동조 중국 감숙성 박물관

세령의 「준마도」를 중심으로 동양의 준마도(駿馬圖)에 나타난 특징들을 살펴보았다. 또한 서양의 레오나르도 다 빈치를 비롯해서 조지 스터브스와 테오도르 제리코의 작품도 함께 살펴보았다. 특히 레오나르도 다 빈치가 동물의 해부학적 기구를 완전히 통합하는 데 생명감이나 운동감을 함축시킴으로써 그가 묘사하는 동물에 어떻게 기품과 다이나믹한 행동의 느낌을 주었는지를 보았다. 중국 미술에 있어서 이와 동일한 주제에 능통했던 한간은 해부학보다는 생기에, 물질보다는 정신에 관심을 갖고 있었다. 이것은 감동적이고 생기 있는 주제를 보여주고자 한다는 점에 있다. 이런 점은 기운생동(氣韻生動)에서 그 특징들이 잘 나타나 있다. 기운생동은 대상에 적절하고 살아서 움직이는 듯한 생명력을 불어넣는다는 가장 중요한 원리인데, 기운생동은 중국 회화 미학의 핵심이 내포되어 있다. 예술적 감각에 의한 생명력이나 정신세계를 드러내 놓기 위한 노력은 동·서양이 공통된 예술 표현의 핵심이라고 할 수 있다.

말의 이미지는 움직이는 동세에 따라 다양한 형상으로 나타난다.

이러한 운동감은 화가와 조각가 공통의 관심사항이었는데, 로댕(Auguste Rodin 1840-1917)은 운동감을 표현하지 않고는 살아 있는 '느낌'을 나타낼 수 없다고 생각했다. 그는 운동감을 하나의 자세에서 다른 자세로 넘어가는 과정이라고 정의를 내렸고, 정지되어 있는 조각에서는 이것을 '사실적'으로 표현할 수 없다고 했다. 대안은 연속적인 자세를 동시에 '암시'하는 것이었다. 그는 적석 사진은 속임수라고 주장했는데, 왜냐하면 그런 사진은 정지된 움직임을 나타내기 때문이다. 그는 운동 자체에 관심이 있었지만 이것은 오직 어떤 관례적 표현을 통해서만 나타날 수 있었다. 그래서 로댕은 네 다리를 동시에 뻗은 경주마를 그린 제리코를 옹호하는데, 그러한 말의 자세는 실제로는 있을 수 없는 표현이지만 경마를 관람하면서 느낀 감각을 나타낸 것이다. 그는 시각적 느낌을 묘사한 것이다. 이것은 아마 착시현상이겠지만 결과는 어떤 사진보다도 진실에 더 가깝다(H. 리드 · 김성회 1998, 16-17)고 보고 있다. 이는 과학적 시지각에 근거를 둔 관점과는 무관하게 화가의 감각에 의한 표현력을 중시하는 것으로 해석된다. 이처럼 말 그림에 나타난 동세나 표현법에서 동양과 서양의 기법이나 추구하는 이상(理想)의 본질적인 유사성과 차이점이 있음을 확인하였다. 이에 따라 동 · 서양이 나름대로 엄격하게 정해진 범주의 주제를 표현함에 있어서 표준적 제작방법을 따르고 있음을 알 수 있다. 이와 더불어 동 · 서양이 공통적으로 추구했던 점은 표현하고자 하는 대상에 대하여 본질적이고 이상적인 미(美)적 표현을 작품에 담아내기 위해 탐구하였음을 작품분석을 통해 확인할 수 있다.

참 | 고 | 문 | 헌

북경 중앙미술학원 미술사계 중국미술사교연실 · 박은화. 1998.『간추린 중국미술의 역사』. 시공사.

이중희. 2003.『한 · 중 · 일의 초기 서양화 도입 비교론』. 얼과 알.

장준석. 2002. “「오마도(五馬圖)를 중심으로 한 백묘(白描)의 연구.”『한국미술교육학회 미술교육논단』제13집.

B. 로울랜드 · 최경택. 1996.『동서 미술론』. 열화당.

H. 리드 · 김성회. 1998.『간추린 현대 서양조각의 역사』. 시공사.

J. 르그랑 · 박혜정. 2004.『낭만주의(라루스 서양미술사 4)』. 생각의 나무.

M. 리비 · 양정무. 2000.『조토에서 세잔까지』. 시공사.

W. 본 · 마순자. 2003.『낭만주의 미술』. 시공사.

9_ 이개어 사전에서의 번역에 관한 연구

허진영

1. 머리말

일개어 사전에 비해 이개어 사전은 출발언어와 도착언어 두 개의 정의를 가진다. 다시 말해서 두 정의의 관계는 "번역"이라는 용어를 탄생시키고, 이로 인해 이개어 사전은 번역과 밀접한 관계를 가진다. 더구나 번역은 일개어 사전과 이개어 사전을 구분짓게 하는 결정적인 요소로 간주된다. 하지만 번역의 관점에서 이개어 사전은 많은 문제점들을 가지고 있다. 예를 들면 기존의 한불사전의 경우에 번역된 예문들이 극히 적고 대부분이 단문으로 구성되었을 뿐만 아니라, 이러한 예문들은 독자들에게 흥미를 유발시키기에 부족한 점이 있다. 특히 이것은 직·간접적으로 번역학의 측면에서 번역의 충실도에 관련이 있다. 그러나 실제로 기존의 한불사전은 문자 그대로의 번역에 근거하는 경우가 많다. 게

다가 이개어 사전에서의 번역에 대한 연구는 일반 번역학에서의 번역연구보다 연구가 미흡한 실정이다. 사전편찬자와 번역가는 번역에 대한 각각 다른 관점을 갖는다. 다시 말하면, 사전편찬자는 이개어 사전에서 특히 주어진 표제어와 대부분 단문으로 구성된 예문들을 토대로 번역을 다루는 반면에, 번역가는 일반적으로 문맥에서 일반 번역의 이론적 측면을 다룬다.

이개어 사전과 번역 사이의 관계를 설명하는 데 다소 어려운 부분이 있음에도 불구하고 본고는 사전 편찬학의 관점에서 이것들을 소개하고자 한다. 그 관계들을 설명하기 위해서는 이개어 사전에서의 번역의 정의와 상황, 그리고 등가와 대응의 비교를 언급할 필요가 있다. 또한 이개어 사전의 표제어 어휘항목 및 예문의 대역관계에서 발견되는 번역상의 문제점을 다루고자 한다. 그러므로 이개어 사전에서 번역의 이론을 적용하는 것이 바람직하다고 생각한다.

2. 번역의 정의와 상황

번역에 대한 정의는 언어학자와 번역가에 의해서 다양하게 정의되어져 왔다. 일반적으로 "한 언어로 표현된 내용을 다른 언어로 다시 표현하는 것"이라고 할 수 있으나 현대 번역학에서는 훨씬 넓은 범위로 확대시키고 있다. 그것은 현대사회에서의 번역의 역할과 기능이 그만큼 다양해지고 있다는 의미이며, 번역에 대한 연구는 여러 측면에서 접근해 볼 수 있다. 대표적인 번역의 정의를 살펴보면 다음과 같다 : 캐트포드(J. C.

Catford)는 번역을 "한 언어로 기술된 텍스트 내용을 등가성이 있는 다른 언어의 텍스트로 바꾸어 놓는 것"(the replacement of textual material in one language(SL) by equivalent textual material in another language) (TL) (1965, 20)이라 했고, 또 모스코위츠(D. Moskowitz)는 번역을 원문 텍스트에 가깝게 상황을 묘사하는 것이라 다음과 같이 설명한다 : "La traduction doit décrire la même situation, avec les moyens de la langue d' arrivée, dans un style et àun niveau de langue aussi proches que possible de ceux du texte original. La traduction n'est donc pas une opération directe, pour laquelle il suffirait de remplacer les mots et expressions du texte original par les mots expressions équivalents de la langue d'arrivée" (*ibid.*, p. 112).

한편, 니다(Eugene Nida)는 번역은 "La traduction consiste à produire dans la langue d'arrivée l'équivalent naturel le plus proche du message de la langue de débart, d'abord quant à la signification, puis quant au style" (in G. Mounin 1976, 278)라는 등가성의 개념을 도입해서 좀더 자세히 접근하고 있다. 다시 말해, 번역이란 "원천언어(SL) 메시지를 형식적 관점과 의미적 관점에서 가장 가까운 등가물이 되는 목표언어(TL)로 재생산하는 것"이라고 정의한다. 이는 의사소통적 관점에서 번역자가 원어의 메시지를 유지하되 목표언어에서 통용되는 언어규칙과 수신자의 해독능력을 고려하여 번역해야 함을 의미한다. 투리(Gideon Toury)는 번역에 있어서 다음과 같이 문화적인 측면을 드러낸다 : "a translation is taken to be any target-language utterance which is presented or regarded as such with the target culture, on whatever grounds" (1985, 20).

이처럼 번역은 보는 시각에 따라서 얼마든지 달리 정의될 수 있을 만큼 다양한 기능과 역할을 수행하고 있다. 번역가의 입장에서 본다면 번역은 출발언어를 목표언어로 옮겨서 두 텍스트 간에 내용상으로나 형식상으로 등가성이 있게 만드는 과정이며 그 결과라 할 수 있다. 그러나 번역을 문화현상의 하나로 본다면 번역은 서로 다른 문화가 접촉하고 교류하며 이동하는 과정에서 일어나는 필연적인 현상이라고 할 수 있다. 또한 번역은 서로 다른 언어를 사용하는 개인이나 집단 간에 지식과 정보가 언어적으로 이동하고 재현되는 과정이며 그 결과라 할 수 있다.

번역은 출발언어의 문법적 규칙과 문체론의 규칙을 도착언어에 일치시키는 것이 필요하다. 그러므로 번역은 근본적으로 두 언어 간의 중재적인 작용을 한다. 설사 번역이 출발언어와 동일하게 실현되지 않더라도 번역은 가능한 한 같은 상황을 재현하고 출발언어의 의미를 퇴색시키지 않아야 한다. 언어는 장소와 시대에 따라서 변한다. 그래서 언어는 그 구조에서 이질적인 측면들을 가진다. 물론 번역은 본래의 텍스트와 동일하지 않는다. 결국 번역은 하나의 등가로 나타나고, 이런 등가는 내용, 텍스트, 상황, 문체, 도착언어의 기준, 출발언어의 의사소통의 가치, 수신자 등다른 매개체들과 연결이 된다. 그러므로 번역은 항상 표현된 현실을 설명이 필요로 하는 복잡한 활동이다.

이개어 사전에서의 번역상황을 살펴보면 이개어 사전의 예문들은 대부분 단문으로 구성되어 있다. 이러한 이유로 적절한 번역을 선택하기 위해 어려움을 가진다. 이 경우에 만약 우리가 문자 그대로 번역을 한다면 그 규칙들을 포기하는 것이나 다름없다. 하지만 경우에 따라서 형태-통사론적 관점에서 단문의 경우 번역이 제대로 되는 경우도 있다. 단지 우리는 종종 상황과 문맥의 부재로 인하여 잘못된 번역을 발견할 수 있다. 번역의 충실도는 문맥의 상황, 예문들의 다양성과 성격 등과 관련이 있다. 그러므로 앞으로 이개어 사전에서의 번역의 상황과 관련된 예문들은 학습자를 위해 복문으로 구성되거나 텍스트로 제공되어져야 할 것이다. 또한 예문들의 번역이 문맥상의 번역이 될 때, 사용자는 문법적 의미와 어휘적 의미처럼 여러 변별적 의미를 정확하게 파악할 수 있다. 게다가 이러한 변별적 의미는 출발언어와 도착언어 사이에 문법과 문장구조에서 다르게 나타난다. 그래서 우리는 번역의 충실도는 의미의 충실도를 의미한다고 말할 수 있다. 또한 이개어 사전에서의 번역은 문자 그대로의 번역이나 자유로운 번역이 되어서는 안 될 것이다. 그것은 모든 변별적 의미들을 실현할 수 있는 번역이 되어야 할 것이다.

3. 등가와 대응

대응(correspondance)과 등가(équivalence)는 매우 다양한 의미로 사용되어져 왔고, 이 두 개념은 해석이론을 연구하는 학자들에게 중요한 개념으로 부각되었다. 콜러(Walter Koller)는 대응은 비교언어학에서 사용되는 개념이고 등가는 번역학 고유의 개념이라 설명한다. 하지만 번역학에서의 등가 개념이 번역가의 수준이나 텍스트의 종류, 독자의 수준 등의 주관적 실체와 관련되어 있기 때문에 등가를 정의한다는 것은 쉬운 일이 아니다. 그래서 번역에서의 일반적으로 등가 개념을 보다 명확하게 이해하기 위해서 대응 개념과 비교하곤 한다(박용삼 2000, 240-262). 등가는 원문 텍스트의 번역의미와 이에 상응하는 번역 텍스트의 의미내용의 관계를 지칭하는 말이다. 또한 등가는 텍스트 사이에 성립되는 것이라 할 수 있다. 반면에 대응은 어휘나 연사 및 통사적 유사성을 중심으로 원문 텍스트와 번역 텍스트의 관련성을 지칭하는 말이다. 특히 레더러(Marianne Lederer 2003, 17)는 대응은 낱말, 구, 굳은 표현 및 구문형태와 같은 언어요소들 사이에서 성립되고 대응어는 언어차원에서 존재한다고 강조한다. 언어사전에 나와 있는 단어들, 또 기술용어사전, 어휘사전, 전문용어사전 등에 수록된 단어들은 모두 대응어이라고 언급하였다.

등가의 문제는 관련된 언어에서 어휘의 단위들의 의미를 전제로 한다. 또한 어휘의미 중에서 등가의 해석은 다양하다. 번역 등가의 규모를 결정짓는 것은 의미론적 · 문체론적 번역등가에 목표를 둔 번역과정에서 성립된다. 바췌(C. Bagge)의 경우 언어학적 측면에서 등가의 개념은 의미의 유사성에 있다고 주장한다 : "Dans le domaine linguistique, la notion d'équivalence désigne une similarité de sens. En traduction, cette relation s'établit entre deux langues et, lorsqu'il s'agit d'équivalence lexicale, elle concerne deux mots ou deux expressions. Avant d'essayer de décider quel rôle l'équivalence lexicale joue dans le processus traductionnel, il est donc nécessaire de préciser ce que l'on entend dans ce contexte par mots ou expressions (unité minimale) et sens" (Bagge C. 1990, 61).

이개어 사전에서 어휘등가는 출발언어의 표제어와 목표언어의 번역 사이의 관계처럼 정의되어질 수 있다. 그래서 등가는 의미적으로 출발언어에 대한 목표언어에 같은 어휘의 단위를 지칭한다. 그래서 사용자는 문맥적 상황에 적절한 등가를 선택하고 제안한다. 이 경우에 어휘등가의 문제는 이개어 사전에서 큰 역할을 한다. 그것은 또한 번역과정과 밀접하게 관련이 있다.

사실상 사전편찬자의 관점에서 등가는 현실의 존재와 이론의 완성 사이의 타협은 매우 어렵다. 이개어 사전에서의 어휘등가는 분명한 한계가 있다. 하지만 이개어 사전의 사용자는 제시된 어휘를 사용하면서 의사소통을 위한 실제적인 자기 목표에 도달할 수 있을 것이다. 물론 다양하고 정확한 정보 또한 이개어 사전과 사용자의 요구의 차원과 부합되어야 할 것이다.

4. 어휘의미상 등가의 유형

어휘 의미상 등가를 말할 때 우리는 의미상 등가의 관계를 살펴볼 필요가 있다. 어휘의 등가의 개념은 여기서는 표제어 어휘의 의미단위와 그 번역의 관계로 한정한다. 그러므로 우리는 문맥상 상황의 다양성을 고려해야 한다. 이러한 전제로부터 우리는 다음과 같은 이개어 사전 대역관계에서의 양상과 어휘적 등가의 유형들을 구별할 수 있다.

1) 완전등가

의미론적 뉘앙스는 번역할 때에 가장 예민한 부분이다. 물론 이것은 어휘적 수준에 따라 다르지만 역시 문법적인 수준에서는 드러난다. 출발언어와 도착언어 사이의 완벽한 의미론적 등가는 아주 드물게 존재한다. 아주 간단한 경우에 볼 수 있다.

Ex. 봄 : le printemps
북 : le nord

이러한 조건은 모든 언어의 어휘가 독립적으로 언어가 존재하는 의미나 또는 대상 간의 협약에 의해 결합된 단어의 목록으로 구성될 때 단지 얻어진다.

2) 부분등가

부분등가의 문제는 각 언어의 어휘소 일치에 관련이 있다. 일반적으로 대부분의 경우에 출발언어의 단위와 목표언어의 단위 사이의 관계는 언어들의 근본적인 불일치적인 성격을 지니고 있다.

그러므로 우리는 등가는 전체적인 동일성을 의미하는 것이 아니고 어떤 대상의 동일성을 의미한다.

Ex. 학생 l'élève (collège, lycée)
l'étudiant (université) (Park O.-C. *et al* 1994, 831)

tante (부계) 백모, 숙모, 고모
(모계) 이모, 외숙모 (Société coréenne de Langue et Littérature Françaises 1994, 1952)
이모 soeur de la mère, tante (Park O.-C. *et al* 1994, 64)

이개어 사전에서 작문 또는 독해를 위한 보충적인 설명이 필요하다. 우리는 여기서 불일치와 일치라는 용어를 생각할 수 있다. 사전편찬자는 부분등가의 관계에서 가능한 한 사용자에게 혼동을 줄일 수 있는 각 괄호 안에 의미를 언급하여야 할 것이다.

3) 등가의 부재

한국인과 프랑스인 사이에는 성장과정, 생활방식, 정신세계의 차이로 인하여 가정이나 연상이 서로 다른 언어 자극에 반응하는 경우가 많다. 그러므로 완벽하게 이런 부분까지 전달하기는 힘들다. 더구나 번역의 궁극적인 목적은 등가의 효과를 극대화시키는 데 있으나 번역의 불가능성을 초래할 수 있는 경우, 차용어를 포함하여 문화적 등가를 찾기 어려운 경우, 원천어의 맥락에 따라 가장 근접한 등가어를 선택해야 하는 경우, 유사어가 많은 경우들로 지적된다(윤희주 2004, 94, 98). 최근 번역학자들은 번역의 언어문제뿐만 아니라 문화에 대한 관심을 가지고 문화상호 간에 관한 연구를 해야 한다는 사실을 인식하기 시작하였다. 그리하여 문화라는 개념이 점차 번역학에 도입되었고, 그로 인해 언어의 본질이 밝혀지면서부터 전통적인 번역방법과는 전혀 다른 목적 이론이 등장하였다. 캐트포드(J. C. Catford)는 문화적 번역 불가능성은 원문에 해당하는 상관적인 상황의 특색이 목표언어의 문화 속에 존재하지 않는 데서 기인한다고 말한다(남성우 2006). 또한 1960년대 언어학적 입장에서 번역 이론을 확립하는 데 크게 공헌한 카드(Infall Kade)는 원천어의 문화적 특성이 목표어의 문화적 형식에 상응하지 않는 경우 바꾸어 쓰기(paraphrase), 신조어, 차용 외래어를 통해 원천어의 표현내용을 전달할 수 있음을 지적하였다(심재기 1993).

결국 번역의 본질적 문제는 인간은 실세계에 대응하고 적응하는 과정에서 그들에게 고유한 특정의 문화를 형성하기 때문에 의미된 것이 갖는 기능이 문화권에 따라 다르게 나타난다. 문화에 의해서 각인된 인간의 행위나 사고방식은 습관, 관례, 예의범절, 전통, 민족성, 가치관, 현실파악의 방법 등으로 표현된다. 그러므로 번역은 문화전이라고 할 수 있기 때문에 만일 번역과정에서 문화적 요인을 고려하지 않는다면 이를 번역이라 할 수 없다.

그러나 번역의 문제점에 있어서 문화 간 커뮤니케이션은 사회-문화적 요인에 의해서 다르게 구성된 인식조건을 토대로 다르게 규범화된 언어관습에 의거한다는 데 있다. 따라서 문화 간 커뮤니케이션을 가능하게 하기 위해서는 번역자는 문화의 특성을 파악하고 그 다음에 그 문화권 내에서 통용되는 언어관습을 이해해야 한다. 이렇게 하기 위해서는 우선 문화체계화의 작업이 이루어져야 한다(김효중 2004, 52).

특히 번역작업을 어렵게 하는 요인들 중 문화권에 따라 의미한 것이 갖는 기능이 다르고 동일한 현상이나 개념에 대한 표현방법이 다를 뿐만 아니라, 동일한 개념이라도 1 : 1의 정확한 대응관계에 있지 않는 경우이다. 이런 경우에 그 표제어는 해당되는 나라의 고유한 문화에서 오는 경우가 많다. 이 경우 프랑스어 사용자를 위하여 설명을 해줄 필요가 있다. 예를 들면, “pulgogi [불고기] : viande de boeuf grillée (assaisonnée de sauce de soja, d’huile de sésame, d’ail et de sucre)” (SHIM S.J. 1992, 222). 다른 한편으로 “김치kimchi [légumes (mpl) assaisonnés de sel, de pimentl, de gingembre, etc]” (Park O.-C. *et al* 1994, 158). 레이(Alain Rey)는 문화적 내용이 문제가 된다고 설명한다 : “Si une remarque sociologique vient commenter une différence entre langues (par exemple dans une étymologie) ou entre usages, il s'agira bien de contenu culturel" (Rey A. 1987, 246).

한국 문화가 내포된 표제어는 프랑스어로 번역할 때 어떠한 등가도 성립하지 않기 때문에 번역하기에 매우 섬세하고 긴 설명을 필요로 한다. 왜냐하면 이 두 언어의 일상생활 어휘는 다른 방식으로 형성되었기 때문이다. 만약 우리가 한국어를 프랑스어로 번역할 때, 한국 문화가 내포된 단어에서 등가 번역이 성립되지 않는다면 프랑스어로 오역 또는 등가의 부재를 발견할 수 있을 것이다. 이 경우에 사전편찬자의 임무는 등가의 가장 가까운 어휘를 찾아야 것이다. 그렇지 않으면 우리는 원천어를 그대로 유지하고 발음기호를 표시하고 보충적인 적절한 설명을 제시하여야 한다. 타베(Charles Taber)는 등가의 부재에 대해서 다음과 같이 언급한다 : "l'importance de l'observation pour la traduction vient du fait que ce sont souvent les termes complexes qui sont difficiles à traduire : En l'absence d'un terme unique de la langue réceptrice, on est parfois obligé d'opter pour une expression analytique dont les termes représentent les éléments du sens" (Taber Charles R. 1972, 58).

그러므로 사전편찬자는 등가의 부재일 경우 사용자에게 어휘단위에 관한 백과사전식의 정확한 정보를 제공하여야 할 것이다.

또한 우리가 건물의 층수를 가리킬 때 한국의 1층은 프랑스에서는 프랑스어로 rez-de-chaussée에 해당한다. 그러므로 한국의 2층은 프랑스어의 1층에 해당된다.

우리는 다른 문화적 차이를 살펴볼 수 있다. 예를 들면, 기존의 한불사전에서는 한국어로 "푸른" 색깔 형용사를 프랑스어로 'vert(e)s' 와 'bleu' 로 번역된다.

Ex. 푸른 하늘 ciel (*m*) bleu
푸른 잎 feuille (*f*) verte (Park O.-C. *et al* 1994, 821)

그러나 여기서 한국어의 '푸른'은 프랑스어의 'bleu-vert' 단어에 더 가깝다. 그러므로 한불사전에서 위와 같이 번역하는 것은 모순점이 있다. 왜냐하면 프랑스 단어 'vert'와 'bleu'를 학습자들은 혼동하게 되기 때문이다. 일반적으로 색채 명칭은 한국어와 프랑스어 사이에 다르게 분류된다. 색채에 대한 정서는 각 민족에 대한 감정을 드러낼 수 있다. 그러므로 색채에 대한 느낌을 파악한 후 우리는 그것을 번역해야 할 것이다. 그래서 프랑스어 'vert' 단어는 한국어 '초록' 단어로 번역되어질 수 있다. 반대로 프랑스어 'bleu' 단어는 한국어 '파란' 단어로 번역되어 질 수 있다. 따라서 해당 언어에 의하여 blue와 vert 간을 구별하지 않는 사람들은 두 가지 색의 농도를 구별할 수 있지만 이 차이를 나타내기 위해서는 추가적인 단어를 필요로 한다(Hoijer 1962, 263-264 ; Geert Hofsted 2001).

5. 이개어 사전에서 번역의 문제점

1) 오역

외국어의 습득에서, 이개어 사전에서 번역의 오역은 초보 학습자들에게 외국어를 배우는 데 있어 큰 지장을 초래한다. 또한 번역에 있어 오역을 찾는 것은 이개어 사전에서 중요한 하나의 절차이기도 하다. 그러므로 우리는 기존의 한불사전에서 드러난 몇몇 오역들을 살펴보고자 한다.

Ex. 책상 bureau (*x*) m table f pupitre m.
책상을 두드리다 frapper sur la table.
책상에 앉다 s'asseoir à une table (Société coréenne de Langue et Littérature Françaises 1978, 1251)

Ex. 책상 table (f) ; [사무용] bureau, x (m) ; pupitre (m)
책상에 앉다 s'asseoir devant le bureau ; s'installer à son bureau (Park O.-C. *et al* 1994, 756)

엄격히 말하자면, 한국어 단어 "책상"은 프랑스어 단어 "bureau"에 해당한다. 반면에 한국어 단어 "탁자"는 프랑스어 단어 "table"에 해당한다. 그러나 기존의 한불사전들에서 가장 큰 문제는 표제어 "책상"은 "table"와 "bureau" 두 가지로 번역을 하였다. 이것은 학습자에게 혼동을 불러일으키는 위험성이 있다.

2) 문자 그대로의 번역

기존의 한불사전들의 가장 큰 문제는 문자 그대로의 번역이다. 다시 말하면, 우리가 복합어를 번역할 경우, 우리는 자주 한불사전에서 단어 대 단어의 번역을 볼 수 있다. 특히 이 사전들은 복합어에서 고유의미의 조합을 사용한다.

Ex. 가구점 maison *f* d'ameublement (문자 그대로의 번역) (Ibid., 15)
→ magasin de meubles (일상어)

또한 한자의 경우, 기존의 한불사전에서 프랑스어로 한자를 어휘의 단위를 고려하지 않고 문자 그대로 번역하는 사실이다. 반면에 단어 대 단어의 번역을 하는 실수들을 가끔씩 볼 수 있다. 번역가는 다음과 같이 번역한다.

가경(佳景)

① [경치] beau paysage m site m pittoresque

② [전망] vue *f* admirable ; panorama *m* magnifique, (Société coréenne de Langue et Littérature Françaises 1978, 14)

여기서 "가(佳)" 명사는 'beau'를 의미하고 "경(景)"은 'paysage'를 의미한다. 결국 그 단어 "가경(佳景)" 글자 그대로 번역한 것으로 볼 수 있다.

3) 원문에서 삭제 또는 쓸데없는 말

원천어의 문법적 범주 또는 형태론적 · 통사론적 범주의 번역은 결코 충실한 번역이 될 수 없다. 한국인과 프랑스인이 한국 텍스트를 번역할 때 그들은 다른 관점을 가진다. 다시 말하면, 프랑스 사람들은 한 문장에서 한 가지 개념을 표현하는 반면에, 한국 사람들은 반드시 논리적 관계가 없이도 한 문장에서 여러 개념들을 표현한다. 한국어 담화는 프랑스어와는 다른 수사학적 절차를 이용한다. 프랑스어는 생각, 개념, 논증, 예문들의 논리적 구조와 선택에 의해서 작용한다. 반면에 한국어는 생각의 축적에 의해 입증을 찾으려고 한다. 그러므로 우리는 프랑스 사람은 텍스트에서 한국어의 생각을 파악하기에 어려움이 있다.

원칙적으로, 삭제와 쓸데없는 말은 원문과 근접할 경우를 제외하고는 번역에서 허용되지 않는다. 특히 원문에서 부분의 삭제나 군더더기에 의한 번역은 목표언어에서 비논리적이다. 그러므로 삭제함이 옳다.

Ex. 그들이 가까워진 것은 오래 되었다.
Il y a longtemps qu'ils se connaissent <u>bien</u>(Société coréenne de Langue et Littérature Françaises 1978, 13).

이 문장에서 프랑스어 "bien"은 원문에서 군더더기처럼 간주되어진다. 번역가가 원문 텍스트에서 잘못 번역할 경우에 학습자는 군더더기를 지각 없이 쉽게 받아들일 것이다. 특히 이개어 사전의 번역의 경우에 번역가는 본인의 번역 중요성을 고려해야 할 것이고, 또한 외국어의 충분한 지식을 가져야 할 것이다. 그 다음으로 그는 본인의 책임을 다하여야 할 것이다.

6. 맺음말

1970년대까지 원어 텍스트 중심의 언어학적 번역 이론은 역어 텍스트 기능 중심의 목적 이론으로 발전하게 되었다. 1970년대 이후 언어학의 화용론적 전환기에는 텍스트 언어학이 번역학의 연구대상으로 부상되었고, 1980년대 후반부터 번역학에 문화의 개념이 도입되기 시작했다. 그 이후 번역학은 원형 이론에 바탕을 둔 전체론적 원칙에 의거해서 발전하였다.

따라서 초기의 번역 이론은 번역문제를 낱말이나 문장 차원의 문제로 인식하였다. 그러나 언어학이 발달되면서 번역문제는 단순한 기호전환의 과정에서 생기는 문제가 아니라, 문화적 특성에 따른 의사소통의 어려움에서 발생하는 문제가 큰 비중을 차지한다는 사실이 밝혀졌다. 최근에는 번역 가능성을 전제로 한 등가 개념에 의문이 제기되었고, 등가 개념에 따른 번역이 불가능하다는 주장도 제기되었다. 언어상대성 이론에 따르면 서로 다른 언어공동체들 간의 번역은 근본적으로 불가능하다는 것이다. 그러나 현대의 언어 이론들은 번역 가능성에 대한 타당한 논거를 제시하였다(이승권 2003, 176).

본고는 이개어 사전에서의 번역의 몇 가지 점들을 살펴보았다. 이개어 사전에서의 예문들은 대부분 단문으로 구성되어 있어서 텍스트 중심의 일반 번역과는 많은 차이점들이 있다. 특히 이개어 사전에서의 어휘 등가는 출발언어의 표제어와 목표언어의 번역 사이의 관계로 정의되어질 수 있다. 다시 말하면, 서로 다른 언어들 사이에서 어휘단위들의 의미를 전제로 한다. 그래서 등가는 의미적으로 출발언어에 대한 도착언어에 같은 어휘의 단위와 밀접한 관련이 있다. 우리는 이개어 사전에서 번역의 문제점들을 살펴보았는데, 그 문제점으로는 오역, 문자 그대로의 번역이 문제가 되었다. 이것은 번역 상의 오류와 부정확한 번역으로 인하여 야기되는 문제점들이다. 특히 기존의 한불사전에서 등가의 관계는 서로 다른 문화적 차이로 인한 예들을 언급하였으며, 이로 인해 번역의 어려움을 지적하였다. 결국 타인과 타문화의 이해는 대부분 번역을 통해서 이루어지며, 현대사회에서 중요한 의미를 지닌다고 할 수 있겠다.

참 | 고 | 문 | 헌

김효중. 2004. 『한국번역학회 춘계학술대회 발표논문집』.
남성우. 2006. 『통번역의 이해와 수행』. 한국문화사.
박용삼. 2000. 『번역학이란 무엇인가?』. 숭실대학교 출판부.
엄재호. 1993. 『번역학 개론』. 인간사랑.
유영난. 1995. 『번역이란 무엇인가?』. 태학사.
이승권. 2003. "번역의 언어문제에 관한 고찰." 『한국프랑스학논집』 제43집.
이향 외. 2004. 『통번역과 등가』. 한국문화사.

Bagge, C. 1990. *Équivalence lexicale et traduction*. Méta, XXXV, n° 1.
Ballard, M. 1987. *La traduction de l'anglais au français*, Nathan.
Dubois, J. 1973. *Dictionnaire de linguistique*, Larousse.
Fabre, A. 1970. *Les mots expressifs en coréen modérne*, thèse de doctorat de 3ème cycle sous la direction d'A. Martinet.
Galisson, R. 1979. *Lexicologie et enseignement des langues*, Hachette.
Lee, G.-M. 1993. *Dictionnaire de la langue coréenne*, Éd. Samsung.
Li, J.-M. 1985. *Grammaire du coréen*, tome I, P.A.F., Paris.
Moskowitz, D. 1972. *Ensegnement de la traduction à l'ESIT*, Langages, n° 28, Didier/Larousse.
Mounin, G. 1963. *Les problèmes théoriques de la traduction*, Paris, Gallimard,.
Park, O.-C. et al. 1994. *Dictionnaire Coréen-Français*, Éd. Samhwa, Séoul.
Péchoin, D. 1989. *Lexicographie in Lexiques*, Hachette.

Rey, Alain. 1987. *La notion de dictionnaire culturel et ses applications*, Cahiers de lexicologie, n° 51.

______. 1989. *Le français et les dictionnaires aujourd'hui*, Hachette.

Rey, A. et al. 1989. *Lexicographie*, Hachette.

Rey–Debove, J. 1970. *Le domaine du dictionnaire*, Langages n° 19, sep.

Seleskovitch, D. 1968. *L'interprète dans les conférences internationales, collection Lettres modernes*, Paris, Minard.

Shim, S. J. 1992. *Dictionnaire Français–Coréen*, Paris, L'Asiathèque.

Société coréenne de Langue et Littérature Françaises. 1978. *Dictionnaire Coréen–Français*, Éd. l'Université Hanguk des Langues Ètrangères, Séoul.

______. 1994. *Dictionnaire Français–Coréen*, Éd. Samwha, Séoul.

Taber Charles R. 1972. *Traduire le sens, Traduire le style*, Langages n° 28, Didier/Rarousse, Déc..

Thieberger, R. 1972. *Le langage de la traduction*, Langages, n° 28.

Toury, G. 1985. *Descriptive translation studies and beyond*, Amsterdam, Benjamins.

10_

들뢰즈의 『니체와 철학』

류희식

** 1 **

『니체와 철학』은 포스트모던 혹은 후기구조주의를 열어젖힌 시조라 할 수 있는 니체를 새롭게 살려내고, 니체와 더불어 각자가 서로를 넘어서는 영역에서 '니체의 들뢰즈 되기'와 '들뢰즈의 니체 되기'가 만들어낸 저작이라 할 수 있다. 따라서 들뢰즈가 서술한 여타의 저작과 마찬가지로 이 텍스트 역시 어느 부분이 니체의 주장이고 어디까지가 들뢰즈의 주장인가를 구분하는 것은 상당히 어려운 문제이거니와, 들뢰즈가 항상 주장하듯이 그다지 의미있는 작업이 아니다. 오히려 역자가 역자후기에서처럼 이 텍스트는 들뢰즈-니체의 저작이며 이 둘 '사이'의 '되기'의 생성물이다.

'망치를 든 철학자' 니체는 이미 당대에서 역사적으로 진행되어 온 다양한 철학적 담론의 허구성과 그 철학들이 가진 권위를 전복시키는 역할을 했으며, 이러한 그의 사유는 후기구조주의가 기존의 담론체계를 해체해 가는 방법론적 기원으로 작용했다. 하지만 해체론의 중심에 있었던 데리다의 경우에서처럼 니체의 원용은 기존의 모든 것을 해체하는 것에서는 효과적이었으나, 그 해체의 작업이 진행될수록 자신의 존립근거조차 해체해야 하는 난점에 봉착함으로써 모든 것을 붕괴시키는 파국으로 치닫는 결과를 낳았다. 이에 비해 들뢰즈는 기존의 수많은 철학자들이 만난 니체와 달리, 해체를 넘어 새로운 생성의 가능성을 열어준다.

** 2 **

『니체와 철학』은 가장 먼저 니체의 계보학을 통해 존재하는 모든 것의 차이를 복권시킨다. 들뢰즈-니체에 따르면 자명하게 존재하는 가치나 보편적 가치란 존재하지 않는다. 오히려 모든 가치는 구체적인 행위자, '누구'의 가치이다. 그리고 그러한 '누구의 가치'에 대한 평가가 바로 '우아함과 저속함, 우아함과 비루함, 우아함과 몰락'의 '가치평가'를 만들어낸다. 따라서 우리가 자명하게 생각하는 가치는 그 기원에 있어서 구체적인 대상들이 만들어낸 차이에서 기원하는 것일 뿐, 그 가치가 본래적으로 담지하고 있는 '가치'는 없다. 오히려 당연한 것 또는 본질적인 것으로 간주되는 가치들은 구체적인 대상들의 차이에 의해서 산출된 '평가'일 뿐이다.

> 아름다움이 무엇이고 정의로움이 무엇인지를 묻는 것이 아니라, 무엇이(혹은 누가) 아름답고 무엇이(혹은 누가) 정의로운지를 묻는 것은 원초적 본질의 입장, 그리고 변증법에 대립하는 소피스트적 기술의 전부를 함축하는 완성된 방법이다(145).

이와 같은 들뢰즈-니체의 질문방식은 '가치 그 자체의 본질' 혹은 어떤 가치의 본질이란 무엇인가를 추구했던 플라톤의 이데아적인 접근방식과 정확히 반대되는 것이다. 가령 플라톤은 '선의 이데아', '선 자체'가 무엇인가를 탐구해 갔다면, 들뢰즈-니체의 방식은 '누구의 선인가?'를 집요하게 찾아들어간다. 따라서 이와 같은 질문방식은 초월적인 '보편 개념'에 대한 비판이자 구체적인 삶과 실재적인 실존의 방식에 대한 가치평가이며, 다양한 차이로 드러날 수밖에 없는 '가치의 가치'의 창조가 된다. 이러한 맥락에서 가치 자체를 평가할 수 없었을 뿐만 아니라, 오히려 기존의 가치목록을 만들었던 칸트의 '사심 없음'과 객관적 사실에 기초해 가치를 평가했던 공리주의자들은 모두 현실의 비판을 포기하고 타협했거나 현실의 불합리를 보증한 인간이라 할 수 있다. 이에 비해 철저하게 현실이라는 내재성에 근거한 들뢰즈-니체의 사유방식은 어떤 의미에서 오히려 유물론적인 것이라 할 수 있다. 그리고 이와 같은 들뢰즈-니체의 방식에 의하면 우리 자신과 우리의 삶을 평가할 수 있는 절대적인 외재적 준거들은 붕괴하며, 오직 중요하게 남는 것은 우리 스스로의 삶의 방식이라 할 수 있을 것이다.

** 3 **

니체의 개념인 '권력의지'는 통상적인 의미의 권력을 갈구하거나 바라는 것은 아니다. 오히려 여기서 권력의지는 존재 자체의 본성이며, 존재하려는 힘을 전개하려는 욕망이라 할 수 있을 것이다. 물리학에서 영감을 받은 개념인 권력의지는 차이나는 힘들을 서로 융합시키면서 힘들의 차이에서 발생하는 변이 혹은 생성을 이끌어 나가려는 의지로 이해할 수 있다. 권력의지는 어떠한 주체에 귀속되는 의지가 아니라(주체를 둘러싼 수많은 문제점을 생각해 보라) 비주체적이고 전인격적인 역동적 의지이다. 그러므로 힘과 결부된 권력의지의 작동은 어떠한 외재적 준거나 목적도 상정되지 않는 순수 내재적 개념이라 할 수 있으며, 그 결과 여기에서 산출된 생성은 그 어떠한 외부적 잣대로부터도 자유롭다. (화산의 폭발은 나쁜가? 아니면 비도덕적인가?) 아울러 권력의지는 하나의 주어진 실체도 아니며, 항상 변화하고 생성하는 과정에서만 존재하는 것일 뿐, 이 변이의 흐름과 생성의 과정 너머에 존재하는 실재는 아니다.

> 권력의지는 미분적인 동시에 발생적인 힘의 계보학적 요소이다. 그것은 관계 속에 놓여 있는 힘들의 양적 차이와 동시에 그 관계 속에서 각각의 힘에 귀결되는 성질이 유래하는 요소이다(103).

권력의지로 드러나는 힘들의 결합에는 항상 우월한 힘과 열등한 힘들이 존재한다. 그리고 이러한 힘들의 결합 혹은 힘들의 관계가 만들어 내는 것이 신체이다. 여기서 들뢰즈-니체는 신체를 이루는 두 힘 중 열등한 힘을 반응적 힘(부정)으로, 그리고 우월한 힘을 적극적(능동적, 긍정) 힘으로 정의한다. 그리고 힘들의 관계는 신체를 구성하는데, 그 신체는 적극적 힘들, 긍정의 힘이 지닌 권력의지만으로 드러나며, 반응적 힘들, 부정은 적극적 힘에 굴복함으로써 스스로의 역능을 상실한다(오직 긍정만이 신체를 구성한다).

따라서 신체는 무엇인가를 이룰 수 있는 무한한 역능 자체이면서도 지금까지 계속하여 의식보다 열등한 것으로 파악되어 왔다. 이에 비해 그(들)는 의식보다 신체의 중요성을 역설한다. 의식은 항상 자신의 외부와 관련된 의식이며, 외부의 권력에 의한 타협물이며 동시에 반응적 힘들의 의식이다. 오히려 우리는 외재성에 기원하는 의식이 아니라 철저하게 내재적인 힘들의 관계에 기인하는 신체에, 그리고 이 신체를 이루는 지배적인 힘인 적극적 힘에 주목해야 한다.

들뢰즈-니체는 의식을 강조해 온 지금까지의 사유를 부정한다. 의식=반응적 힘들은 그들 스스로를 부정하고 항상 지배적 힘과 타협하면서 원한과 복수를 불태운다. 그리고 이러한 타협과 복수에 찬 원한은 새로운 생산으로 나아가는 것이 아니라, 모든 존재의 작동방식을 보존하면서 어떠한 변화도 허용하지 않는 무의 의지를 생산한다. 이러한 원한이 내면으로 향한 것이 바로 가책인데, 원한에서 비롯된 가책, 책임성, 죄의식 등의 강조로 점철된 역사가 기독교의 역사이며, 노예의 의식에 손을 들어주는 변증법의 역사이다. 특히 이(들)은 변증법의 원리가 원한에 가득 찬 반응적 힘들의 집합이 적극적 힘들을 질식시키는 서사를 기획함으로써 새로움, 생성, 더 나은 삶의 가능성을 봉쇄하며, 모든 존재들을 원한의 구렁으로 함몰시켜 간 원흉이라고 비판한다.

** 4 **

니체는 이러한 권력의지의 작동방식이자 긍정적 힘들의 존재원리로 영원회귀를 설명한다. 이때 영원회귀는 불교적인 윤회나 동일한 것으로의 반복을 의미하는 것이 아니다. 오히려 영원회귀는 끊임없이 도래하는 순간, 즉 영원히 지속되는 카이로스적 시간 속에서 지속적으로 일어나는 권력의지의 작동이자 긍정의 작동원리라 할 수 있다. 현재는 지나감과 도래함이 공존하는 것이다. 따라서 시간 자체는 끊임없이 변화하는 하나의 축이자 요소라 할 수 있다. 이와 같은 영원한 현재 속에서 권력의지는 부정에 의해 지속되는 진리, 존재, 동일자 등의 어떤 초월적 요소와도 무관하게 항상 긍정만을 선택하며, 이러한 긍정의 연속된 선택이 바로 영원회귀의 원리라 할 수 있다. 따라서 영원회귀 속에서 동일자는 존재하지 않는다.

> 영원회귀 속의 동일성은 되돌아오는 것의 속성을 가리키는 것이 아니라, 그와 반대로 차이나는 것을 위해 되돌아오는 상태이다. 그래서 영원회귀는 하나의 종합으로, 즉 시간과 그것의 차원들의 종합, 다른 것과 그것의 재생산과의 종합, 생성과 자신을 생성으로 긍정하는 존재의 종합, 이중적 긍정의 종합으로 간주되어야만 한다(101쪽).

영원회귀는 오직 차이만을 생성하며, 영원회귀 속에서 모든 차이는 유쾌한 생성, 생성의 존재(영원한 불변의 존재가 아니라)만 남는다. 그리고 영원회귀는 모든 부정의 정신을 일소해 버린다. 지속되는 현재의 이행

속에서 부정은 새로움을 만들어낼 수 없으며, 따라서 부정 자체는 스스로 소멸하거나 '부정의 부정'을 통한 긍정으로의 전환이 일어나기 때문이다. 따라서 니체가 "생성에는 죄가 없다"고 말한 것은 바로 이러한 의미에서이다. 마찬가지로 들뢰즈-니체가 말하는 '이중긍정'이란, 오직 긍정만이 존재이며 이 긍정에 대한 긍정만이 끊임없이 생성하는 이행의 존재를 구성한다는 의미이다. 이에 반해 부정은 허무주의적인 '무의의지'만을 가지며 따라서 스스로의 존재를 부정한다.

권력의지와 영원회귀에 대해서는 다음과 같이 생각한다면 최소한의 이해로 접근할 수 있는 것일지도 모른다. 우리에게 진리, 당위, 도덕으로, 양심, 죄의식, 가책으로 표상되는 수많은 초월적 개념이 지닌 음험함을 벗어나 사유할 수 있는가? 매 순간 순간 머리가 아니라 신체의, 사유 이전의 신체가 원하는 것을 선택할 수 있는가? 이와 관련해서 끊임없이 '현재'로만 제시되는 삶에서 항상 최선의, 오직 긍정의 삶만을 살 수 있다면 우리는 다음 생에서 이와 다른 삶을 선택할 것인가?

** 5 **

포스트주의의 다양한 사유들이, 그리고 세계화라는 일련의 흐름들이 우리를 훑고 지나간 오늘날 모든 단단한 것은 먼지처럼 날아가 버린 듯하다. 또 표면적으로 모든 차이들이 허용되고 모든 다양한 것들이 제 목소리를 낼 수 있는 유토피아가 도래한 듯도 하다. 그렇다면 우리의 삶은 더욱 더 다채로워지고 더욱 더 풍요로움을 구가하는 자유의 평화시대를 맞이했고, 그 속에서 행복해지고 있는 것일까?

오히려 현실은 오히려 우리에게 아무 것도 하지 않을 수 있는 자유와 그에 따라 굶을 수 있는 자유, 발언하지 않아도 되는 자유를 허용한 것이 아닐까? 노동자들은 직장을 잃을 수 있는 자유와, 기업은 이윤을 극대화할 수 있는 자유와, 지식은 자신의 지적 생산물이 현실과 그 어떠한 연대를 맺지 않아도 되는 자유를 누리는 것은 아닐까. 그 자유를 만끽하면서, 그 자유를 열망하면서 우리 스스로 부정으로 가득 찬 이 세계의 구조를 더욱 강력하게 재생산하는 것은 아닐까. 유명했던 그룹 비틀즈의 맴버였던 존 레논은 이미 오래 전에 혀를 빼물고 이렇게 노래를 불렀다.

> 상상해 봐요. 천국이 없다고 생각해 봐요.
> 하려고만 하면 그다지 어렵지 않을 거에요.
> 발 밑에는 지옥이 없고 머리 위에는 하늘만 펼쳐져 있다고.
> 상상해 봐요 모든 사람들이 오늘 밤을 위해 살아간다고.
>
> 국가가 없다고 상상해 봐요. 그다지 어렵진 않을 거에요.
> 신념을 위해 죽이지도 않고 죽일 일도 없고, 또 종교마저 없다고 상상해 봐요.
> 모든 사람들이 평화롭게 살아간다고 상상해 봐요.
> 나를 몽상가라고 하겠지요.
> 하지만 나만 이런 꿈을 꾸는 게 아니랍니다.
> (…)

하지만 어쩌면 이것은 상상의 문제가 아니라, 선택의 문제이며 삶의 문제일 것이다.

11_

『담장 허무는 엄마들』과 반성문

최경화

“인큐베이터 속에서 자라고 있는 아이를 만나기 위해 아침저녁 드나들던 병원 문앞에서 내일도 이 문을 다시 들어설 수 있을까 하며 조마조마 가슴 졸이던 일도 참 많았습니다만, 살기 힘들다는 아이는 2.3kg이 되어 엄마 품으로 돌아왔습니다. 저 세상으로 보낼 뻔한 아이를 다시 찾은 기쁨은 참으로 컸지만 겉모습이 미숙아인 것처럼 오장육부 어느 한곳도 제대로 여물은 곳이 없는 아이는 잦은 병치레로 병원의 단골환자가 되었고, 병원의 문턱이 다 닳아 없어진다 해도 난 너를 포기하지 않을 거란 각오로 지치지 않고 아이를 치료했지만, 사랑하는 내 아들은 정신지체와 사지마비와 언어장애를 안고 있는 중복장애아가 되어 있었습니다. 지금 현웅이는 주변의 반응을 알고 자신의 의사표시를 엄마와 눈짓과 표정으로 주고받을 수 있을 만큼 발달해 왔습니다. 13년을 키워왔으나 혼자서 앉지도 못하고 기지도 못하고 한마디의 말도 할 수 없지만 웅이의 작은 변화에도 온 가족이 행복해 하면서 지켜보는 우리 가족은 웅이의 맑은 눈망울에 빨려들어가 정신을 못 차리는 고슴도치 가족입니다.”

『담장 허무는 엄마들』 중에서

몸과 정신과 영혼이 아픈 아이들 … 그 아이를 건강하게 낳아주지 못해 가슴 저미는 엄마들 … "조금이라도 애정을 가졌다는 사람들은 누구도 자식은 다시 낳으면 된다고 포기하라"고 했지만, 엄마들은 누구도 아픈 이 아이를 대신할 수 없을 만큼 아파도 사랑하고 아파서 더욱 사랑한다고 했다. 엄마들의 말을 믿기 어려운가? 그렇다면 중증 장애아 부모들이 펴낸 『담장 허무는 엄마들』을 읽어보라고 권하고 싶다.

그 누구도 부모를 선택해서 태어나지 않듯 어느 누구도 장애를 선택해서 태어나지 않는다. 아픈 아이를 두기 전까지는 장애아의 부모가 될 거라고 단 1%도 생각해 보지 못했던 사람들이 장애에 대한 지식 없이 '어느 날 갑자기' 장애아의 부모가 되었다. 그러나 우리 사회는 장애 당사자는 물론 장애인을 둔 가정에게만 '장애에 대한 의무와 책임'을 강제해 왔다. 그 외로운 의무와 끝없는 책임 때문에 엄마들은 오로지 아픈 자식보다 하루 더 살기만을 기도한다. 하지만 '비명으로 통곡으로 피토하는 울부짖음이 돼버린 아이'를 안고 수백 번 죽음을 생각한 엄마들이 어느 날 사랑하는 자식의 미래를 위해 죽기를 각오한 그때의 심정으로 세상 밖으로, 담장 밖으로 나섰다.

소출력공동체라디오인 〈성서공동체 FM〉(89.1Mhz, www.scnfm.or.kr)에서는 지난 2년간 매달 마지막 주 금요일, 중증 장애아 엄마들이 직접 제작하는 "담장 허무는 엄마들"이 1시간 동안 방송됐다. 엄마들은 작고 낮은 목소리로 경험하지 못해서 무관심한 세상 사람들에게 '장애'에 대해 서툴지만 진심으로, 아프지만 용기를 내서 이야기를 시작했다. 꽁꽁 숨겨두었던 상처를 담담하게 드러내면서 장애아를 둔 가정의 모습을 가감 없이 보여주었다. 그리고 장애를 가진 아이가 이 땅에서 살아가기 위해서 우리 사회가 어떻게 달라졌으면 좋겠다는 이야기를 한 가지씩 서두르지 않고 들려주었다. 편견과 차별과 무관심의 높은 벽 앞에서 수없이 좌절했던 엄마들이 죽을 힘을 다해 냈던 용기, 이 용기는 그동안 장애학생이 다니는 학교에 엘리베이터를 설치하게 했는가 하면 중증의 장애를 가진 자식에게 많은 비장애인 친구를 만들어 주었다. 그러면서 엄마들은 깨달았다, 혼자만의 신세한탄과 내 자식만을 위한 사랑으로는 내 아이를 담장 밖으로 내놓을 수 없다는 것을.

방송에 문외한이었던 엄마들이 기획하고 대본 쓰고 코너 구성하고 진행한 까닭에 과연 몇 번이나 나갈 수 있을까 했던 방송은 엄마들이 또 다른 모색을 도모하기 위해 방송을 접기 얼마 전까지 2년 넘도록 지속돼 왔다. 앞서 소개한 『담장 허무는 엄마들』은 초창기 1년 동안의 방송내용과 담장 엄마들과 관련된 신문기사, 담장 엄마 게시판에 올라온 글들을 모아 낸 260쪽에 이르는 자료모임집이다. 이 책은 아픈 아이를 낳고 키우면서 꼭꼭 가슴에 담아두었던 이야기를 사랑과 눈물로 털어놓는 ▸'가슴으로 쓰는 엄마의 편지', ▸장애 · 복지계 뉴스, ▸신명여고 박문자 전 교장이 한 장애 아이의 학교생활을 꼼꼼하게 기록한 '아름다운 통합교육 교단일기', ▸영남대 정은 교수와 대구교육대 민천식 교수가 쓴 '이달의 칼럼', ▸복지관 치료실에서 만난 아이들에 대한 사연과 사랑을 담은 양범석 씨의 '교육일기', ▸아픈 아이를 키우면서 눈물로 써내려 간 '육아일기', ▸장애 · 복지계 현안에 대한 문제와 대안을 짚어보는 '담장 엄마 초대석'이 소중한 정보와 여느 전문서적에서는 볼 수 없는 중증 장애아 엄마들의 생생한 이야기로 꾸며져 있다.

단지, 소중한 아이들의 이야기가 전파로 날아가 버리는 것을 안타까워한 엄마들의 소박한 마음이 시작한 일이건만, 처음 생각한 200부는 500부가 되고 1천 부가 되고, 다시 500부를 더 찍을 만큼 『담장 허무는 엄마들』은 지역에 커다란 반향을 불러일으켰다.

많은 사람들이 몰랐다고 했다. 장애아가 있는 집은 안됐다는 생각만 했을 뿐, 누구도 선택해서 낳지 않은 장애아를 우리 사회가 키우고 돌봐야 한다는 생각은 하지 않았다고 했다. 장애인을 가리키면서 "너도 말 안 들으면 저렇게 된다"고 떼쓰는 아이를 위협했던(?) 엄마인들 무슨 악의가 있어서 그랬으랴! 하지만 몰라서 내뱉는 우리들의 무심한 말들은 비수가 돼서 장애인 당사자에게는 죽을 때까지 잊혀지지 않을 상처가 되는 것을, 단지 몰랐다는 것만으로 면죄부를 받을 수 있는 걸까. 장애를 가진 어느 교수는, 건축설계사들이 자격증을 딸 때 의무적으로 지체장애인의 일상을 경험해 보는 과정을 거친다면, 우리나라 빌딩들이 이렇게 폭력적이지는 않을 거라고 했다. 그러나 자문한다면, 경험해 보지 않은 모든 일에 대해서 우리는 책임이 없고 그렇기 때문에 죄가 없는 걸까.

이 글은 서평이라기보다는 『담장 허무는 엄마들』의 이야기를 읽으면서 엄마들이 허물기 어려운 담장은 법이나 제도의 벽보다 오히려 무관심을 가장한 우리들의 천박하고 폭력적인 의식의 벽이 아닐까 하는 자성으로 써내려간 반성문에 가깝다. 이런 반성문을 집단으로 쓰지 않기 위해서는 엄마들이 지식인을 향해 들려주는 다음의 이야기로 이 글을 끝맺어야 할 것 같다.

"교육과 학문의 궁극적 목적은 사람에 대한 사랑증진이지 그 이상도 그 이하도 아닙니다. 사람을 사랑하지 않는 자는 학문을 가졌을지라도 가진 것이 아닙니다. 사람을 사랑하지 않는 자는 교육부 장관이 되었을지라도 된 것이 아닙니다. 하지만 사람을 사랑하는 자는 이미 학문과 교육을 다 이룬 것입니다."

* 이후 〈담장 엄마들〉은 『담장 허무는 엄마들』(블로그북 봄날)이라는 책을 정식으로 출판했고, 이 책은 최근 2007년 〈문화관광부〉 교양도서로 선정되었다.

12_

꿈과 환상의 무대는 계속된다

90년 전통의 일본 여성 가극단(歌劇団)〈다카라즈카〉(宝塚)

전혜진

무대는 19C 초반 스페인 발렌시아의 영주 루카노르의 저택 무도회. 전쟁에서 돌아온 영주의 조카 로도리고는 전약혼자 시르비아를 만난다.

시르비아 : 로도리고 … 로도리고 … 기다려 줘요..
로도리고 : 사람들 눈이 있습니다, 공작부인.
시르비아 : 아직도 날 용서해 주지 않는군요.
로도리고 : 용서한다고 뭐가 달라집니까. 당신은 루카노르 공작부인, 이제 나의 백모입니다.
시르비아 : 억울하게 반역죄를 뒤집어 쓴 아버지를 구하기 위한 방법은 이것뿐이었어요.
로도리고 : 돌아와서 이 꼴을 보고서도 백부에게 말 한마디 못하는 나는 비겁하고 아무 힘이 없어 … .

– 2007년 8월 도쿄 다카라즈카 대극장 공연
「발렌시아의 정열의 꽃」(バレンシアの熱い花)의 일부 장면 중에서

순정만화의 한 장면이 무대 위에서 펼쳐진다. 멋진 금발의 남주인공들은 죽은 아버지의 복수를 위해, 빼앗긴 연인에 대한 복수를 위해 검은 망토를 휘날리며 부패한 권력자들을 향해 긴 칼을 힘차게 휘두른다. 이루지 못할 사랑에 눈물짓던 여인은 마침내 그의 사랑을 얻고 함께 사랑의 듀엣을 춤춘다.

<다카라즈카 가극단>은 우리에겐 낯설지만 일본이 자부하는 최고의 문화상품이다. 연간 누적관객 약 200만 명, 연평균 공연 930회, 객석 점유율 98% 등을 기록하고 있는 이 극단은 도쿄의 중심 긴자와 오사카 근방의 다카라즈카시(市)에 객석수 2,000석이 넘는 전용 대극장 두 개를 소유하고, 전속단원 양성을 위한 [다카라즈카 음악학교]와 전속 스태프들과 오케스트라, 그리고 약 400명의 연기자를 거느리고 있다. 출연자 모두가 여성이라는 점에서 세계적으로도 매우 특이한 공연집단이다.

이 가극단의 단원이 되려면 반드시 2년제의 <다카라즈카 음악학교>를 거쳐야 한다. 중 3-고 3까지의 여학생들만 지원할 수 있는 이 학교의 경쟁률은 50대 1에 이른다. 이 학교에서 발성과 연기, 노래, 댄스 등을 배우게 되며, 무대 예명을 정한다. <다카라즈카 가극단>의 배우관리 시스템은 학교를 기본 모델로 삼고 있다. <다카라즈카 음악학교>를 졸업하고 프로가 된 다음에도 가극단 소속 단원은 모두 "세이토(生徒)"라고 불리고, 연출가를 비롯한 스태프들을 모두 선생님, 연습장은 교실이라 부른다. 현재 가극단에는 약 400명의 생도(연기자)가 재적중이며, "하나(花), 츠키(月), 유키(雪), 호시(星), 소라(宙)"의 5개 조와 전과(專科)로 나

누어져 두 개의 전용 대극장과 전국 순회공연, 소극장 등을 돌면서 거의 쉬지 않고 공연을 한다. 선후배 사이의 규율이 엄격한 대신 분장이나 머리 만지는 법 등 실천적인 무대기술은 선배가 후배에게 철저히 가르쳐 주기도 한다.

단원 400여 명은 모두 미혼 여성이다. 결혼하면 탈퇴해야 한다. "우리의 모토가 '맑고 바르고 아름답게'다. 결혼하면 예술에 대한 열정이 식을 위험이 있다"고 다카라즈카 측은 설명한다. 그 이면에 중년 남성의 '로리타 콤플렉스'가 또 다른 형태로 숨겨져 있는 건 아니냐는 시각도 있다. 그러나 객석의 90%는 여성들로 채워진다. 극장은 일본 여성의 해방구처럼 느껴진다. 특히 남성역을 맡은 '오토코야쿠(男役)'에게 절대적 지지를 보낸다. 오토코야쿠는 여성이 원하는 실제 남성보다 더 아름다우면서도 강하고 거친, 이상화된 남성상이다. 오랜 훈련을 통해서 완성된 이들의 중성적인 연기는 여성적인 섬세함과 남성적인 카리스마를 동시에 느낄 수 있어 여성 관객들을 매료시키고, 여기에 화려한 무대와 눈부신 의상, 섬세한 분장과 소품이 더해져 관객들은 어릴 적 꿈꿔온 동화 속 왕자와 공주를 만난다. 이룰 수는 없지만 누구나 한번쯤은 꿈꿔본 어린 시절의 환상이 고스란히 무대 위에서 펼쳐지는 것이다. 또 깜짝 놀랄 만큼 달콤한 대사와 감성적인 스토리는 일본 전통 역사극부터 서양의 중세, 근대, 현재까지의 세계 각국의 다양한 소재를 차용하고, 50명의 오케스트라의 현장 연주로 들려지는 팝과 재즈, 클래식을 혼합한 대중적이고 듣기 편한 음악 속에서 발레, 탱고, 탭댄스 등의 모든 장르를 집약적으로 표현한 무대는 관객을 압도하기에 충분하다.

<다카라즈카 가극단>은 일본 정부가 만든 가극단이 아니다. 민간 기업인 한큐 전철의 창업자 고바야시 이치조가 처음 만들었다. 1913년 고바야시는 온천으로 유명한 효고현 다카라즈카시에 대규모 온수 풀장을 개장하며 온 가족이 즐길 수 있는 오락거리가 필요하겠다고 판단하고, 소녀들로만 구성된 다카라즈카 창가대를 창립한다. 이듬해 첫 공연을 선보였고, 27년 프랑스 가극을 도입한 「몽 파리」를 상연하면서 현재 같은 가극단 형태를 띠었다. <다카라즈카 가극단>은 기획제작부터 공연에 이르기까지 필요한 모든 요소들을 자급자족한다. 가극단에는 연기자는 물론 전속 연출가, 작가, 작곡가, 안무가가 소속되어 있다. 전속 오케스트라는 도쿄와 다카라즈카에 모두 있다. 제작은 전속 기획사가 맡고 무대장치와 조명, 음향은 <(주)다카라즈카 무대>라는 계열회사에서 담당한다. 이러한 시스템은 작업을 효율적으로 진행시켜 시간과 제작비를 절약하는 데에 도움이 될 뿐만 아니라, 독자적인 노하우를 축적하는 데에도 상당한 효과가 있을 것으로 보인다.

일본이나 한국이나 마찬가지겠지만, 아무리 흥행에 성공한 공연이라도 흑자를 내기 힘들다. 더군다나 일본에서는 대중연극에 대한 공적 지원이 전무한 상황이다 보니 모든 수익을 티켓 판매에만 의존해야 하는 대중연극 공연으로 흑자를 내기란 여간 어려운 일이 아니다. <다카라즈카 가극단>도 흑자경영으로 돌아선 것은 고작 약 15년 전부터 일이고, 그 누적적자는 100억 엔을 훨씬 넘는다고 한다. 그 이

유는 막대한 제작비에 있다. 화려한 의상이나 호화로운 무대장치, 근사한 음악 등을 필요로 하는 무대이니 만큼 한 작품을 무대에 올리는 데 보통 작품 당 3억 엔 정도의 제작비가 들어간다. 게다가 다카라즈카는 "대중이 즐길 수 있는 예술을 값싼 입장료로 많은 관객에게 개방한다"는 창립 당시의 방침을 고집스럽게 지켜왔기 때문에 현재까지도 다른 공연단체에 비해 저렴한 입장료를 유지하고 있다.

아무리 관객이 많이 들어도 적자가 날 수밖에 없는 막대한 제작비를 감당할 수 있었던 것은 어디까지나 "한큐 그룹"의 헌신적인 후원이 있어왔기 때문이다. 기업 이미지를 향상시키고 간접적인 홍보효과를 얻을 수 있다는 계산 아래 "한큐 그룹"은 <다카라즈카 가극단>의 적자에 대해 제법 관대했다. 최근에는 조직개편과 매체의 다양화를 통한 경영전략의 다각화를 도모하고 있다. 2002년 7월에는 디지털 위성방송으로 다카라즈카 가극 전용채널인 〈TAKARAZUKA SKY STAGE〉 방송이 시작됐다. 이 채널에서는 가극단의 공연을 영상으로 소개할 뿐만 아니라 최신 뉴스와 인기스타의 인터뷰 등 다카라즈카에 관련된 정보를 전문적으로 방송하고 있으며, 방송 및 공연의 DVD와 음반판매, 프로그램 북과 사진집, 관련 잡지 등의 판매도 상당한 매출을 올리고 있다.

중후한 대극장의 연극이나 실험적인 소극단의 무대에 이르기까지 모든 무대공연에는 나름의 매력이 있으며, 그때 그때의 감동을 주고 인생의 문제를 생각하게 하기도 한다. 그러나 "몇 번이라도 또 보고 싶다"라고 하는 매력은 없다. 이에 비해 다카라즈카는 가슴 떨리게 하는 자극과 기분 좋은 리듬감, 기분을 고양시키는 흥겨움으로 몇 번이고 다시 보고 싶고 환타지를 느끼고 싶어지게 만드는 두근거림이 있다.

사실 다카라즈카는 언뜻 보기에 유치찬란한 부분이 없지 않다. 모든 것을 사랑으로 풀어내는 줄거리를 비롯해 순정만화에서 빠져나온 것 같은 화려한 무대 세트, 일상에서는 소화하기 어려운 원색 의상 등등 모든 작품에서 일관되게 보여지는 환상과 꿈을 좇는 낭만주의적 매너리즘 … 그러나 1914년 첫 공연 이후 90년 이상 변함없이 큰 인기를 누리고 있는 것은 강도 높은 배우 훈련과 관리, 그리고 현대 공연예술의 다양한 장르를 포섭하려는 자세를 가지고 끊임없이 레퍼토리 개발에 힘써왔기 때문이다. 특히 관객에 대한 배우들의 서비스 정신은 한국 배우들이 귀감으로 삼아야 할 것이다. 비슷한 시기에 태어났지만 전통국악에 묶여 존폐의 위기를 겪고 있는 우리나라의 여성국극과는 대조적인 운명이다. 급성장하고 있는 국내 뮤지컬 시장도 결국 다카라즈카처럼 대중에게 어필할 수 있는 공연 개발과 사업력을 겸비한 전문집단에 의해 진정한 성장 탄력을 얻어야 할 것이다.

* 자료 및 사진출처
http://kageki.hankyu.co.jp
http://www.sankei.co.jp/enak/sumirestyle

13_

삶을 변화시키는 '자유로운 글쓰기'

프리 라이터스 다이어리(원제 : Freedom Writers)

정승원

'당신을 지금 이 자리에 있게 한, 삶의 한 구비 이곳에 도달하게 만든 것은 무엇인가?' 라는 질문이 주어졌을 때 당신은 무엇이라고 대답할 것인가? 낡은 서점에서 집어든 한 권의 시집, 막막한 청춘의 한때를 보내고 있는 젊은이의 두서없는 이야기를 참을성 있게 들어준 늙은 촌부, 삶의 모든 갈등을 피해 들어온 극장의 낡은 스크린 위에 펼쳐지는 생의 이야기들 … .

지금은 대학을 졸업해서 미국 사회의 한 모퉁이에 자리잡고 있을 이 영화의 실제 주인공들은 이렇게 대답할 것이다. 그것은 다른 인종에 대한 적대감에 가득 찬 채 하루하루 살아남기 위해 몸부림치고 있는 우리들에게 전혀 예기치 않게 찾아온 젊은 여선생과 그녀가 우리에게 준 '자유로운 일기장', 그리고 그 공책을 차곡차곡 채워간 우리의 이야기들과 부풀어 오른 꿈, 새롭게 싹튼 사랑의 감정이었다고 … .

"그들은 그런 책을 읽을 수 없어요"

이 영화는 1992년 LA폭동으로 시작된다. 수백 건의 방화와 살인사건이 벌어지고 있는 참혹한 필름들이 영화의 첫 부분을 흘러간 뒤 영화는 몇 년 뒤 한 학교를 비춘다. 그 학교는 LA에 위치한 윌슨 고등학교. 한때 이 지역에서 학업성취도가 가장 높은 곳이었지만 1992년 LA폭동 이후 인종화합학교로 지정된 뒤 그 학교 선생의 말에 따르면 소년원 비슷한 학교가 되었다. 모든 인종 계급적 문제가 집약되어 있는 이곳에서 빈민가의 흑인, 중남미계, 중국계, 캄보디아계 등은 서로에 대한 적대감을 가지고 생활하고 있다. 장의사보다 더 많은 시체를 본 학생도, 현재 갱단에 소속되어 있는 학생도, 온갖 범죄에 연루되어 있는 학생도 여기에 있다. 어릴 때부터 미국 사회의 주류인 백인들에게 온갖 모욕을 받으면서 세상의 더러움을 너무 일찍 알아버린 이 아이들은 미래에 대한 어떤 희망도 없이 오늘 하루 총알이 자신의 몸을 관통하지 않길 바라고 있다. 가족들에게조차 존중받아 보지 못한 이 영혼들은 자신을 사랑하지 못한 채 세상에 대한 적개심을 바로 옆에 있는 다른 인종들이나 눈에 거슬리는 이들에게 퍼붓고 있다.

이런 이들에게 23살 신출내기 백인 교사 에린 그루웰이 영어과 교사로 부임한다. 민권운동을 했던 아버지의 영향을 받고 자란 그녀는 원래 인권 변호사를 꿈꾸었지만, 1992년 LA폭동을 본 뒤 학교 현장에서 아이들을 변화시키기 위해 교사가 된다. 처음 그녀가 부딪힌 것은 햇병아리 백인 여교사에 대한 학생들의 불신감과 냉소, 유색인종 아이들에 대한 고정관념으로 가득 찬 백인교사들의 편견과 거만함이었다. 이 영화는 1992년 LA사건의 본질적인 원인을 추상적인 구호나 사회학적인 지식이 아니라 구체적인 인종적 · 계급적 대립현장인 학교에서 보여주고 있다. 그리고 LA사건 이후 교육행정이 취한 피상적인 조치도 보여준다. 인종화합학교의 지정. 그 결과는 영어과 교사의 말, '그들은 그런 책을 읽을 수 없어요' 에서처럼 교사와 학생 간의 불신감만을 양산할 따름이다. 이것이 우리가 그렇게 따르고 싶어하는 미국 사회의 밑바닥 모습이다.

누구에게나 자신의 이야기를 들어줄 사람이 필요하다

그루웰 선생은 게임을 통해 인종 간의 벽을 조금씩 허물어 간다. 그런 다음 아이들에게 공책을 한 권씩 나누어 주고 각자의 이야기를 자유롭게 적게 한다. 선생이 자신의 이야기를 읽어주기 원하는 사람은 교실 캐비넷에 넣어두면 된다. 이제 아이들은 자신의 상처 많은 이야기를 글을 통해 드러내고, 선생은 글을 통해 이들의 이야기를 들어준다. 누구에게나 자신의 이야기를 들어주는 사람이 필요한 법. 상처 많은 사람들은 더군다나 더 필요한 법. 아이들에게 책을 나누어 주길 거부하는 학교의 방침에 맞서 그루웰 선생은 야간 아르바이트를 해서 번 돈으로 책을 사서 아이들에게 나누어 준다. 책의 제목은 '안네 프랑크의 일기' . 자신의 각박한 현실을 '자유로운 글쓰기'를 통해 해소하고 있는 이들은 곧 나치의 엄혹한 치하에서 일기를 쓴 안네 프랑크를 자신과 동일시한다. '왜 안네가 죽는다고 말하지 않았어요?'라고 선생에게 항의하는 학생도 있고, 관련 자료를 알아보기 위해 처음으로 도서대출증을 만든 학생도 있다. 좋은 책은 읽은 사람에게 행동을 유발시키는 법. 아이들은 안네를 숨겨 준 미스 기프가 아직 살아 있다는 소식을 듣고 그녀를 초청하기로 한다. 학교의 재정적인 도움을 받지 못한 아이들은 초청비용을 마련하기 위해 파티를 연다. 그리고 이들의 초청으로 학교에 온 미스 기프는 인간의 존엄성과 타인에 대한 사랑을 이들에게 가르쳐 준다.

타인에 대한 적대감과 자신에 대한 절망으로 살아가던 아이들은 이제 자유 글쓰기와 책읽기, 그리고 책을 통한 참된 현실과의 만남을 통해 조금씩 자신에 대한 사랑과 타인에 대한 존중감을 배워간다.

'펜은 빵보다 강하다'

이제 아이들의 학업능력은 조금씩 향상되어 간다. 그리고 2학년 말에는 컴퓨터를 기증받아 자신들의 일기를 책으로 엮는다. 책의 제목은 'Freedom Writer's Diary.' 언제까지 함께 할 것 같던 그루웰과 아이들의 관계는 3학년으로 올라갈 무렵 위기에 처한다. 자격상 그루웰 선생은 2학년까지밖에 가르칠 수 없다. 아이들과 그루웰 선생은 기존의 관행에 강력히 반발하고, 이들의 사연은 언론에까지 보도된다. 그 결과 상급 교육기관에서 대책회의가 열린다. 아이들의 일기들을 본 교육부 관료는 그루웰 선생이 3학년 이상 가르치는 것을 허락하고, 이들은 남은 2년을 함께 한다. 이야기는 여기서 끝나지 않는다. 고등학교를 졸업한 아이들은 롱비치에 있는 캘리포니아 주립 대학에 진학하고, 그루웰 선생도 이들을 따라 대학 강단에 서게 된다. 이들 중 집안 식구들 중 처음으로 대학에 입학한 학생들도 있었다. 현재는 '자유 글쓰기재단'을 만들어 미국 전역에 이 프로그램을 보급하고 있다.

1999년에 LA에 있었던 실화를 바탕으로 만들어진 이 영화는 교육문제를 다룬 많은 영화들처럼 인종 · 계급문제를 휴머니즘으로 덮어버리지 않는다. 또 인종 · 계급적 대립문제를 거시적인 경제적인 해결방법으로 손쉽게 해소해 버리지도 않는다. 사회적인 문제를 구체적인 개인의 시선으로 보고, '여기 있는 나'에서 해결하려고 한다. 우리나라에 『희망의 인문학』이라는 책으로 잘 알려진 얼 쇼리스의 클레멘트 코스가 사회경제적인 문제를 물질적인 빵의 차원에서 정신적인 의식의 차원으로 확장시켰다면, 이 영화는 사회경제적인 문제를 글쓰기 차원으로 폭넓게 이동시켰다. 이 영화를 보면서 느낀 것이지만 '펜은 때론 빵보다 강하다.' 아니 '펜은 빵보다 강하다.'

새로운 민중문학을 꿈꾸는 이들에게 권하는 영화

아이들을 고정된 존재로 파악하는 윌슨 고등학교의 선생들과 달리 그루웰 선생은 자신이 가르치는 아이들을 새로운 것을 생산하는 잠재적인 존재로 보려고 한다. 양자역학과 구성주의에서 언급하듯이 인식주체는 인식대상을 생산해낸다. 일정한 가치체계로 문학사의 작품들과 작가들을 순위를 매기는 것이 기존의 민중문학이라면, '자유로운 글쓰기'를 통해 스스로 느끼고 생각하고 자신의 삶을 바꾸어 가는 주체를 생산하는 것은 새로운 민중문학일 것이다. 이제 우리는 들뢰즈와 가타리의 말처럼 '앞으로 도래할 민중들'을 생산해내야 한다. 그 수단이 미술이든, 영화이든, 글쓰기이든, 논술이든, 연극이든 중요하지 않다. 이제 새로운 민중문학은 시작되고 있는지 모른다. 그런 의미에서 이 영화는 아직 민중문학을 꿈꾸고 있는 사람들에게 흥미로운 생각거리를 던져줄 것이다.

저 | 자 | 약 | 력(글 게재 순)

진명석(경북대학교 문학박사)
(경북대학교 비정규 교수)
조정재(경북대학교 경제학박사)
(경북대학교 비정규 교수)
하수정(경북대학교 문학박사)
(경북대학교 비정규 교수)
채장수(경북대학교 정치학박사)
(경북대학교 비정규 교수)
임순광(경북대학교 사회학 박사과정)
(경북대학교 비정규 교수)
박태규(경북대학교 이학박사)
(경북대학교 비정규 교수)
이장우(경북대학교 미술학 박사과정)
(경북대학교 비정규 교수)
조덕연(경북대학교 미술학 박사과정)
(경북대학교 비정규 교수)
허진영(소르본느 파리3대학교 언어학박사)
(대구대학교 비정규 교수)
류희식(경북대학교 국문학 박사과정)
최경화(경북대학교 사회학 박사과정)
전혜진(경북대학교 영문학 박사과정)
정승원(경북대학교 문학석사)

비정규 교수의 삶과 노동

초판1쇄 / 2007년 12월 30일

엮은이 **한국비정규직교수노동조합**
대구경북지부 학술편집위원회
펴낸이 **여국동**
펴낸곳 **도서출판 인간사랑**
인 쇄 **백왕인쇄**
제 본 **은정제책사**

출판등록 1983. 1. 26. / 제일 3호

(411- 815) 경기도 고양시 일산구 백석동 1178-1
TEL (031)901-8144, 907-2003
FAX (031)905-5815
e-mail/igsr@yahoo.co.kr / igsr@naver.com

정가 20,000원

ISBN 978-89-7418-235-9 93330